COURS

DE

PONTS MÉTALLIQUES

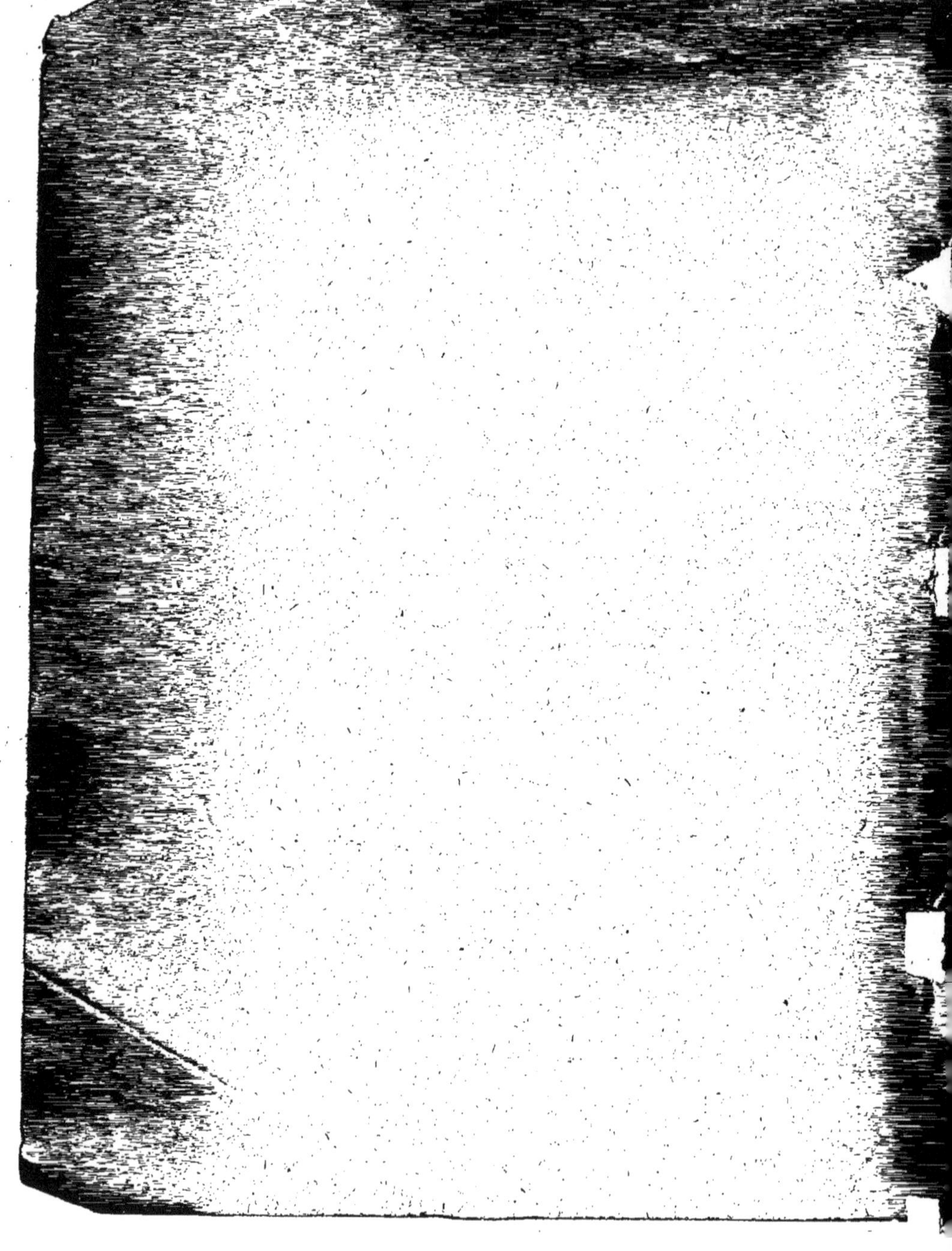

École du Génie Civil

Enseignement Oral et par Correspondance

COURS

DE

PONTS MÉTALLIQUES

Professeur : M. VALLET

Ingénieur de l'École Centrale des Arts et Manufactures

ÉDITION DE L'ÉCOLE DU GÉNIE CIVIL

152, Avenue de Wagram — PARIS (17e)

Tél. : Wagram 27-97

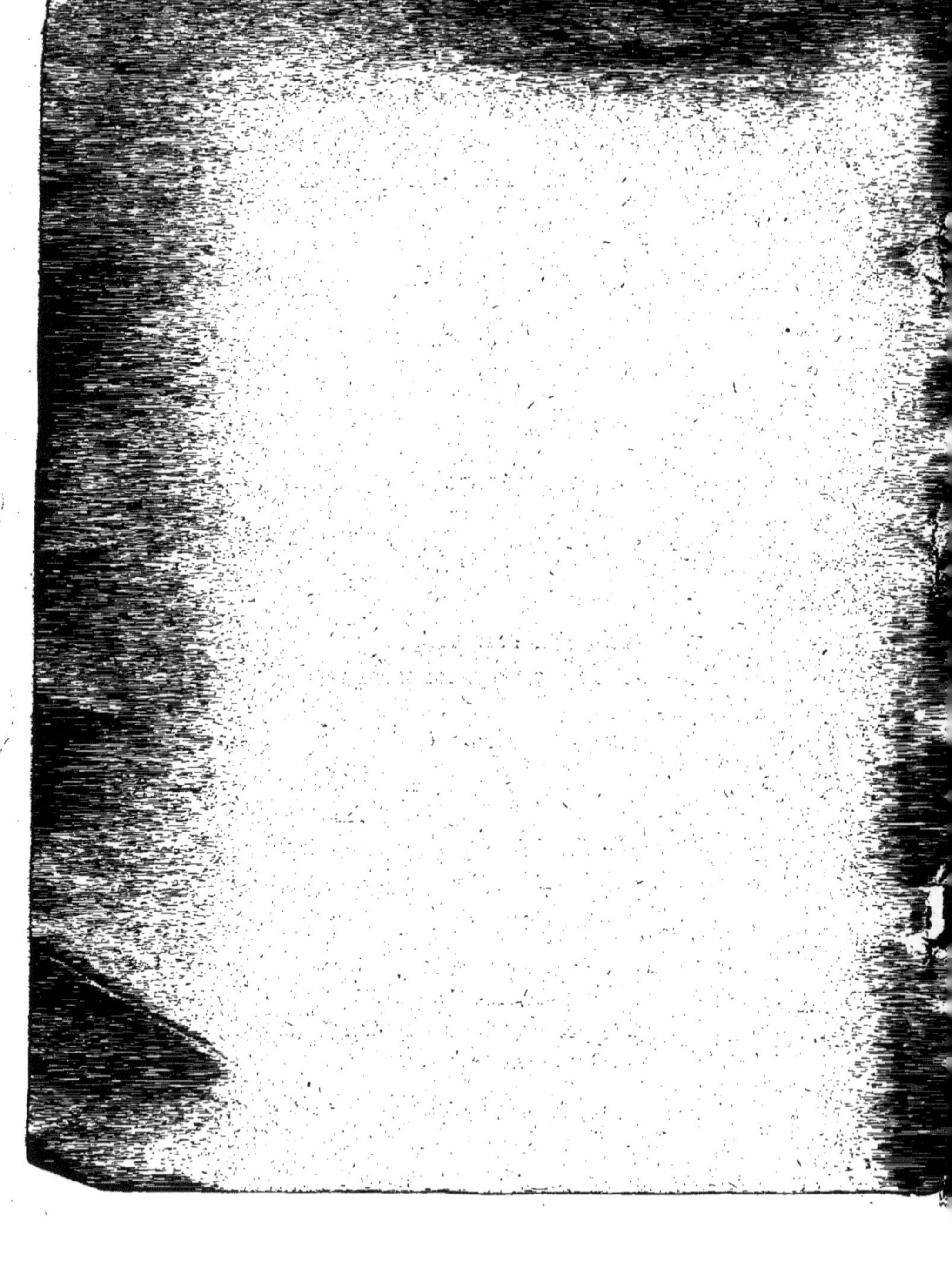

ÉCOLE DU GÉNIE CIVIL

COURS SUPÉRIEUR PAR CORRESPONDANCE

COURS DE PONTS MÉTALLIQUES

CHAPITRE PREMIER

GÉNÉRALITÉS SUR LES PONTS FIXES

Classification des ponts d'après leur destination

Un pont est un ouvrage d'art qui doit rétablir la continuité d'une voie de communication interrompue par une dépression naturelle ou artificielle du terrain.

Les ponts peuvent être établis à demeure, au-dessus de cette dépression : ce sont les ponts fixes.

Ils peuvent être munis d'organes de manœuvre permettant de les faire mouvoir soit dans un plan vertical, soit dans un plan horizontal ; ce sont les ponts mobiles, levants ou tournants.

Suivant la nature de la voie de communication dont ils assurent la continuité, les ponts fixes se classent de la façon suivante :

Les ponts-rails, pour les voies ferrées ;

Les ponts-routes, pour les voitures, les piétons, les tramways ;

Les passerelles, uniquement destinées à donner passage aux piétons ;

Les ponts-canaux ;

Les ponts-aqueducs, pour les conduites d'eau.

Les ponts mobiles ne peuvent être évidemment que de l'une des trois premières catégories.

Nous ne nous occuperons ni des ponts-canaux, ni des ponts-aqueducs, dont les exemples sont assez rares. Leurs principes généraux de construction sont d'ailleurs les mêmes que pour les autres ponts. Quand l'on doit établir le projet d'un de ces ouvrages, il y a lieu de se reporter aux ouvrages analogues existants.

Classification des ponts d'après la forme des poutres principales

En principe, un pont métallique comprend trois parties :
Les fermes principales,
Le tablier,
Les entretoisements et contreventements.
Certaines de ces parties peuvent ne pas exister.

Il y a des ponts composés uniquement d'un tablier : se sont ceux de faible ouverture ; d'autres comprenant seulement des fermes principales et un tablier : ponts d'ouverture moyenne. Pour les grandes ouvertures, on trouve toujours les trois parties.

Les fermes principales sont généralement au nombre de deux. Exceptionnellement, il peut y avoir un plus grand nombre.

D'après la forme des fermes principales, on distingue :
Les ponts à poutres,
Les ponts en arc,
Les ponts suspendus.

Dans les ponts à poutres, les réactions des appuis sont toutes verticales.

Dans les ponts en arc, les réactions des appuis sont inclinées sur la verticale. La composante horizontale des réactions, ou poussée, donne lieu à une compression de la surface d'appui.

Dans les ponts suspendus, les réactions des appuis sont encore obliques, mais la composante horizontale de ces réactions détermine un effort de traction sur la surface d'appui.

Nous étudierons seulement les ponts à poutres et les ponts en arc.

Les ponts suspendus sont d'une construction tout à fait spéciale et leur emploi est d'ailleurs très restreint.

Conditions d'établissement des ponts imposées par le tracé et la circulation

Les fermes principales des ponts reposent sur un certain nombre de supports, auxquels elles transmettent le poids de la construction.

Ces supports peuvent être en maçonnerie. C'est le cas de beaucoup le plus général. Les supports extrêmes sont les culées ; les supports intermédiaires s'appellent les piles.

Les supports peuvent être constitués par une ossature métallique : ils prennent alors le nom de palées.

On appelle ouverture d'un pont la distance horizontale entre les parements des culées, mesurée suivant l'axe longitudinal de l'ouvrage lorsque le pont est droit, c'est-à-dire lorsque les culées ont leur parement transversal perpendiculaire à cet axe (fig. 1).

Lorsque l'axe longitudinal de l'ouvrage est oblique par rapport au parement des culées, le pont est biais. L'ouverture mesurée parallèlement à l'axe longitudinal du pont est l'ouverture biaise, et l'ouverture mesurée perpendiculairement à la direction commune du parement des culées est l'ouverture droite (fig. 2).

Il est rare que les parements des culées ne soient pas parallèles. S'il en est ainsi, l'ouverture mesurée suivant l'axe longitudinal est l'ouverture biaise moyenne.

L'ouverture droite est

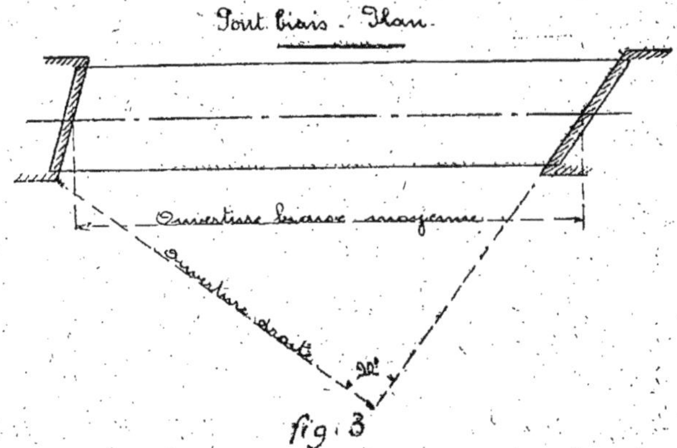

la distance la plus petite mesurée de l'angle d'une culée au parement de l'autre (fig. 3).

Lorsqu'un pont comporte plusieurstravées successives, les distances horizontales, mesurées comme il vient d'être exposé, entre les parements des supports, sont les ouvertures des travées. L'ouverture totale est, par conséquent, la somme des ouvertures des travées augmentée de la somme de la largeur des piles.

L'ouverture d'un pont est déterminée par son tracé:

1° Si le pont franchit une vallée large et profonde, les remblais d'accès sont poussés aussi loin que possible, c'est-à-dire jusqu'à ce qu'ils atteignent une hauteur pratique compatible avec la nature des terres qui les composent et la résistance du terrain sur lequel ils sont assis;

2° Si le pont franchit une rivière, l'ouverture doit être suffisante pour assurer le débit des plus hautes eaux d'une façon convenable;

3° Si le pont franchit une route, l'ouverture est imposée par la largeur totale de cette route.

4° Si le pont franchit une voie ferrée, le gabarit des voies détermine l'ouverture minimum.

Le niveau supérieur du tablier est également déterminé par le tracé: il est le même que celui de la voie de communication aux abords du pont.

Quant au niveau inférieur du pont, il peut être fixé ou non.

Dans le cas d'un pont franchissant une vallée large et profonde, la forme de la partie inférieure de l'ouvrage peut souvent être quelconque.

Mais, dans le cas des ponts franchissant une voie de communication: route, rivière, canal ou voie ferrée, le point le plus bas de l'ouvrage est toujours assujetti à ne pas descendre au-dessous d'une cote de niveau minimum donnée, sur tout ou partie de l'ouverture.

La partie sur laquelle le pont ne doit pas empiéter s'appelle gabarit de circulation, s'il s'agit d'une route ou d'une voie ferrée, et gabarit de navigation, s'il s'agit d'une voie navigable.

La hauteur entre le niveau de l'eau et le dessous d'un pont, sur la largeur du gabarit de navigation, s'appelle le tirant d'air.

En résumé, le tracé fixe les données suivantes:

1° L'ouverture;

2° Le niveau auquel l'ouvrage doit être établi;

3° L'épaisseur du tablier, dans la grande majorité des cas.

Conditions d'établissement des ponts fixées par les règlements administratifs

RÈGLEMENT MINISTÉRIEL DU 8 JANVIER 1915

Les conditions d'établissement des ponts métalliques, en France et aux colonies, sont régies par un Règlement du ministère des Travaux publics, en date du 8 janvier 1915. Ce Règlement a abrogé et remplacé l'ancien Règlement du 29 août 1891.

Nous allons examiner les points principaux du nouveau Règlement.

Il comporte trois chapitres : le premier relatif aux ponts-rails supportant des voies ferrées de largeur normale, le second aux ponts-rails supportant des voies ferrées étroites à la largeur de 1 mètre, le troisième aux ponts-routes supportant des voies de terre, la quatrième aux ponts-canaux.

Chapitre Premier. — *PONTS-RAILS POUR VOIES NORMALES*

Article premier. — On introduira dans les calculs la charge permanente effective, qu'on peut supposer à répartition uniforme.

Art. 2. — *Train-type.* — Le règlement fixe la composition de ce train qui est donnée sur la figure 4.

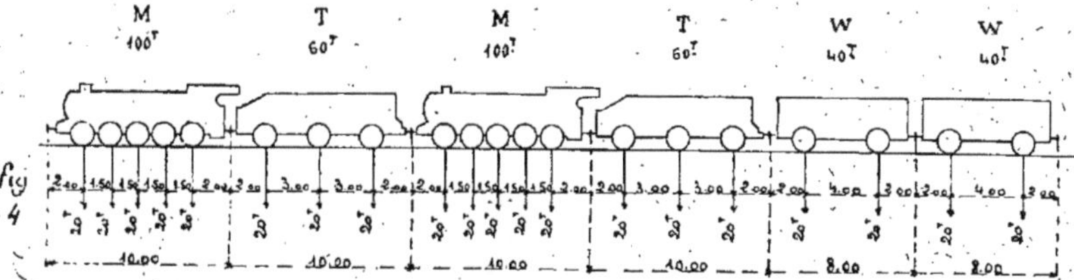

Pour le calcul des moments de flexion et efforts tranchants maxima, la longueur de ce train peut être modifiée, le cas échéant, par la suppression soit d'une locomotive avec son tender, soit d'un nombre quelconque de wagons.

Pour les ponts à double voie, il faut envisager l'hypothèse de deux trains marchant dans le même sens.

Pour le calcul des pièces du tablier qui portent le train (longerons et poutrelles), ainsi que pour le calcul des poutres principales dans les ponts dont la portée ne dépasse pas 16 mètres, on doit envisager le cas ou l'essieu central de la première machine, placé à 5 mètres de chaque tampon, porterait 26 tonnes, la charge du premier et du cinquième essieu étant réduite à 17 tonnes.

L'emploi des surcharges virtuelles équivalentes au train-type est autorisé.

Art. 3. — *Pression du vent.* — On admet que la pression du vent sur un mètre carré de surface verticale peut s'élever à 250 kgs, mais que le passage des trains est interrompu dès qu'elle atteint 150 kgs.

Soient :

A la surface brute totale d'une poutre, vides compris ;

B sa surface nette, déduction faite des vides ;

p la pression du vent, orienté normalement à cette poutre.

Le règlement prescrit d'admettre :

1° Que la poussée totale exercée par le vent sur la poutre a pour valeur p B ;

2º Que la pression moyenne p' du vent, en arrière de l'abri constitué par cette poutre, a la valeur réduite

$$p' = p\left(1 - \frac{B}{A}\right).$$

Cette expression représente la pression sur tout objet masqué par la poutre.

Dans le cas ou un pont comporterait une série de poutres rencontrées successivement par le vent, les pressions exercées sur les surfaces nettes de ces poutres B, B', B", etc., iraient en décroissant comme suit :

$$p,$$
$$p' = p\left(1 - \frac{B}{A}\right),$$
$$p'' = p'\left(1 - \frac{B'}{A'}\right) = p\left(1 - \frac{B}{A}\right)\left(1 - \frac{B'}{A'}\right), \text{ etc...}$$

On assimile un train placé sur le pont à un écran rectangulaire plein de 3 mètres de hauteur, dont le côté inférieur serait placé à 0^{m}50 au-dessus du rail.

Pour la vérification de l'équilibre statique du tablier et des piles métalliques sous la poussée du vent, on envisagera l'hypothèse d'un train formé de wagons vides, dont le poids par mètre courant de voie serait réduit à 1,250 kgs.

Art. 4. — *Effet de la température. Influences diverses.* — Toutes les fois que l'ossature d'un ouvrage métallique ne pourra se contracter ou se dilater librement, il sera tenu compte de l'influence des changements de température sur ses conditions de stabilité.

Quand les efforts pourront être aggravés par une cause différente de celles énoncées précédemment (ponts courbes ou portant une voie en courbe, pont biais, défaut d'invariabilité dans la direction horizontale ou la direction verticale d'appuis sur piles ou culées, que le calcul suppose absolument fixes, etc...), il y a lieu d'apprécier le rôle et l'importance de cette cause et de la faire intervenir dans les calculs de stabilité.

Art. 5. — *Montage des ponts. Lancement. Manœuvre des ponts mobiles.* — Il est prescrit de vérifier la résistance des ouvrages pendant le montage et la mise en place, si ces opérations sont susceptibles de déterminer des efforts supérieurs à ceux que supportent ces ouvrages en service normal.

Il en est ainsi notamment lorsque la mise en place devra s'opérer par lancement.

Cette prescription s'applique également à la manœuvre des ponts mobiles, pendant laquelle le passage des trains est suspendu.

Conduite des calculs

Art. 6. — *Equilibre statique. Equilibre élastique.* — On devra vérifier l'équilibre statique du pont, toutes les fois que des causes extérieures paraitront susceptibles de provoquer un déplacement anormal de l'ouvrage en tout ou partie. Le coefficient de sécurité, pour les ponts fixes, devra, autant que possible, n'être pas inférieur à 1,5.

L'équilibre élastique sera vérifié conformément à l'article 11 et suivants, et en effectuant les calculs d'après les principes et par les procédés de la résistance des matériaux. Le Règlement ne prescrit ni ne recommande aucune méthode.

Art. 7. — Le calcul de la fatigue du métal sera toujours basé sur la section nette.

Art. 8. — On calculera séparément les efforts principaux dus à chacune des causes énumérées dans les articles 1, 2, 3, et, le cas échéant, dans l'article 4, et l'on en déduira le travail élastique ou fatigue du métal en kilogrammes par millimètre carré.

S'il y a lieu d'appliquer les prescriptions de l'article 5, les calculs correspondants seront faits à part.

Le calcul des efforts secondaires n'est pas demandé.

Il est toutefois fait exception pour les barres de treillis ou de triangulation des poutres principales ou fermes maîtresses. En raison de l'aggravation du travail qui résulte, pour ces pièces, de la rigidité et de l'excentricité de leurs attaches sur les membrures, on frappera les efforts principaux d'une majoration de un dixième en sus.

Art. 9. — Pour toute pièce soumise à un effort normal de compression, le travail élastique obtenu en divisant cet effort par la section nette, sera multiplié par un coefficient de majoration de la forme $1 + MN\dfrac{l^2}{r^2}$, afin de tenir compte de la tendance au flambement.

M est un facteur numérique qui dépend du mode de fixation de la pièce sur les éléments voisins;

M = 1 pour une pièce articulée à ses deux extrémités;

M = 1/2 pour une pièce articulée à une extrémité et encastrée à l'autre.

M = 1/4 pour une pièce encastrée à ses deux extrémités.

M = 4 pour une pièce encastrée et libre à l'autre (mât);

N est un coefficient numérique qui dépend de l'élasticité du métal;

N = 0,0001 pour l'acier moulé ou laminé employé dans la construction des ponts.

r désigne soit le rayon de gyration minimum de la section transversale, soit son rayon de gyration dans le plan où la pièce est susceptible de s'infléchir sur la longueur l;

Art. 10. — *Assemblages.* — On calculera les efforts maxima auxquels sont soumis les assemblages mutuels des éléments du pont.

On en déduira, pour les rivets ou boulons, le travail élastique au cisaillement ou à l'extension (arrachement des têtes).

Justification de la stabilité

Art. 11. — *Limites de sécurité*. — On calculera séparément, ainsi qu'il a été dit à l'article 8, les valeurs du travail élastique, correspondant, pour chaque élément ou section du pont, aux causes énumérées dans les articles 1, 2, 3, et 4, en se plaçant, pour les influences variables (art. 2, 3 et 4), dans les conditions les plus défavorables, et frappant, s'il y a lieu, les résultats bruts de ces calculs des majorations nécessaires (pièces comprimées, efforts secondaires).

Les lettres suivantes désignent, pour un même élément du pont et un même genre de travail, les résultats ainsi obtenus :

Charge permanente (art. 1er) c

Surcharge (art. 2) . . . . d

Pression du vent (art. 3) 150 kgs v

—   —   —   250 — . . . . w

Températures et causes diverses (art. 4), à l'exception de celles qui se rattachent à la surcharge ou au vent et dont les effets doivent être ajoutés à d, v ou w . . . . t

Le pont sera considéré comme stable au point de vue de l'équilibre élastique, ou de la fatigue du métal, si ces valeurs du travail satisfont aux conditions qu'expriment les inégalités suivantes :

$$(1) \quad 0{,}4\,(c+t)+d \le S_1 ; \qquad (2) \quad c+t+d \le R_1 ;$$
$$(3) \quad 0{,}4\,(c+t)+d+v \le S_2 ; \qquad (4) \quad c+t+d \le R_2 ;$$
$$(5) \quad 0{,}4\,(c+t)+w \le S_3 ; \qquad (6) \quad c+t+w \le R_3 .$$

Les lettres S_1, R_1, S_2, R_2, S_3 et R_3 désignent des limites de sécurité qui dépendent : 1° de la nature et de la qualité du métal employé ; 2° du genre de travail envisagé : extension, compression, glissement ou cisaillement.

La règle (1) est applicable toutes les fois qu'on a

$$\frac{d}{c+t} > \frac{S_1 - 0{,}4\,S_1}{R_1 - S_1}.$$

Autrement, on doit recourir à la règle (2). La valeur totale du travail admissible à laquelle conduit la règle (1) s'exprime par la relation

$$c+t+d = \frac{S_1\left(1+\dfrac{d}{c+t}\right)}{0{,}4+\dfrac{d}{c+t}}.$$

Aucune limite n'est imposée explicitement pour les opérations de montage et de mise en place des ponts.

Art. 12. — *Acier laminé ou moulé.* — Les limites de sécurité sont les suivantes.

Extension ou compression:

$$S_1 = 8 \text{ » kgs} \qquad R_1 = 12 \text{ » kgs}$$
$$S_2 = 8,50 - \qquad R_2 = 12,50 -$$
$$S_3 = 9 \text{ » } - \qquad R_3 = 12 \text{ » } -$$

Glissement ou cisaillement: les limites ci-dessus seront réduites de un cinquième.

Art. 13. —*Rivets.* — Cisaillement:

$$S_1 = 6 \text{ » kgs} \qquad R_1 = 8 \text{ » kgs}$$
$$S_2 = 6,375 - \qquad R_2 = 8,50 -$$
$$S_3 = 6,75 - \qquad R_3 = 9 \text{ » } -$$

Extension (arrachement des têtes):

Le calcul du travail à l'extension ne sera pas demandé, s'il n'est pas fait état de la résistance du rivet à ce genre d'effort, pour justifier de la solidité de l'assemblage. S'il en est autrement, le travail l'extension ne dépassera pas le tiers de la limite admissible au cisaillement, calculée comme il vient d'être dit pour l'assemblage en question.

Cette règle peut s'exprimer plus simplement ainsi:

Trois rivets travaillant à l'arrachement des têtes équivalent à un seul rivet travaillant au cisaillement.

Art. 14. — *Fonte.* — On n'emploiera jamais la fonte pour des pièces travaillant à l'extension soit par traction directe soit par flexion.

En ce qui touche le travail à la compression, il ne sera fait usage que des règles de sécurité (2), (4), (6), de l'article 11. Les limites applicables sont les suivantes:

$$R_1 = 6,5 \text{ kgs} \qquad R_2 = R_3 = 7 \text{ kgs.}$$

CHAPITRE II. — *PONTS-RAILS SUPPORTANT DES VOIES FERRÉES ÉTROITES A LA LARGEUR D'UN MÈTRE*

Train-type. — Le train-type servant de base aux calculs de stabilité est défini par la figure 5.

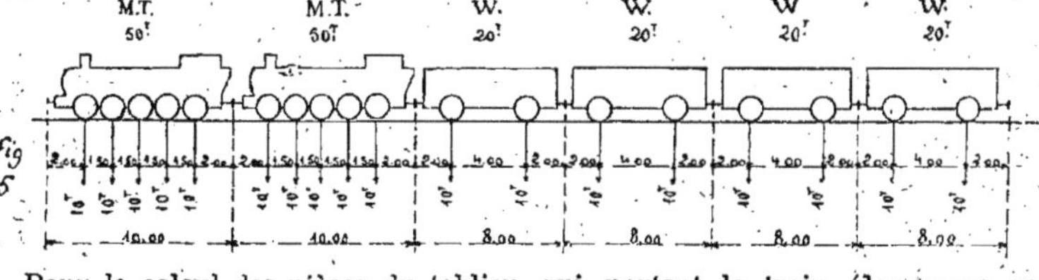

Pour le calcul des pièces du tablier qui portent le train (longerons sous rails, pièces de pont, entretoises ou poutrelles), ainsi que pour le calcul des poutres principales dans les ponts dont l'ouverture ne dépasse pas 13 mètres, on envisagera le cas où le troisième essieu de la première machine porterait 14 tonnes, la charge du premier essieu et celle du cinquième essieu étant réduites à 8 tonnes.

Pression du vent. — On admettra que la pression du vent sur un mètre carré de surface verticale puisse s'élever à 250 kgs, mais que le passage des trains est interrompu lorsqu'elle atteint 100 kilogrammes.

Toutes les dispositions du chapitre premier, relatives aux ponts-rails à voie normale, énumérées précédemment, sont applicables sans changement aux ponts-rails à voie d'un mètre.

Chapitre III. — *PONTS-ROUTES SUPPORTANT DES VOIES DE TERRE*

Art. 32. — *Dispositions générales.* — Les dispositions du chapitre premier relatives aux ponts-rails à voie normale, qui sont contenues dans les articles 1, 4, 5, 6, 7, 8, 9, 10, 12 et 13, sont applicables sans changement aux ponts-rails.

Les autres articles sont supprimés ou modifiés comme suit :

Art. 33. — *Surcharges. Convoi-type.* — Trottoir : le trottoir sera surchargé par poids mort, à raison de 560 kgs par mètre carré.

Chaussée : on admettra que la chaussée soit divisée en zones longitudinales de 2m25 de largeur, dont chacune sera surchargée par un convoi de véhicules à traction mécanique.

La division en zones sera effectuée de manière que l'axe de la chaussée coïncide soit avec l'axe d'une zone centrale, soit avec la limite séparative de deux zones contiguës.

Si la largeur de la chaussée n'est pas exactement divisible par 2m25, il restera, le long de chaque bordure de trottoir, une zone étroite ayant moins de 1m125 de largeur, qui ne sera pas couverte par la surcharge mobile ; on appliquera sur cette bande une surcharge morte de 560 kgs par mètre carré, comme sur le trottoir.

Chaque convoi est constitué par une file de véhicules à quatre roues, dans laquelle on intercale un seul véhicule à six roues.

Le centre de gravité de chaque véhicule est sur l'axe de la zone de 2m25 qu'il occupe.

Ces véhicules-types ne ressemblent en aucune façon aux voitures automobiles lourdes admises à circuler sur les routes françaises. Mais ils leur sont équivalents au point de vue des efforts qu'ils développent dans les différents éléments de l'ossature métallique des ponts.

Les caractéristiques de ces véhicules et leur disposition en convoi sont définies par la figure 6.

Les limites transversales des régions du trottoir et de la chaussée portant la surcharge morte de 560 kgs par mètre carré, les extrémités des convois et la position attribuée au véhicule à 6 roues seront déterminées, dans chaque cas, par la condition de réaliser l'effort maximum dans la partie ou dans l'élément du pont soumis au calcul.

Quand on sera conduit, pour la détermination d'un effort maximum, à placer le véhicule à 6 roues en tête du convoi, il sera loisible au calculateur de supprimer le premier essieu de ce véhicule (chargé à 4,2 tonnes), pour faciliter et abréger les opérations numériques ou graphiques.

Ce cas pourra notamment se présenter dans la recherche des efforts tranchants maxima, pour une poutre à travées indépendantes ou solidaires.

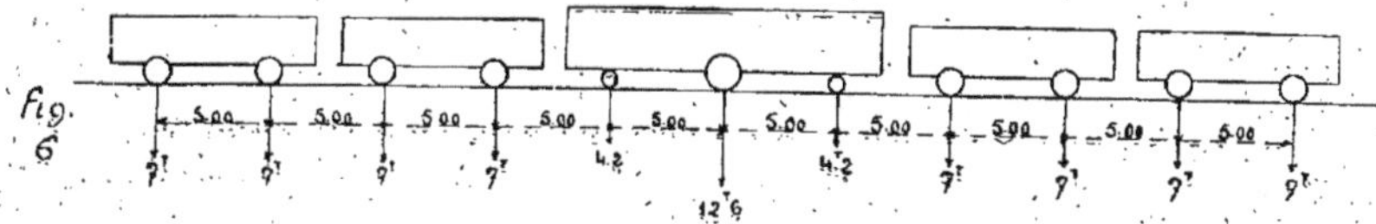

Art. 34. — *Pression du vent.* — Les prescriptions de l'article 3 du chapitre premier sont applicables aux ponts-routes en ce qui touche seulement le vent exerçant la pression de 250 kgs par mètre carré de surface verticale, quand le pont ne porte aucune surcharge ni sur les trottoirs, ni sur la chaussée.

Dans les calculs relatifs aux effets produits par ces surcharges, on admettra qu'il n'y a pas de vent.

Art. 35. — *Justification de la stabilité. Limites de sécurité.* — On calculera séparément, ainsi qu'il a été exposé à l'article 8, les valeurs du travail élastique correspondant pour chaque élément aux sections du pont, aux causes énumérées dans les articles premier, 33, 34, et 4, en se plaçant, pour les influences variables, dans les conditions les plus défavorables, conformément aux règles établies par la résistance des matériaux, et frappant, s'il y a lieu, les résultats bruts de ce calcul des majorations nécessaires (pièces comprimées, efforts secondaires).

Les lettres suivantes désignent, pour un même élément du pont, les résultats ainsi obtenus :

Charge permanente. c

Surcharge. . . . . d

Pression du vent à 250 kgs . . . . : w

Température et causes diverses, à l'exception de celles qui se rattachent à la surcharge et au vent et dont les effets doivent être ajoutés à d ou w. . . . . t

Le pont sera considéré comme stable au point de vue de l'équilibre élastique ou de la fatigue du métal, si les valeurs du travail satisfont aux conditions qu'expriment les inégalités suivantes :

$$(1)\quad 0,6\,(c + t) + d \leqq S_2 ; \qquad (2)\quad c + t + d \leqq R_2 ;$$

$$(3)\quad 0,6\,(c + t) + w \leqq S_3 ; \qquad (4)\quad c + t + w \leqq R_3.$$

La règle (1) est applicable tant que le rapport

$$\frac{d}{c+t}$$

est supérieur au rapport $\dfrac{S_2 - 0,6\,R_2}{R_2 - S_2}$.

S'il en était autrement, c'est la règle (2) qu'il faudrait envisager.

La valeur totale du travail admissible, à laquelle conduit la règle (1), est exprimée par la formule

$$c+t+d = \frac{S_2\left(1+\dfrac{d}{c+t}\right)}{0,6+\dfrac{d}{c+t}}.$$

Pour l'acier laminé ou moulé, les limites de sécurité à envisager dans les calculs sont celles désignées par les mêmes lettres S_2 et R_2, S_3 et R_3 dans l'art. 12 du chapitre relatif aux ponts-rails.

Art. 36. — *Fonte.* — On n'emploiera jamais la fonte dans la confection des pièces exposées à subir un effort d'extension simple.

Les limites de sécurité sont les suivantes :

Compression : $\qquad R_2 = R_3 = 7$ kgs ;

Extension dans les pièces fléchies :

$$R_2 = R_3 = 1,50 \text{ kgs}.$$

Art. 40. — *Ponts mixtes.* — Les dispositions relatives aux ponts-routes sont applicables aux ponts mixtes qui livrent passage à une route et à une voie ferrée, sous la réserve de compléter la surcharge afférente aux zones du tablier réservées à la circulation routière (chaussée et trottoirs), par l'adjonction du train-type défini dans les chapitres premier et II du Règlement.

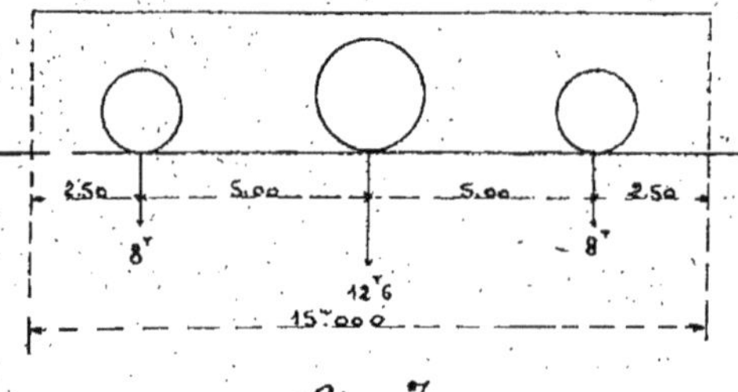

fig. 7

Toutefois, le travail élastique, y compris l'effet de la surcharge complète, ne devra pas dépasser 8,50 kgs pour longerons sous rails, et 9 kgs pour les entretoises ou pièces de pont portant la voie ferrée.

Le chapitre relatif aux ponts-routes a été complété par une circulaire en date du 20 février 1916, en ce qui touche la surcharge à adopter pour les voies des tramways urbains.

Cette surcharge est constituée par un convoi d'automotrices fictives à 3 essieux, conforme au diagramme représenté sur la figure 7, et en nombre suffisant pour couvrir toute la longueur du tablier.

CHAPITRE IV. — *PONTS-CANAUX*

Les dispositions relatives aux ponts-routes sont applicables aux ponts-canaux, sauf modifications ci-après :

Charge permanente. — On calculera la charge permanente en relevant de 0^m30 le niveau de l'eau correspondant au mouillage normal.

Cet exhaussement pourra être augmenté, si l'on prévoit une variation plus importante du niveau du plan d'eau du bief.

On ajoutera en outre 300 kgs par mètre carré au poids du trottoir, sur toute son étendue.

Pression du vent. — On tablera exclusivement sur la pression de 250 kgs par mètre carré de surface verticale, en admettant la présence des bateaux sur l'ouvrage.

On ajoutera, en conséquence, à la surface au vent du pont lui-même (bâche comprise), un rectangle plein de 1^m50 de hauteur au-dessus de la bâche, auquel on attribuera la même longueur qu'au pont.

Limites de sécurité. — Ce sont les limites R_1 et R_2 indiquées pour les ponts-rails (art. 12, 13 et 14) correspondant au cas où il n'y a pas de vent, et au cas où le vent souffle à raison de 250 kgs par mètre carré de surface verticale.

On admettra, comme pour les ponts-routes, que la fonte puisse travailler, à l'extension dans une pièce fléchie, avec un maximum de 1,50 kg.

NOTA. — Le Règlement, pour chaque catégorie de ponts, fixe en outre les conditions d'épreuve. Nous examinerons cette partie dans un chapitre spécial ultérieur.

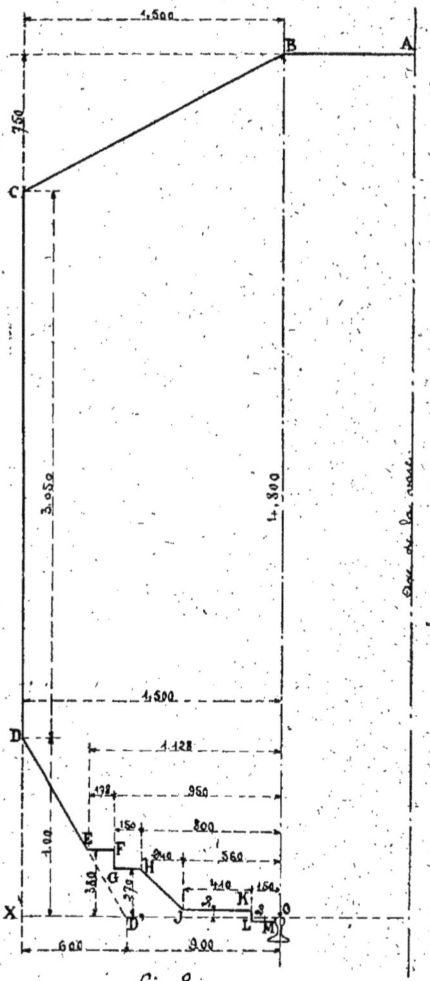

fig. 8.

La figure 8 donne le gabarit des chemins de fer à voie normale. Aucune pièce ne doit faire saillie à l'intérieur de ce gabarit, et, par pièce, il faut entendre non seulement les tôles, cornières, goussets, etc..., mais aussi les têtes des rivets.

CHAPITRE II

PONTS-RAILS

Les ponts-rails ont à résister à plusieurs genres d'efforts :

1º Des efforts verticaux, dus à la charge permanente d'une part, et aux surcharges mobiles d'autre part;

2º Des efforts horizontaux.

Des efforts proviennent de l'action du vent sur le pont lui-même et sur les trains, et aussi des mouvements de lacet des locomotives.

Mais l'action horizontale du vent sur les trains donne lieu à un couple de renversement qui détermine un effort vertical supplémentaire, sur la file de roues, du côté opposé au vent, les roues de la file du côté du vent se trouvant déchargées de la même quantité.

Considérons un essieu de poids P et la partie du train située au-dessus (fig. 9) que nous assimilons à un rectangle plein de 3 mètres de hauteur, placé à 0ᵐ50 au-dessus du rail (article 3 du Règlement).

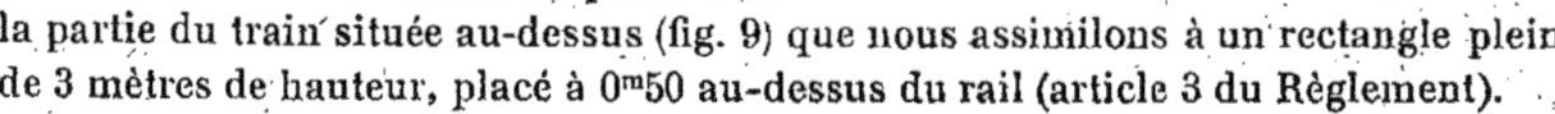

fig. 9

La résultante de la pression du vent F est appliquée au milieu de la hauteur du rectangle, donc à 2 mètres au-dessus des rails. Soit d l'écartement de ceux-ci.

L'effort horizontal F tend à renverser le train autour de l'arête R, et tout se passe comme si les charges transmises par les roues étaient :

$$\frac{P}{2} + F \times \frac{2^m00}{d} \text{ au rail } R_2;$$

$$\frac{P}{2} - F \times \frac{2^m00}{d} \text{ au rail } R_1.$$

Les dispositions à adopter pour les ponts-rails doivent tenir compte non seulement de la valeur absolue de ces différentes charges, mais encore de leur grandeur relative.

DISPOSITIONS GÉNÉRALES DES PONTS-RAILS

Ponts de faible ouverture

1° *Poutres sous rails et entretoises.* — Sous chaque file de rails, on place une poutre chargée de résister aux charges verticales. Les poutres sont réunies par des entretoises, appelées entretoises sous voie, pour résister aux efforts horizontaux.

Accessoirement, si le pont comporte des accotements de chaque côté de la voie, ces accotements seront supportés par des poutres latérales appelées poutres ou poutrelle de rive, et des entretoises dites latérales ou d'accotement (fig. 10).

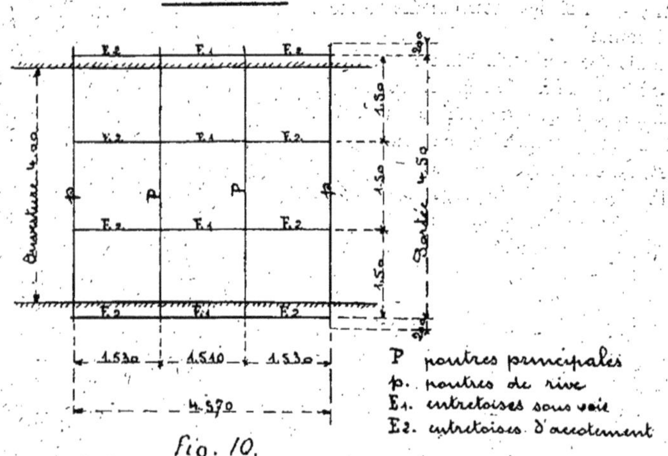

Fig. 10.

Les poutres sous rails peuvent être simples, à caisson ou jumelées. Dans ce dernier cas, les deux poutres simples sont réunies par des entretoises appelées entretoises sous rails (fig. 11);

2° *Poutres latérales et poutrelles, sans longerons.* — Le pont comporte deux poutres reliées par des poutrelles supportant directement les deux files de rails (fig. 12).

Ces poutrelles jouent également le rôle d'entretoises.

Implantation d'un pont droit de 4ᵐ,00 d'ouverture
à poutres jumelées, avec accotements (1 voie).

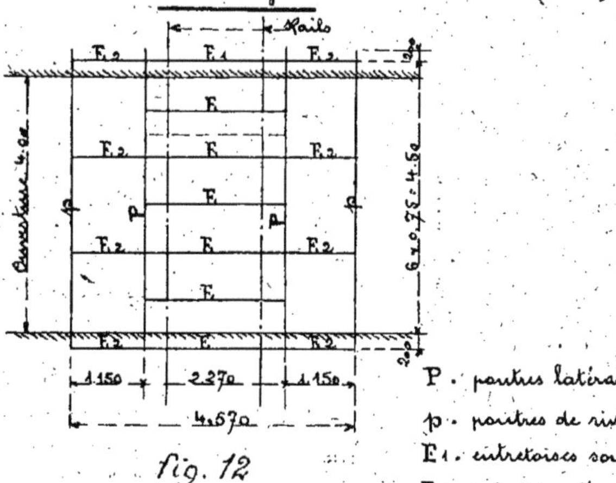

fig. 11

P. poutres jumelées
p. poutres de rive
E₁. entretoises sous rails
E₂. entretoises sous voie
E₃. entretoises d'accotements

Implantation d'un pont droit de 4ᵐ,00 d'ouverture
à poutres latérales sous longerons avec accotements (1 voie)

fig. 12

P. poutres latérales
p. poutres de rive
E₁. entretoises sous voie
E₂. entretoises d'accotements

Cette disposition permet une épaisseur de tablier moindre qu'avec la disposition à poutres simples sous rails, mais elle n'offre pas d'avantage, à ce point de vue, par rapport à la disposition à poutres jumelées.

Par contre, elle présente l'inconvénient de nécessiter des poutrelles très rapprochées : 0m750 au maximum avec les poids actuels des essieux du matériel de traction.

Aussi est-elle abandonnée, tout au moins pour la voie normale ;

3° *Poutres latérales, poutrelles et longerons.* — C'est le dispositif précédent avec addition de deux files de longerons sous les deux files de rails (fig. 13).

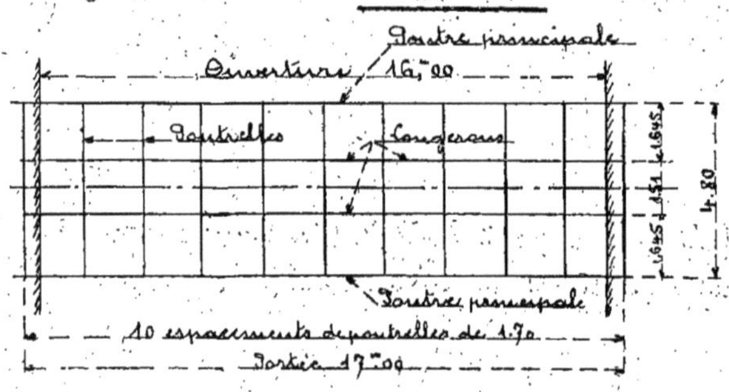

Fig. 13.

Quand le pont a une portée supérieure à 15 mètres, on ajoute un contreventement dans le plan inférieur des poutres pour résister aux efforts horizontaux.

Dans les dispositions qui précèdent, le dessus des rails est à un niveau supérieur à celui du dessus des poutres, de façon que celles-ci se trouvent tout entières au-dessous du gabarit.

Ponts de moyenne et de grande ouverture

Les poutres ont, en général, une hauteur trop grande pour pouvoir être logées au-dessous du gabarit des véhicules.

Il faut les placer sur les côtés de ce gabarit.

Le pont est dit à voie inférieure. (fig. 14).

Les éléments du pont sont :

Les poutres principales,

Les poutrelles,

Les longerons,

Les contreventements.

Lorsque les poutres ont une hauteur telle qu'elles dépassent le gabarit, on les réunit par des entretoises et des pièces de contreventement à leur partie supérieure.

Lorsque les poutres sont partie au-dessus, partie au-

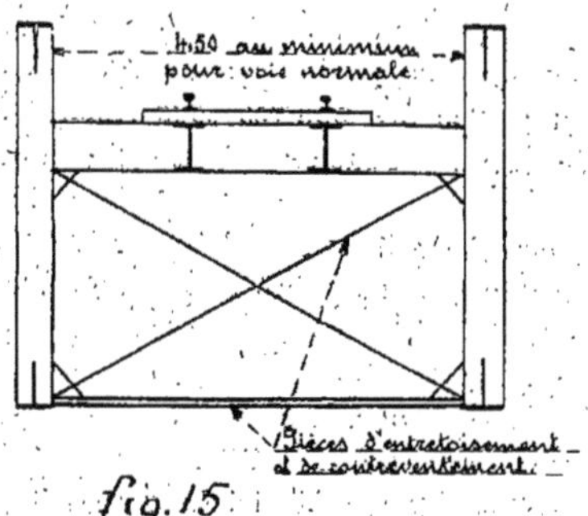

dessous des poutrelles, le pont est dit à voie intermédiaire. On s'arrange pour que les poutres dépassent le niveau du rail de 1 mètre à 1^{m}50, de façon à former garde-corps, (fig. 15).

Enfin, les poutrelles sous rails peuvent être placées à la partie supérieure des poutres; le pont est dit à voie supérieure.

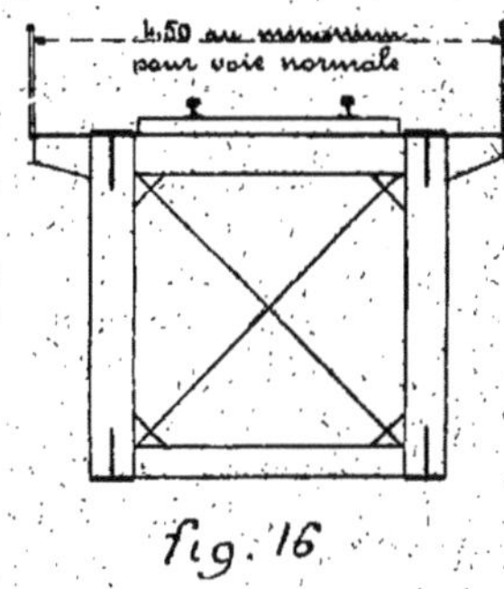

C'est la disposition déjà vue pour les ponts de faible ouverture, mais les poutres étant plus hautes doivent être entretoisées à la partie inférieure (fig. 16).

Les poutres des ponts de faible ouverture sont toujours à âme pleine, les ponts d'ouverture moyenne peuvent être à poutres à âme pleine, ou à treillis, ceux de grande ouverture sont toujours exécutés avec des poutres à treillis.

PONTS AVEC POUTRES A AME PLEINE

Ponts à poutres sous rails et entretoises

La figure 17 donne le détail d'un pont à poutres sous rails de 4 mètres d'ouverture.

Ce pont est à deux voies. Sa construction est symétrique par rapport à l'axe de l'entrevoie.

Les poutres sous rails sont en forme de double T dissymétrique à âme pleine.

La semelle supérieure est élargie pour permettre l'attache de la longrine, de 0m300 de largeur, et du platelage en tôle.

Les entretoises d'accotements et d'entrevoie sont en forme T formé d'une âme et de deux cornières. Les entretoises sous voie sont constituées par de petites poutres à treillis.

Entre deux entretoises successives, les poutres portent un renfort dissymétrique.

Ce type de pont ne s'applique guère qu'aux petits ouvrages. Cependant, il a été employé pour des ponts importants dans lesquels la hauteur des poutres atteint 2 mètres.

Dans ce cas, il y a lieu de remarquer que la poutre de rive, au lieu d'être calculée pour une portée égale à la portée des poutres sous rails, doit simplement avoir la résistance nécessaire pour franchir l'intervalle entre deux entretoises d'accotement.

Celles-ci sont remplacées par des consoles s'attachant sur les poutres.

La figure 18 donne la demi-coupe transversale d'un pont à poutres sous rails, également de 4 mètres d'ouverture.

Ce pont comporte une seule voie, posée sur traverses.

Les entretoises sont espacées de 1m20 d'axe en axe. Les entretoises d'accotement sont en T laminé, les entretoises sous voie sont à treillis.

Les poutres sont encore à section dissymétrique, mais ici la dissymétrie est uniquement nécessitée par l'attache du platelage en tôle.

Ces deux exemples donnent les dispositions qu'on retrouve d'une façon à peu près identique dans les ponts de ce type, et qui sont caractérisées par :

1o Section des poutres en double T symétrique ou non. Il y a toujours intérêt à réduire au minimum la dissymétrie;

2o Entretoises des poutres à treillis, ayant toute la hauteur des poutres.

3o Entretoises d'accotement à section en T pour les faibles portées, remplacées par des consoles-supports d'accotements pour les portées plus grandes;

4o Poutres de rive à section en U portant les garde-corps.

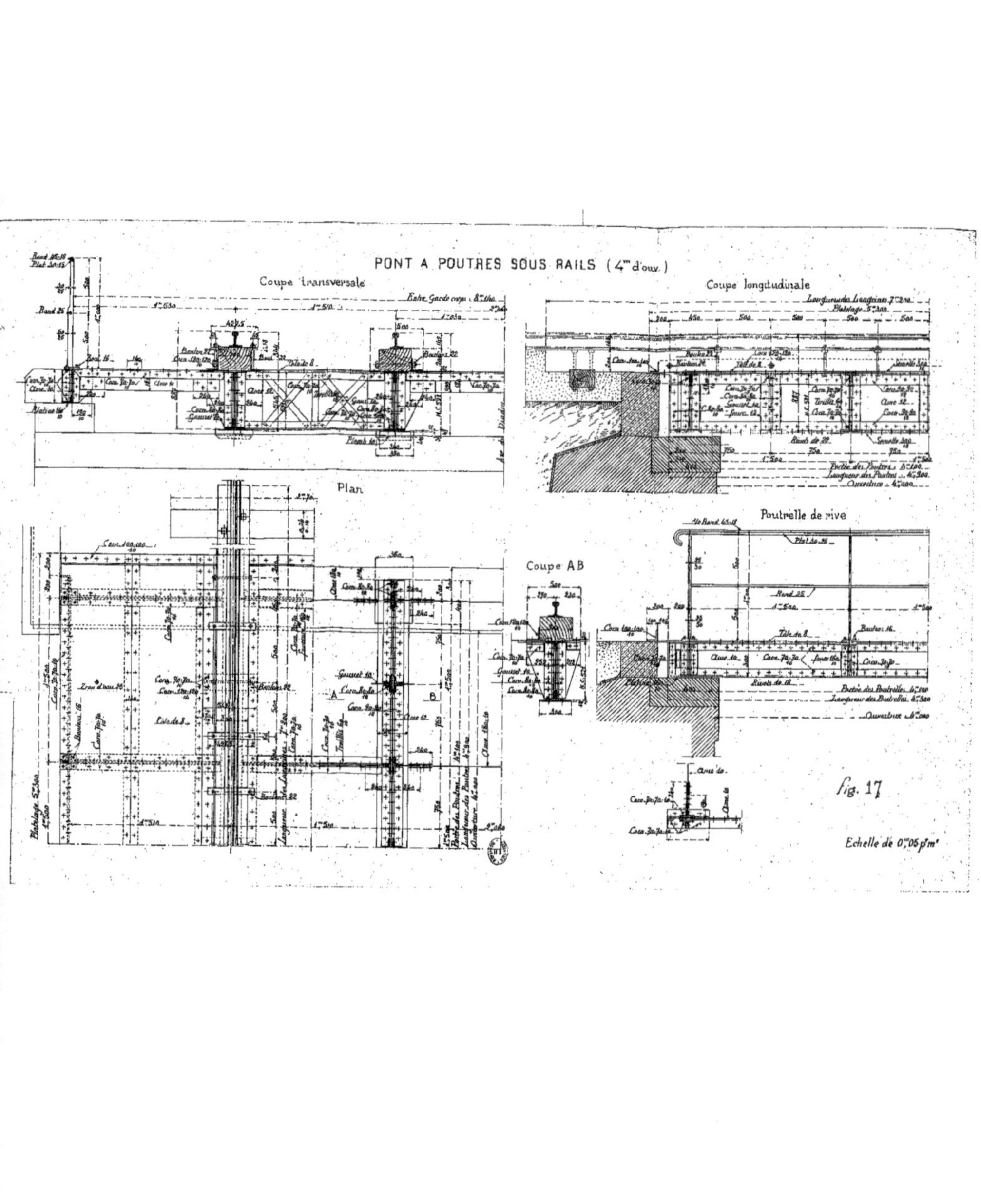

PONT A POUTRES SOUS RAILS (4ᵐ d'ouv.)
Coupe transversale
Coupe longitudinale
Plan
Coupe AB
Poutrelle de rive
fig. 17
Echelle de 0ᵐ,05 p/m

Coupe transversale

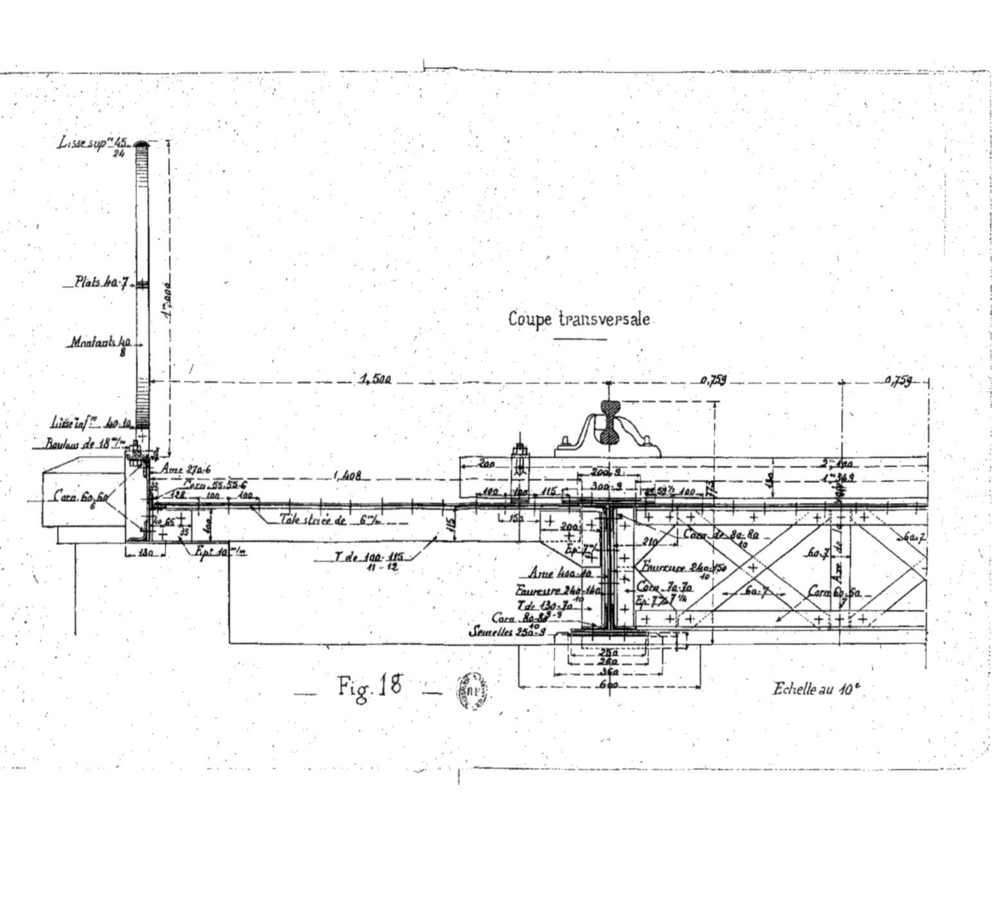

Fig. 18 — Echelle au 10ᵉ

Ponts à poutres jumelées sous rails

Ce type de pont est aujourd'hui le plus employé pour les faibles portées, parce qu'il permet d'augmenter la résistance des poutres, en doublant le nombre de celles qui portent une file de rails, sans augmenter l'épaisseur du tablier, c'est-à-dire la hauteur disponible entre le dessus des rails et le niveau inférieur minimum des poutres. Or, cette hauteur est le plus souvent limitée, qu'il s'agisse de remplacer un ouvrage détruit ou un ouvrage devenu insuffisant ou en mauvais état : elle est la même que pour l'ouvrage à remplacer, lequel avait été calculé pour des poids d'essieux beaucoup plus faibles que ceux fixés, par le Règlement du 8 janvier 1915, sur la construction des ponts métalliques. Par conséquent, faute de pouvoir augmenter la hauteur des poutres, on est tout naturellement conduit à augmenter leur nombre.

Enfin, les ponts à poutres jumelées s'emploient exclusivement avec voie posée sur lon-

arbre. La longrine est placée entre les deux poutres simples, et le rail déposé au-dessus des poutres, de la quantité suffisante pour que le gabarit des véhicules passe au-dessus des pièces les plus saillantes du niveau supérieur du tablier.

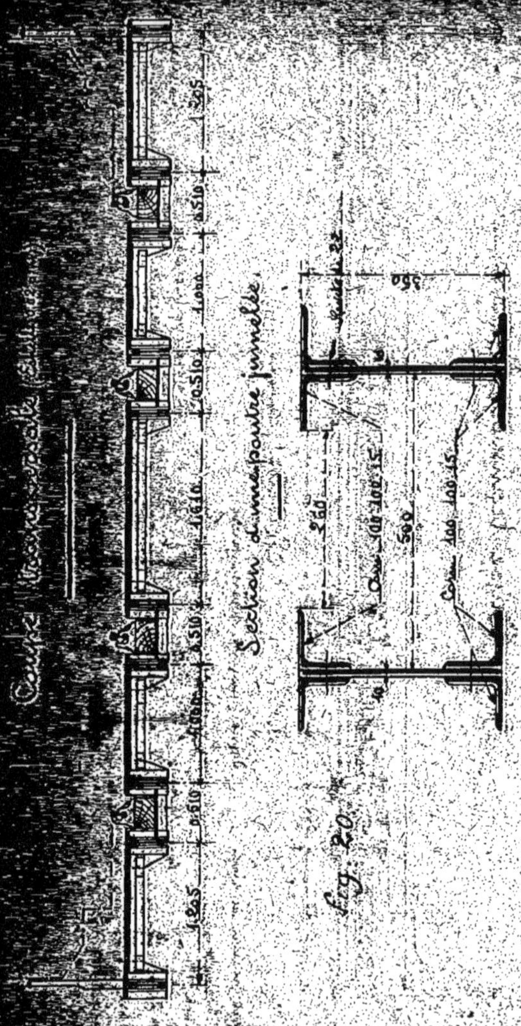

L'épaisseur totale du tablier est donc, par ce dispositif de pose de voie, réduite à nouveau.

Par contre, le pont à poutres jumelées est plus lourd et, par suite, moins économique que le pont à poutres simples sous rails. Celui-ci sera préféré, pour les faibles et moyennes ouvertures, toutes les fois qu'on pourra disposer d'une hauteur suffisante pour réaliser une section de poutres sans accumulation exagérée de métal.

Nous donnons sur les figures 19 et 20 :

1° Une coupe transversale d'ensemble d'un pont de 7 mètres d'ouverture à deux voies à poutres jumelées, avec un plancher en bois.

Les entretoises sont toutes à âme pleine et placées à la partie inférieure des poutres. Le plancher en bois est recouvert d'une légère couche de gravier pour éviter les incendies par la projection d'escarbilles. Le dessus du gravier se trouve ainsi affleurer à peu près la partie supérieure des poutres.

Nous donnons en outre la section des éléments résistants du tablier

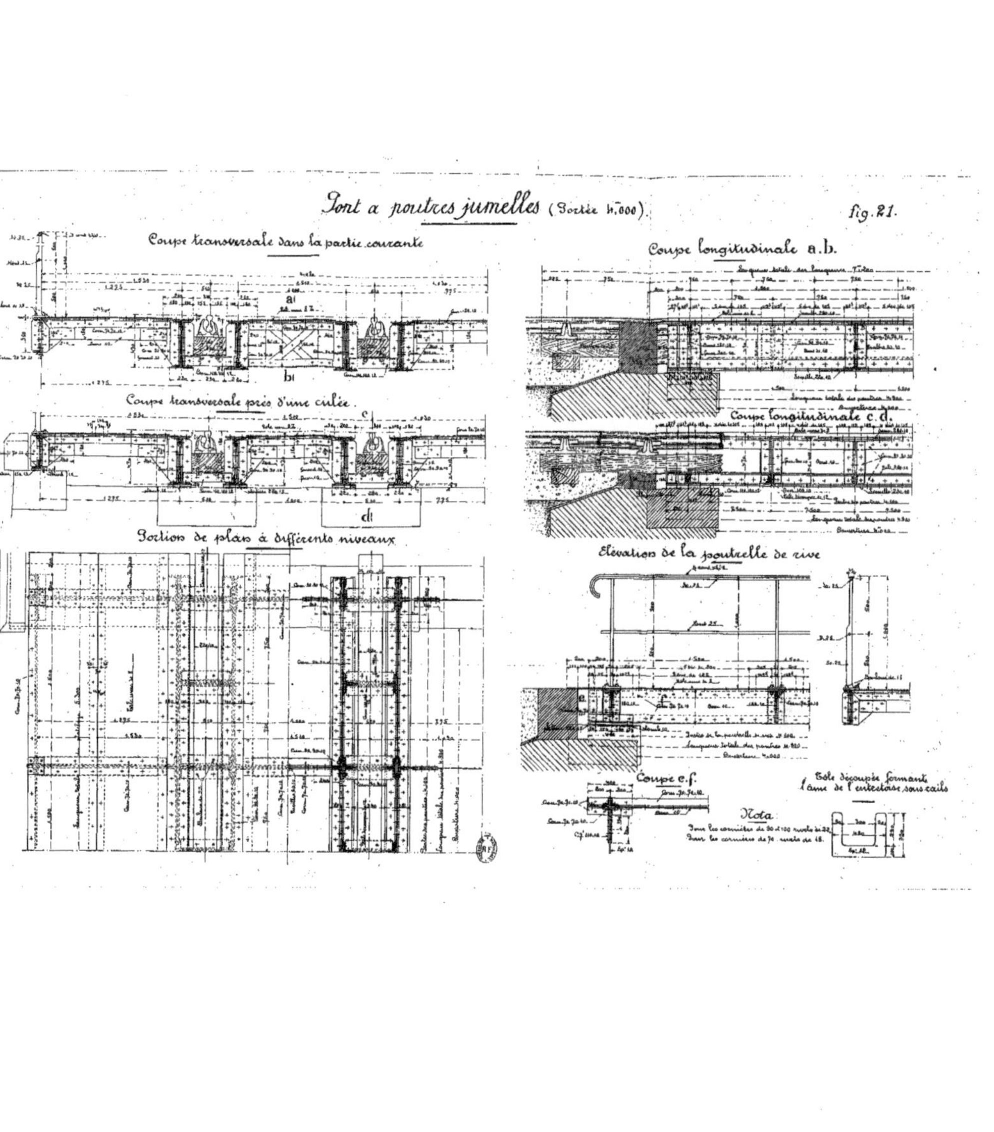

Pont à poutres jumelles (Portée 4.000)
fig. 21.
Coupe transversale dans la partie courante
Coupe longitudinale a.b.
Coupe transversale près d'une culée.
Coupe longitudinale c.d.
Portion de plan à différents niveaux
Élévation de la poutrelle de rive
Coupe e.f.
Tôle découpée formant l'âme de l'entretoise sous rails
Nota

La portée des poutres est de 7m10, l'espacement des entretoises de 1 mètre.

Pour les poids d'essieux actuels, nous le répétons, cet espacement est exagéré, il ne doit pas excéder 0m75;

2° La coupe transversale d'ensemble d'un pont de 4 mètres d'ouverture à deux voies, à poutres jumelées avec platelage en tôle.

Les entretoises sont placées à la partie supérieure des poutres. Elles ont une section en T assemblée et les tôles de platelage sont rivées sur les cornières.

La figure 21 donne les détails de construction d'un pont à deux voies de 4 mètres d'ouverture, à poutres jumelées.

On remarquera encore ici que la section des poutres est dissymétrique. La semelle supérieure est élargie pour recevoir la tôle de platelage. Mais, dans le calcul, on néglige le plus souvent cet élargissement et on calcule la section comme si elle était symétrique.

L'écartement des deux poutres simples d'une poutre jumelée est ici déterminé par la largeur de la longrine. Le rail étant à double champignon posé sur coussinets, il suffit qu'on puisse rentrer la longrine entre les cornières d'attache des entretoises sous rails, et entre les semelles supérieures des poutres.

Ce type de pont présente un avantage sur celui à poutres simples sous rails : les conséquences d'un déraillement sont moins graves, parce que la forme des poutres forme ornière pour les roues des véhicules et empêche celles-ci de passer à travers le plancher.

Ponts à poutres latérales, sans longerons

La figure 22 représente, en coupe transversale, un pont à poutres latérales sans longerons.

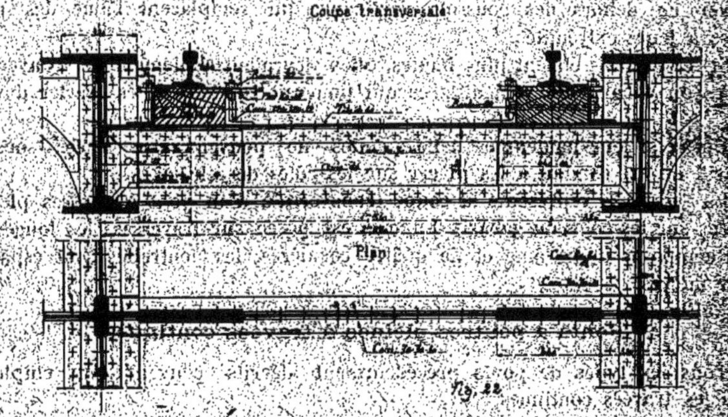

La voie doit être obligatoirement posée sur longrines, celles-ci sont placées aussi près que possible des poutres, de façon à réduire le moment de flexion dans les poutrelles et, par suite, la section de celles-ci.

La position des poutres est fixée d'après leur hauteur, par la nécessité de les tenir en dehors du gabarit des véhicules.

Dans l'exemple représenté, le rail dépasse légèrement le dessus des poutres, et celles-ci ont pu être rapprochées au maximum.

Ponts à poutres latérales, poutrelles et longerons

La figure 23 donne un exemple de coupe transversale d'un pont à poutres latérales, poutrelles et longerons.

La portée des poutres est de 7m80; l'espacement des poutrelles et, par suite, la portée des longerons, de 1m60.

L'écartement des poutres est déterminé par les assemblages des poutrelles.

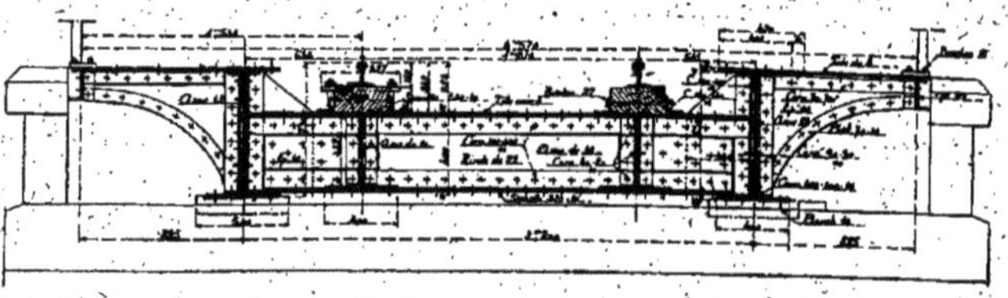

Fig. 23.

Les cornières d'épaulement des longrines (120 × 120 × 12) doivent se trouver en dehors des goussets verticaux qui remplacent l'âme des poutrelles à leurs extrémités.

Si les poutres étaient plus hautes, elles devraient également se trouver en dehors du gabarit des véhicules, ce qui pourrait conduire à les écarter davantage.

Enfin, si leur hauteur est telle qu'elles ne peuvent être logées sous le gabarit, on est conduit à les placer sur les côtés de celui-ci.

La figure 24 représente la coupe transversale d'un pont à poutres pleines placées sur les côtés du gabarit. La voie est posée sur traverses, les longerons sont composés d'une âme et de quatre cornières, les poutrelles sont espacées de 3 mètres.

Ponts à poutres pleines à travées continues

Tous les types de ponts précédemment décrits peuvent être employés pour les travées continues.

La figure 25 donne l'ensemble, en plan et en élévation, d'un pont à poutres

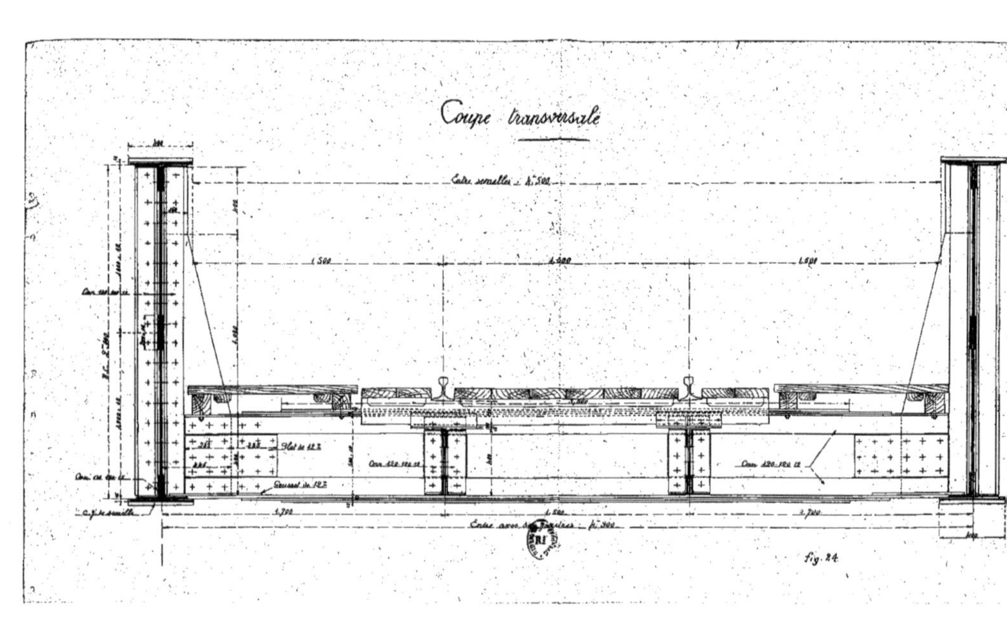

Coupe transversale
Entre semelles : h 500
1 500
1 500
1 500
Fer de 12.2
Corn 120.120.12
Corn 120.120.12
Goussel de 12.2
1 700
1 500
1 700
Entre axes des figures : h 500
fig. 24

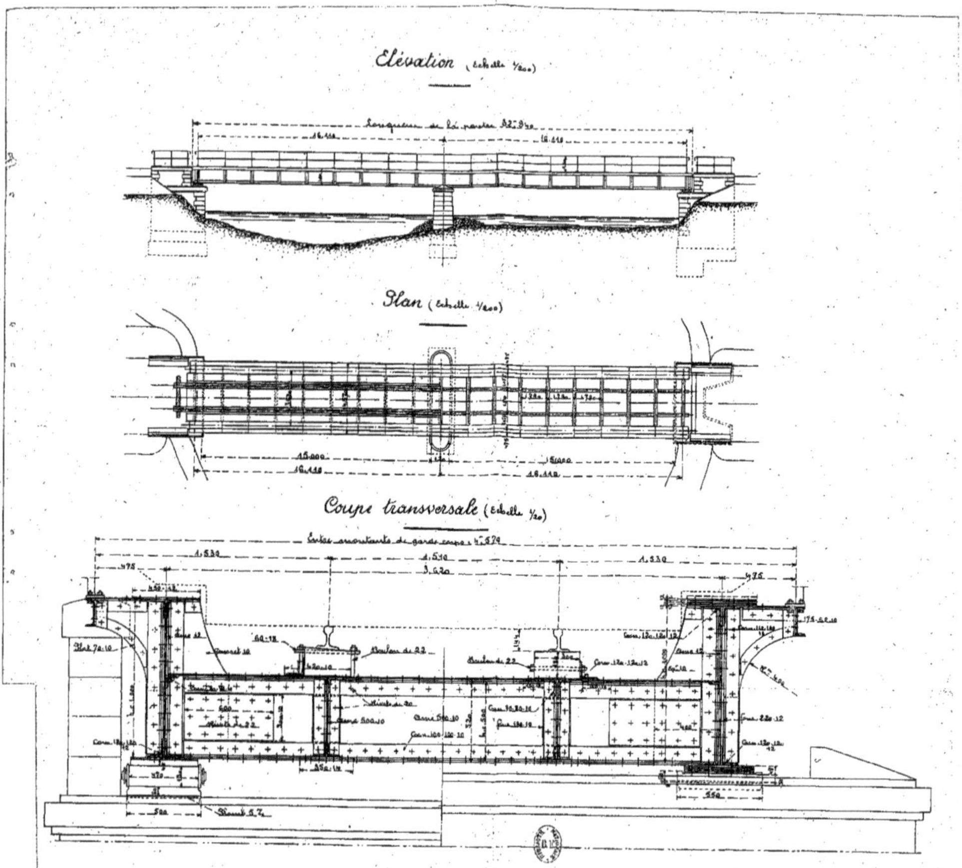

Élévation (Échelle 1/200)
Plan (Échelle 1/200)
Coupe transversale (Échelle 1/20)
fig. 25.

latérales, poutrelles et longerons, de 31ᵐ20 d'ouverture totale, comprenant deux travées égales à 15 mètres d'ouverture.

La coupe transversale de cet ouvrage est analogue à celle donnée sur la figure 23. Les poutres étant un peu plus hautes sont un peu plus écartées (3ᵐ620 au lieu de 2ᵐ800), de façon à pouvoir être logées au-dessous du gabarit.

Choix de la hauteur et de la section des poutres à âme pleine.

POUTRES SIMPLES

La section uniquement employée actuellement, pour les poutres à âme pleine des ponts, est la section symétrique en double T. Lorsqu'il y a dissymétrie pour des raisons de construction analogues à celles que nous avons vues dans les exemples précédents, cette dissymétrie doit être réduite au minimum (elle se réduit le plus souvent à l'élargissement d'une semelle).

Les poutres jumelées sont toujours constituées par deux poutres en double T construites isolément et réunies par des entretoises.

Le choix de la hauteur des poutres dépend du type adopté pour celles-ci.

Pour les poutres jumelées, avantageuses lorsqu'on dispose seulement d'une faible hauteur, la hauteur des poutres peut être abaissée jusqu'au vingtième de la portée; mais si on est conduit à adopter une hauteur aussi réduite, il est indispensable de limiter la fatigue du métal à un taux inférieur aux limites de sécurité fixées par le Règlement du 8 janvier 1915, de façon à ramener la flèche du tablier, sous l'influence de la surcharge du train-type, à une valeur comprise entre 1/1.200 et 1/1.500 de la portée.

On évite ainsi les effets vibratoires qu'amène une trop grande flexibilité des poutres, et qui augmentent dans des proportions qu'on ne peut évaluer, mais à coup sûr très appréciables, la fatigue du métal et surtout celle des rivets des assemblages.

La hauteur pratique à adopter pour les poutres jumelées est voisine de quinzième de la portée.

Pour les poutres latérales ou sous rails, on peut admettre le dixième de la portée.

La largeur des semelles augmente avec la portée, de façon à améliorer la rigidité transversale des poutres.

Quoiqu'il n'y ait pas de règle précise à ce sujet, on peut considérer que les semelles doivent avoir au minimum une largeur égale à 1/80 de la portée.

Avec les poutres jumelées, il est préférable de prendre des semelles étroites, afin de rapprocher le plus possible les deux poutres simples. On peut cependant avoir des semelles débordantes vers l'extérieur des poutres. Cette disposition ne présente aucun inconvénient et n'augmente pas la portée des entretoises sous rails.

Avec les poutres latérales, on prendra des semelles débordantes.

Les renforts des poutres à âme pleine sont constitués par les attaches des entretoises ou des poutrelles. A cet effet, les cornières d'attache sont toujours rivées sur toute la hauteur des poutres.

Lorsque l'espacement des poutrelles atteint ou dépasse le double de la hauteur des poutres, il est bon de placer un renfort au milieu des attaches de deux poutrelles consécutives.

Poutres continues

La section des poutres continues est également une section symétrique en double T.

L'effort tranchant maximum, dans une poutre continue, est plus grand que pour une poutre à deux appuis simples.

Néanmoins, on ne donne pas plus d'épaisseur à l'âme de la poutre continue qu'à celle de la poutre simple, car l'âme présente toujours un excès d'épaisseur pour la résistance à l'effort tranchant.

Au point de vue de la résistance à la flexion, il y a lieu de considérer la valeur absolue du moment maximum et la valeur moyenne de la valeur absolue des moments de flexion.

La valeur absolue du moment maximum, pour une surcharge uniformément répartie sur la longueur totale d'une ou plusieurs travées, est au plus égale à $\frac{pl^2}{8}$, donc au plus égale au moment maximum dans la poutre simple de portée l.

La moyenne des ordonnées de la parabole des moments de flexion dans la poutre simple est :

$$\frac{2}{3} \cdot \frac{pl}{8}.$$

Dans la poutre continue à deux travées, on trouve les 6/10 de la valeur précédente, pour le cas où la surcharge règne sur la longueur totale des deux travées, et une valeur inférieure, s'il y a plus de deux travées.

Si les travées sont courtes, la section de la poutre est constante et calculée pour le maximum du moment. Au contraire, si les travées sont longues, on peut faire varier la section.

Dans ce cas, la poutre continue demande moins de métal que la poutre simple.

Par conséquent, la poutre continue n'est économique que pour les travées de longueur suffisante, pour qu'on puisse avoir une répartition du métal.

Les poutres continues sont en outre sensibles aux dénivellations des appuis. Ces dénivellations proviennent soit d'une erreur de pose dans les appuis, soit de tassements du terrain.

Leur influence sera encore d'autant plus grande, à valeur égale, que les travées seront plus courtes.

Enfin, si les travées sont courtes, le poids d'une travée est insuffisant pour équilibrer le poids de la surcharge de la travée voisine, et il se produit des soulèvements au-dessus des appuis au passage des trains. Ces soulèvements sont suivis d'abaissements violents produits par le passage des essieux. La répétition de ce phénomène, appelé « coup de marteau », entraîne à la longue la dislocation des maçonneries des supports et l'ébranlement des rivets des assemblages.

En résumé, au-dessous de 15 mètres de portée par travée, il est préférable d'employer des poutres simples.

Les poutres continues à âme pleine des ponts fixes sont toujours à hauteur constante.

Cette hauteur doit être déterminée d'après la valeur absolue du moment de flexion.

Le rapport entre la largeur des semelles et la portée des travées est la même que pour les poutres simples.

La distribution des renforts est également la même que pour les poutres simples.

Joints et tronçonnement des poutres à âme pleine

Les joints s'établissent suivant les règles exposées dans la première partie du Cours, pour la construction des poutres à âme pleine.

On place les joints au milieu de l'intervalle qui sépare deux entretoises ou deux poutrelles.

Leur nombre est déterminé par la longueur maximum des tronçons, longueur qui, pratiquement, est rarement supérieure à 8 mètres.

Dans l'étude détaillée des poutres d'un pont, la première préoccupation est d'arrêter la position des joints.

On étudie ensuite la rivure longitudinale des poutres. Ainsi que nous l'avons déjà indiqué dans l'étude générale des poutres, on adopte une même division de rivure sur toute la longueur des poutres, sauf vérification de la résistance des rivets à l'effort de glissement longitudinal.

Cette rivure une fois déterminée, on peut arrêter exactement la position des joints des éléments de la poutre : le joint d'âme au milieu, les joints des cornières de part et d'autre, les joints de semelles établis symétriquement par rapport au joint vertical de l'âme.

On établit ensuite le dessin de répartition des fers, dans lequel on cote la longueur des éléments de tous les tronçons, et la position relative des joints.

Ce dessin est généralement à l'échelle de 0^m02 par mètre pour les longueurs, l'échelle des hauteurs est amplifiée arbitrairement et peut même ne pas exister. Les différents éléments sont représentés par des épaisseurs suffisamment fortes pour que le diagramme soit bien lisible.

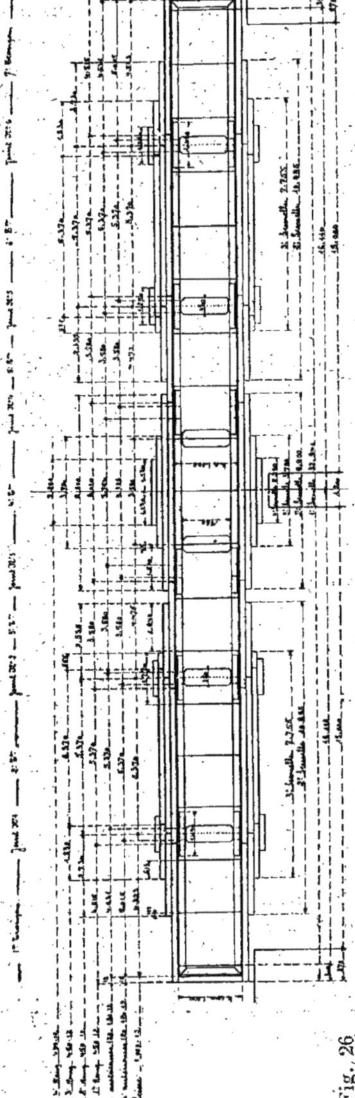

Fig. 26.

Nous donnons, comme exemple, sur la figure 26, la répartition des fers d'une poutre principale du pont représenté sur la figure 25.

Les joints sont établis symétriquement par rapport au milieu de la poutre, de façon que les tronçons soient deux à deux semblables comme dimensions de fers.

Standardisation des ponts à poutres pleines

La tendance actuelle des réseaux de chemins de fer est d'uniformiser les types de ponts, chaque type étant applicable entre des limites d'ouverture parfaitement définies. Cette méthode d'uniformisation des types de fabrication dans l'industrie porte le nom de standardisation. Les types uniformisés s'appellent les types Standard.

Dans le domaine des ponts métalliques, l'adoption de ponts Standard n'a encore été réalisée par certains réseaux que pour les ponts à poutres pleines.

Les types adoptés sont au nombre de deux :

Le type à poutres jumelées pour les faibles ouvertures, jusqu'à 15 mètres environ.

Le type à poutres latérales (avec largeur libre de 4^{m}50 entre les poutres, poutrelles et longerons) pour les ouvertures comprises entre 13 et 30 mètres environ.

Il y a, par conséquent, un certain chevauchement des ouvertures pour lesquelles l'un ou l'autre de ces types est applicable.

Pour chaque type pris séparément, l'écartement des entretoises ou des poutrelles reste le même.

On étudie un certain nombre de tronçons de longueurs différentes, dont l'aboutement permet d'obtenir des poutres de portées différentes.

1° Tablier formé de 2 tronçons de 6m.00

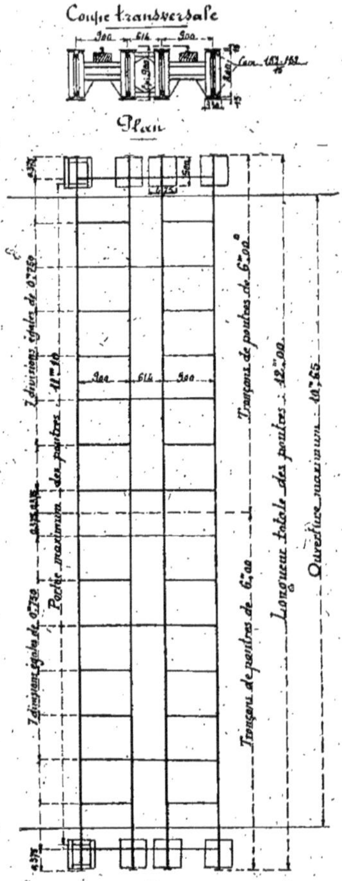

2° Tablier formé d'un tronçon de 6m.00 et un tronçon de 6.75

Plan

Coupe transversale

Plan

fig. 27

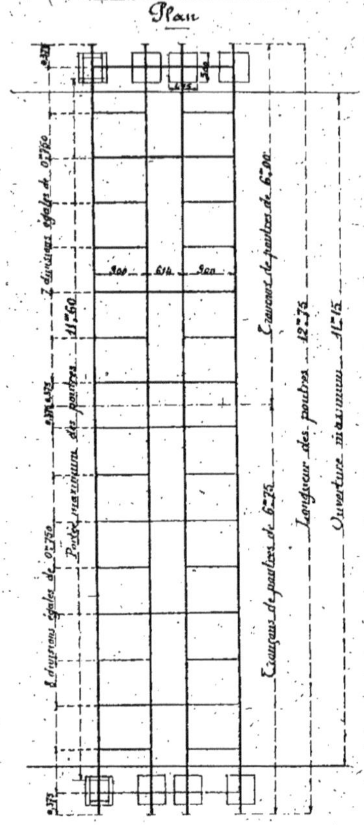

fig. 28

Chacune des portées ainsi réalisées correspond à un minimum et à un maximum d'ouverture.

Les poutres sont naturellement calculées pour la portée maximum.

Cette méthode permet d'avoir d'avance des ponts complètement étudiés, d'où une économie de temps par la réduction au minimum de temps nécessaire à l'établissement des dessins, et elle permet également d'avoir les mêmes entretoises pour des ponts d'ouverture différente, d'où une simplification dans l'usinage.

Tabliers de 13ᵐ20 à 19ᵐ20 d'ouverture

Poutre calculée pour la portée maxima de 20ᵐ00 comptée entre axes des sabots.

Trois types de tronçons

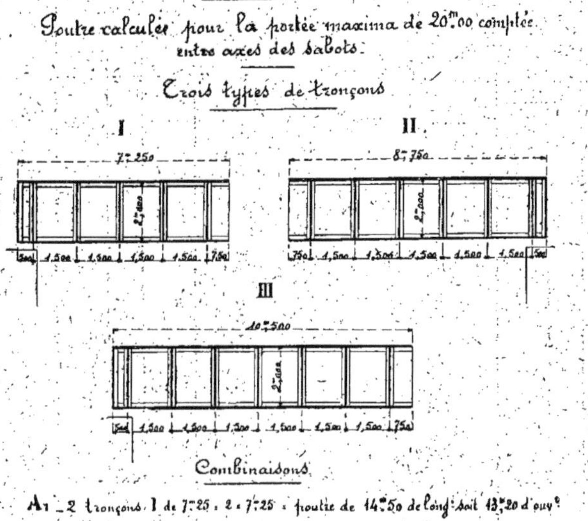

fig. 29.

Des exemples d'application de ponts Standard sont donnés sur les figures ci-après :

Figures 27, 28 : types de tabliers métalliques à poutres jumelées, pour ponts droits de 9ᵐ85 à 11ᵐ15 d'ouverture (poutres de 0ᵐ800 de hauteur d'âme) ;

Figure 29 : types de tabliers métalliques pour ponts de 13ᵐ20 à 19ᵐ20 d'ouverture.

La coupe transversale de ce dernier type est celle représentée sur la figure 24. Les poutres ont 2 mètres de hauteur d'âme et un joint d'âme longitudinal exécuté à l'atelier. Les poutrelles sont espacées de 3 mètres, et les renforts de 1ᵐ50.

Pour certaines ouvertures, les deux poutrelles extrêmes sont rapprochées à 1m50. Le plan schématique de l'ossature correspondant est donné sur
la figure 30 (pour un pont droit et pour un pont biais).

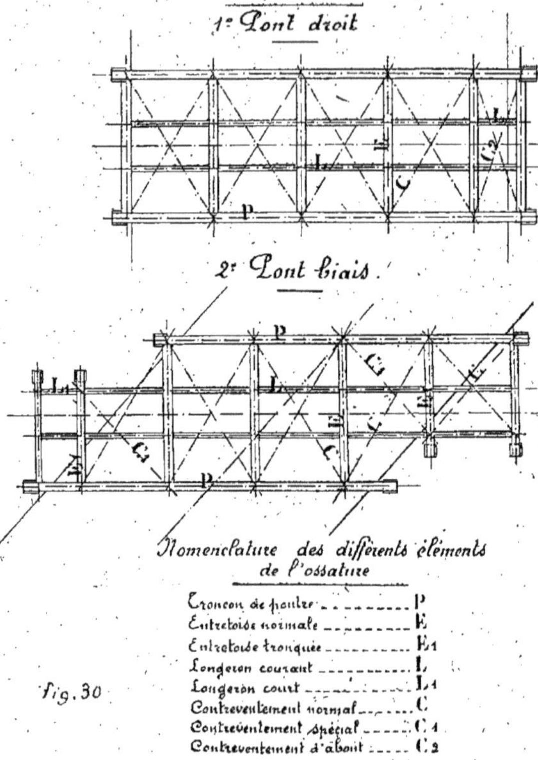

Fig. 30

Ce type comporte un contreventement pour résister aux efforts horizontaux du vent.

Les ponts Standard sont applicables seulement aux ouvrages ne présentant pas de sujétion particulière pour la hauteur des poutres ou leur profil,
et aux travées indépendantes.

PONTS-RAILS AVEC POUTRES A TREILLIS DE HAUTEUR CONSTANTE

Pour résister à des charges données, une poutre doit être aussi haute que possible, cette hauteur étant mesurée dans le sens de la direction des charges.

Or, nous avons vu que la hauteur limite pratique des poutres à âme pleine est environ 3 mètres, ce qui correspond, pour les ponts-rails, à 30 mètres de portée. Pour les portées supérieures des travées indépendantes, on emploie toujours la poutre à treillis, plus économique et d'un aspect plus satisfaisant.

Hauteur des poutres à treillis des ponts-rails

TRAVÉES INDÉPENDANTES

Pour déterminer la hauteur la plus avantageuse à attribuer aux poutres d'une travée indépendante, on se basera sur les considérations suivantes :

Résistance aux charges verticales. — Soient :

M le moment fléchissant,

h la hauteur de la poutre,

R le taux du travail unitaire admissible.

La section théorique d'une membrure se détermine par la formule

$$= \frac{M}{Rh}.$$

Cette section est d'autant plus faible que la hauteur est plus grande. Il y a donc, à ce point de vue, intérêt à augmenter la hauteur pour réduire le poids des membrures.

Par contre, le poids des treillis augmente avec la hauteur. Cette augmentation est du reste assez lente. Elle tient à ce que les barres comprimées deviennent plus longues, et à ce qu'on est conduit à employer des treillis multiples pour réduire l'écartement des poutrelles, et par suite la portée des longerons. Or, les treillis multiples sont, en général, plus lourds que les systèmes simples, parce que le métal y est moins bien utilisé.

Résistance au vent. — La poussée exercée par le vent est proportionnelle à la surface sur laquelle elle s'exerce; il en résulte que la pression latérale du vent croît à peu près comme la hauteur des poutres.

En pratique, la hauteur des poutres est proportionnée à l'ouverture.

Le rapport $\frac{h}{l}$, pour les charges du Règlement du 8 janvier 1915, varie entre 1/7 et 1/10.

Quel que soit le type et la destination du pont (pont-rail ou pont-route ou pont-canal), ce rapport doit être d'autant plus élevé :

1° Que les charges verticales sont plus considérables;

2º Que l'écartement mutuel des deux poutres est plus grand;

3º Que le taux du travail unitaire admissible est moindre.

Au point de vue du contreventement, il convient d'attribuer, au rapport $\frac{h}{l}$, une valeur d'autant moindre que l'influence du vent sera plus importante comparativement à celle des charges verticales.

Par exemple, toutes choses étant égales, la hauteur sera moins grande pour une triangulation à très petites mailles que pour une triangulation à grandes mailles, et encore moins grande pour une poutre à âme pleine qui offre au vent une surface plus étendue.

Enfin, nous verrons, dans l'étude du contreventement, qu'il est avantageux, au point de vue de la résistance au vent, d'avoir un double contreventement longitudinal : l'un à la partie supérieure, l'autre à la partie inférieure des poutres.

Si la portée est telle qu'on soit conduit à prendre une hauteur h très près de celle qui permettrait l'adoption du contreventement supérieur, il faut augmenter franchement cette hauteur, de façon à avoir le double contreventement.

POUTRES CONTINUES

Longueurs des travées. — Il est rare que les longueurs des travées puissent être choisies d'une façon arbitraire. Bien souvent, certains points du terrain s'imposent pour la construction des supports et déterminent ainsi la division en travées.

S'il n'existe pas de sujétion de ce genre, on cherche à réaliser le minimum de poids de métal.

S'il n'y a que deux travées, ces deux travées seront égales.

Trois travées : la travée médiane est la plus grande; les travées de rive ont une même portée, égale aux 4/5 environ de la précédente.

Si le nombre des travées est supérieur à trois, on adoptera encore pour les travées de rive une valeur voisine des 4/5 de la portée commune des travées intermédiaires.

On obtient ainsi des poutres symétriques par rapport à leur milieu, ce qui simplifie leur construction.

Pour la détermination du nombre de travées, il faut considérer la hauteur de l'ouvrage au-dessus du sol.

Si cette hauteur est faible, l'ouverture totale sera divisée en travées de petite ouverture.

Si le pont franchit une dépression de terrain très accentuée, l'importance des piles devient grande, et il y a lieu de chercher la condition à réaliser pour obtenir le minimum de dépense totale.

Soient :

L l'ouverture totale du pont,

T le prix d'une poutre principale d'une travée,
T' le prix des autres éléments d'une travée,
P le prix moyen d'une pile,
C et C' les prix des culées extrêmes,
V le prix total,
n le nombre des travées.

$\dfrac{L}{n}$ est l'ouverture moyenne des travées.

On a
$$V = nT + nT' + (n-1)P + C + C'.$$

T est sensiblement proportionnel à $\left(\dfrac{L}{n}\right)^2$:

$$T = K\left(\dfrac{L}{n}\right)^2.$$

D'autre part, nT' est égal à une constante A; C et C' sont également des constantes.

Par suite :

$$V = nk\left(\dfrac{L}{n}\right)^2 + A + (n-1)P + C + C'.$$

Considérons V comme une fonction d'une variable n et cherchons le minimum analytique de V.

$$\frac{dV}{dn} = \frac{-KL^2}{n^2} + P = 0,$$

d'où :
$$n^2 = \frac{K}{P}L^2.$$

En général, n n'étant pas entier, on prend la valeur entière la plus voisine,

On a alors
$$P = K\left(\dfrac{L}{n}\right)^2 = T.$$

Par conséquent, le minimum de la dépense a lieu lorsque le prix moyen d'une pile est égal au prix moyen d'une poutre principale d'une travée.

Cette règle permet de trouver la division en travées la plus avantageuse. Toutefois, au delà de quatre à cinq travées, il n'y a plus d'économie.

Dans le cas où, par suite du profil du terrain, on est conduit à s'écarter du rapport normal indiqué plus haut entre les portées des travées de rive et celle des travées intermédiaires, cas qui correspond généralement à des ouvrages importants et, par suite, à grande ouverture, il est rare que les poutres ne soient pas à hauteur variable.

Aussi supposerons-nous que le rapport des portées des travées est peu différent de la valeur donnée précédemment.

Si cette condition est remplie, les maxima des efforts tranchants et des moments fléchissant dans les travées successives ont des valeurs très voisines, et, par conséquent, les sections à attribuer aux membrures et aux barres de triangulation seront du même ordre de grandeur sur toute la longueur du pont, ce qui justifie l'adoption d'une hauteur constante pour les poutres.

Le rapport de la hauteur constante h à l'ouverture l de la plus grande travée, doit être un peu inférieur à celui qui convient pour la travée indépendante, puisque le maximum du moment fléchissant est abaissé.

Le rapport $\dfrac{h}{l}$, pour les charges du Règlement du 8 janvier 1915, varie entre 1/9 et 1/12.

Nous ferons encore la même remarque que pour la travée indépendante, en ce qui concerne le contreventement supérieur : il est préférable d'augmenter un peu la hauteur des poutres, si cette augmentation de hauteur permet de placer un contreventement dans le plan des membrures supérieures.

DISTRIBUTION DES POUTRELLES

Dans les ponts à travées indépendantes, les poutrelles sont toujours placées au même écartement sur toute la longueur. En outre, quand il n'existe aucune raison spéciale de faire autrement, on place les poutrelles extrêmes au droit des appuis.

Par conséquent, si e désigne l'écartement des poutrelles et n leur nombre, L la portée des poutres, on a :

$$L = (n - 1)\,e.$$

On s'arrange pratiquement pour donner à e un nombre entier de centimètres.

Dans les ponts à travées continues, on place le plus souvent les poutrelles au même écartement, sur toute la longueur du pont.

Par conséquent, les portées des travées sont multiples de l'espacement des poutrelles. On place encore une poutrelle au droit de chaque appui.

Comparaison des ponts à poutres simples et des ponts à poutres continues

1º *Poids*. — On a représenté, sur la figure 31, la parabole (1) qui, pour la charge uniforme complète pl, se rapporte à la travée indépendante ; la parabole (2) et la courbe enveloppe (3) qui, pour la même charge et pour la surcharge à distribution variable, se rapportent à la travée normale de la poutre continue, c'est-à-dire à la travée théorique précédée et suivie d'un nombre infini de travées égales.

Si l'on désigne par p la charge permanente, et q la surcharge par mètre courant, on obtient les résultats suivants :

Section au milieu de la portée :

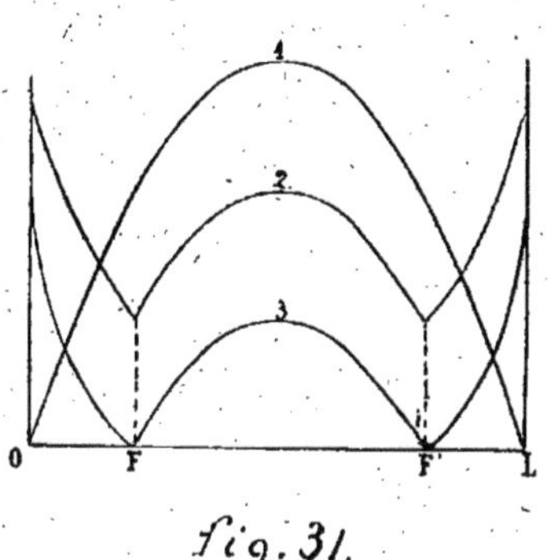

fig. 31.

$$x = \frac{l}{2};$$

Parabole (1). Ordonnée : $\quad + \frac{1}{8}(p+q)\, l^2;$

Parabole (2). Ordonnée : $\quad + \frac{1}{3} \times \frac{1}{8}\, pl^2,$

Parabole (3). Ordonnée : $\quad + \frac{2}{3} \times \frac{1}{8}\, ql^2.$

Section sur appui : $\qquad x = 0.$

Parabole (1) : $\qquad\qquad 0\,;$

Parabole (2) : $\qquad -\frac{2}{3} \times \frac{1}{8}\, ql^2\,;$

Parabole (3) : $\qquad -0,91 \times \frac{1}{8}\, ql^2.$

Valeurs moyennes du moment fléchissant :

Parabole (1) : $\qquad\qquad \frac{1}{12}(p+q)\, l^2\,;$

Parabole (2) : $\qquad\qquad 0,385 \times \frac{1}{12}\, pl^2\,;$

Parabole (3) : $\qquad\qquad 0,875 \times \frac{1}{12}\, ql^2.$

Ceci montre bien que, dans la poutre à hauteur constante, le poids moyen de chaque membrure, sensiblement proportionnel au moment fléchissant, est moindre pour la travée solidaire que pour la travée indépendante.

Il faut cependant que la travée soit assez longue pour que les variations de section des membrures puissent suivre d'assez près la variation du moment, autrement la section des membrures doit être calculée pour le maximum du moment.

L'économie disparaît et la poutre continue est même plus lourde que la poutre simple. L'augmentation de poids provient du treillis, elle est de 6 à 7 0/0.

La section pratique qu'on peut réaliser se rapproche d'autant plus de la section théorique que les travées sont plus longues. La longueur la meilleure est de 50 à 60 mètres;

2° *Flèche*. — Les poutres continues sont moins flexibles que les poutres simples;

3° *Fondations*. — Les poutres continues sont très sensibles aux dénivellations des appuis. Si les fondations des supports doivent être établies sur un sol très compressible, il faut employer les poutres simples;

4° *Inversion des efforts*. — Dans une poutre simple, la membrure inférieure est toujours tendue, la membrure supérieure toujours comprimée.

Dans une poutre continue, au contraire, la membrure inférieure est comprimée au droit des appuis intermédiaires et tendue dans la zone médiane des travées; c'est l'inverse pour la membrure supérieure.

Dans une même membrure, le point où l'effort change de sens n'est pas fixe, il varie avec la position de la surcharge (c'est la région des points F et F' de la figure 31).

On craignait autrefois les effets de cette inversion des efforts. En réalité, il n'en peut résulter aucune action nuisible sur le métal, si la limite d'élasticité n'est pas atteinte. Or, dans les régions où les efforts changent de sens, les moments sont très faibles et ne donnent lieu qu'à une fatigue du métal très modérée;

5° *Montage et mise en place.* — Les ponts à poutres continues se prêtent à la mise en place par lançage, qui est le procédé le plus économique.

Pour les ponts à poutres simples, au contraire, on est le plus souvent obligé d'avoir recours au montage sur échafaudage, beaucoup plus coûteux.

APPUIS DES PONTS A POUTRES CONTINUES

La poutre continue ne doit comporter qu'un seul appui fixe, ordinairement placé sur la pile centrale, ou sur l'une des piles encadrant la travée centrale, c'est-à-dire le plus près possible du milieu de la poutre.

Sur les autres piles et sur les culées, on place des appareils à dilatation.

On obtient ainsi, sur chaque culée, des dilatations sensiblement égales, et la variation de longueur à chaque extrémité du pont est la moitié de la variation totale.

Cette disposition réduit en outre la résistance due au frottement de roulement des galets, qu'oppose chaque appareil à dilatation au mouvement du pont.

Ce frottement n'est pas négligeable; il détermine, en tête de chaque pile, une poussée horizontale et, inversement, le tablier exerce une poussée égale et en sens inverse sur la pile supportant l'appui fixe. Ces poussées se cumulent pour tous les appuis placés d'un même côté de l'appui fixe. Elles s'équilibrent quand celui-ci est placé au milieu ou près du milieu de la poutre.

POUTRES CONTINUES ARTICULÉES

Ce type de poutre remonte à 1872 et est dû à Gerber.

Il a été créé pour supprimer l'influence de la dénivellation des appuis et les difficultés du calcul des efforts.

Dans une poutre continue ordinaire à n travées, il y a $(n-1)$ inconnues, qui sont par exemple les $(n-1)$ moments de flexion sur les $(n-1)$ appuis intermédiaires.

La théorie de l'élasticité doit, par conséquent, fournir $(n-1)$ équations de condition.

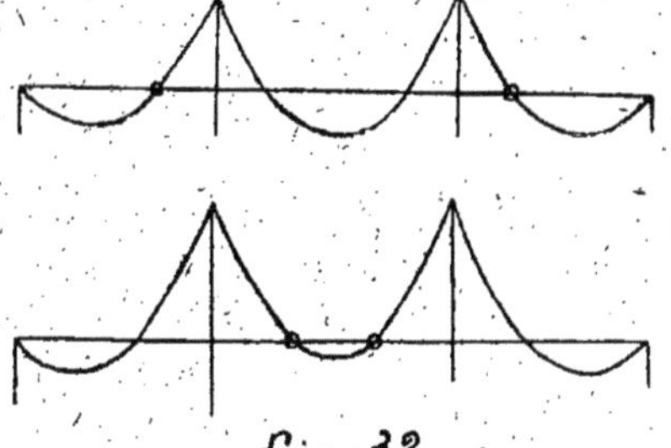

fig. 32.

Dans la poutre continue articulée, on crée $(n-1)$ points où le moment de flexion est nul à l'aide de $(n-1)$ articulations.

Il est alors facile de calculer les moments de flexion et les efforts tranchants sur toute la longueur de la poutre (figure 32).

Une travée comporte 0, 1 ou 2 articulations.

Comparaison des poutres à âme pleine et à treillis de hauteur constante

Il y a lieu d'établir cette comparaison au point de vue :

1° Du poids;

2° De la construction;

3° De l'action du vent;

4° De l'aspect.

L'étude comparée des poids et de la construction fait entrer en jeu la valeur de la matière première et celle de la main-d'œuvre, et par suite le prix de revient.

1° *Comparaison au point de vue du poids.* — Considérons en premier lieu une poutre à âme pleine de portée l et de hauteur h, supportant une charge uniformément répartie p par mètre courant.

Cherchons à évaluer le volume de l'âme.

L'effort tranchant maximum a pour expression :

$$T = \frac{1}{2} pl.$$

Soit R la limite du travail unitaire à la traction du métal de la poutre.

L'âme doit résister à l'effort tranchant T; la limite unitaire de travail au cisaillement étant égale à $\frac{4}{5}$ R.

L'épaisseur théorique e_0 de l'âme est donc déterminée par la condition

$$\frac{T}{e_0 h} = \frac{4}{5} R,$$

d'où
$$e_0 = \frac{5}{4} \frac{T}{Rh} = \frac{5}{4} \cdot \frac{Pl}{2Rh}.$$

Soit V_0 le volume théorique de l'âme. On a :

$$V_0 = e_0 h l = \frac{5pl^2}{8R}.$$

Pour avoir le volume réel, il faut ajouter à V_0 un volume supplémentaire V_1 qui correspond à l'augmentation d'épaisseur que l'on donne à l'âme pour réaliser une épaisseur pratique, et le volume V_2 des couvre-joints et des renforts.

Le volume total est, par conséquent :

$$V = V_0 + V_1 + V_2 = \left(1 + \frac{V_1}{V_0} + \frac{V_2}{V_0}\right) V_0.$$

Posons :

$$K = 1 + \frac{V_1}{V_0} + \frac{V_2}{V_0};$$

on a

$$(1) \quad V = 5K \frac{pl^2}{8R};$$

K varie avec les charges et avec la portée.

Si on donne à l'âme une épaisseur e, on a

$$\frac{V_1}{V_0} = \frac{e - e_0}{e_0}.$$

L'épaisseur e_0 peut être considérée comme indépendante de la portée.

On a en effet :

$$e_0 = \frac{5pl}{8Rh} = \frac{l}{h} \frac{5p}{8R};$$

$\frac{l}{h}$ a une valeur sensiblement constante.

Mais l'épaisseur e doit être d'autant plus forte, que la hauteur h est plus grande, à cause du voilement.

Comme h croît avec l, il s'ensuit que e croît également quand l augmente.

$\frac{V_1}{V_0}$ est donc une fonction croissante de la portée.

Supposons maintenant que e croisse.

L'épaisseur e est sensiblement indépendante de la charge (en supposant celle-ci comprise entre des limites usuelles pour lesquelles le rapport $\frac{h}{l}$ a également une valeur normale).

Par contre, e_0 est proportionnel à p.

Donc, $\frac{V_1}{V_0}$ décroît quand p augmente.

Examinons maintenant le sens des variations de $\frac{V_2}{V_0}$.

Si la poutre est courte, il n'y a pas de couvre-joints.

A partir d'une certaine longueur, il est nécessaire de tronçonner la poutre et de mettre des couvre-joints. En outre, quand la hauteur de la poutre augmente, il faut serrer les renforts et augmenter leur importance. Donc, on peut considérer que le rapport $\dfrac{V_2}{V_0}$ croît avec la portée.

Par contre, $\dfrac{V_2}{V_0}$ est pratiquement indépendant de p.

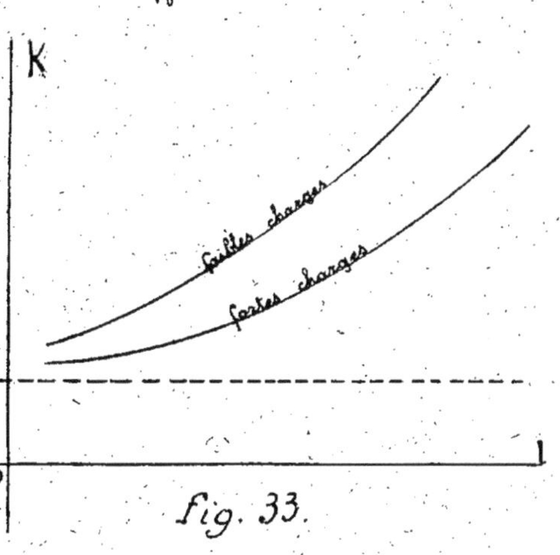

fig. 33.

Par conséquent, K croît avec la portée et décroît quand la charge augmente. On peut, à l'aide de cette méthode, tracer des courbes des variations de K pour différentes charges. Ces courbes ont l'allure de celles représentées sur la figure 33.

Considérons maintenant une poutre à treillis de portée l et de hauteur h, et une diagonale faisant avec la verticale l'angle α (fig. 34).

On a
$$AB = \frac{h}{\cos \alpha}; \qquad Ab = h \, \mathrm{tg} \, \alpha;$$

soit T l'effort tranchant moyen entre A et b.

L'effort dans la diagonale AB a pour expression :
$$F = \frac{T}{\cos \alpha}.$$

La section théorique de la barre est, par conséquent :
$$\Omega_0 = \frac{F}{R} = \frac{T}{R \cos \alpha},$$

et le volume théorique V_0 de cette barre est :
$$V_0 = \Omega_0 \frac{h}{\cos \alpha} = \frac{Th}{R \cos^2 \alpha}.$$

Rapportons ce volume à l'unité de longueur de la projection horizontale de la barre :
$$V_0' = \frac{V_0}{Ab} = \frac{Th}{R \cos^2 \alpha \, . \, h \, \mathrm{tg} \, \alpha} = \frac{2T}{R \sin 2\alpha};$$

cette expression montre que V'_0 est minimum pour $\alpha = 45°$.

Supposons que l'angle α ait précisément cette valeur. On a par suite :
$$V_0' = \frac{2T}{R}.$$

fig 34

Le volume total théorique sera

$$V_0' = \Sigma V_0' \times Ab = \Sigma V_0' \Delta x = \frac{2}{R} \Sigma T \Delta x.$$

La charge p étant encore supposée uniformément répartie sur toute la longueur de la poutre, la ligne représentative des efforts tranchants est une droite dont les ordonnées au droit des appuis sont

$$\pm \frac{1}{2} pl.$$

$T\Delta x$ représente l'aire du rectangle hachuré sur la figure 35.

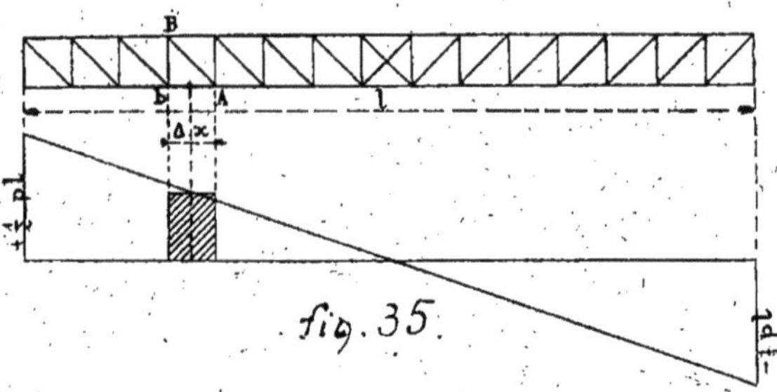

Par suite, $\Sigma T \Delta x$ représente l'aire totale de la surface comprise entre la droite des efforts tranchants et l'axe des abcisses, d'où :

$$V_0' = \frac{2}{R} \Sigma T \Delta x = \frac{2}{R} \cdot \frac{1}{2} pl. \frac{l}{2} = \frac{pl^2}{2R}.$$

Il faut ajouter à ce volume le volume V'_1 correspondant à l'excès de métal obligatoire pour certaines barres de treillis, et le volume V'_2 correspondant aux attaches des treillis.

Si on pose

$$K' = 1 + \frac{V'_1}{V'_0} + \frac{V'_2}{V'_0}$$

le volume total a pour expression

$$(2) \quad V' = 4K' \frac{pl^2}{8R}.$$

Variation de $\dfrac{V'_1}{V'_0}$: théoriquement, la section des barres diminue lorsque l'effort tranchant décroît; mais, pratiquement, on est limité par les dimensions des profilés au-dessous desquelles les barres n'auraient plus la rigidité convenable.

Il existe donc une certaine valeur de l'effort tranchant à partir de laquelle on conserve la section des barres.

Cette section minimum des barres reste à peu près la même, quelle que soit la portée, car les diagrammes des efforts tranchants ont même inclinaison sur l'horizontale.

Donc, V'_1 est indépendant de l et $\dfrac{V'_1}{V'_0}$ diminue quand l augmente.

D'autre part, V'_1 est à peu près proportionnel à la grandeur de la charge.

Donc, $\dfrac{V'_1}{V'_0}$ est sensiblement constant.

Variations de $\dfrac{V'_2}{V'_0}$: V'_2 comprend les goussets, fourchettes, et, dans certains cas, une partie de l'âme des membrures : V'_2 augmente avec l, à peu près pro-

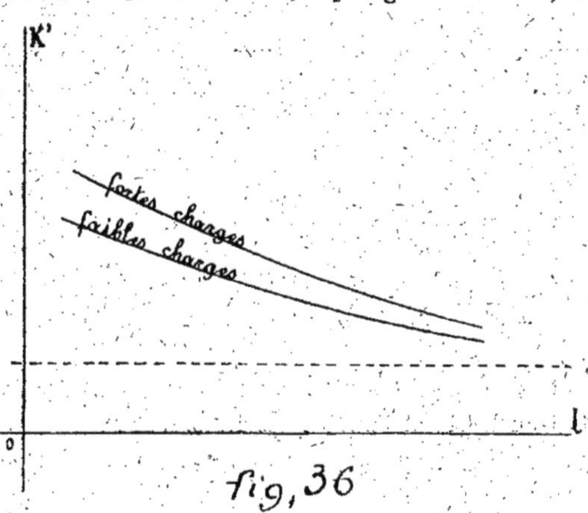

portionnellement ; mais V'_0 étant proportionnel au carré de l, $\dfrac{V'_2}{V'_0}$ diminue quand l augmente.

Lorsque la charge croît, on n'augmente pas proportionnellement la hauteur des âmes des membrures pour ne pas alourdir l'aspect des poutres ; on est donc conduit à renforcer beaucoup les attaches des treillis.

Donc, $\dfrac{V'_2}{V'_0}$ augmente avec p.

En tenant compte de ces variations, on voit que K' diminue quand la portée augmente, et augmente légèrement quand la charge croît.

Les courbes de la figure 36 indiquent l'allure de ces variations.

Le rapport des volumes de l'âme pleine et du treillis s'obtient facilement en partant des égalités (1) et (2) :

$$\frac{V}{V'} = \frac{5K}{4K'} = \frac{1,25\,K}{K'}.$$

Par conséquent, pour comparer les volumes v et V, il suffit de superposer les graphiques représentatifs de K et K' en amplifiant les valeurs de K dans le rapport de 1, 25 à 1 (fig. 37).

On voit qu'il y a égalité en un point pour les faibles charges, et en un autre point pour les fortes charges.

Donc, pour les portées inférieures à l_1, on doit employer la poutre à âme pleine, et, pour des portées supérieures à l_2 la poutre à treillis.

Il y a incertitude sur la portée limite, qui dépend de la grandeur des charges. En tous cas, le champ d'application de la poutre à âme pleine s'étend avec l'augmentation de la charge.

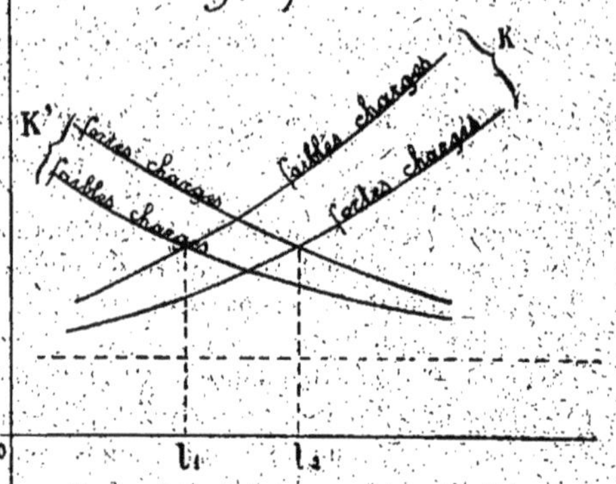

Avec les surcharges prescrites par le Règlement du 8 janvier 1915 pour les voies normales, et pour les ponts à une voie à travées indépendantes, on peut considérer que la portée limite d'emploi des poutres à âme pleine, au point de vue de l'économie du métal, est de 30 mètres;

2° *Comparaison au point de vue de la construction.* — Pour les petites portées, la poutre à âme pleine est d'une construction simple. Elle comporte peu de joints, la visite et la réfection de la peinture sont faciles. L'assemblage des poutres est commode à réaliser.

La distribution des poutrelles peut être quelconque, au lieu que, dans la poutre à treillis, elle est en quelque sorte, fonction de la hauteur de la poutre.

Par contre, pour les grandes portées, il faudrait avoir des poutres à âme pleine de grandes dimensions. On serait par suite obligé de prendre de grandes tôles, pour ne pas multiplier les joints, et ces tôles sont plus coûteuses que les éléments du treillis.

Par conséquent, il n'y a simplification et économie dans la construction, que pour les petites portées;

3° *Comparaison au point de vue de l'action du vent.* — Pour les petites portées, l'action du vent est de peu d'importance, donc il n'y a aucun avantage de ce fait pour l'un ou l'autre des deux systèmes.

Mais, pour les grandes portées, les efforts du vent deviennent très importants, et la poutre à treillis, qui offre beaucoup moins de prise au vent, présente à ce point de vue un avantage considérable sur la poutre à âme pleine;

4° *Comparaison au point de vue d'aspect.* — Les poutres à treillis sont d'un aspect plus satisfaisant pour les grandes portées, parce qu'elles donnent une impression de légèreté.

Cet avantage diminue avec la portée.

Contreventement des ponts-rails à poutres de hauteur constante

Considérons une poutre, à âme pleine ou à treillis, et supposons que les forces extérieures ne soient pas toutes situées dans le plan principal perpendiculaire aux semelles.

Dans ce cas, les résultantes des actions moléculaires, développées dans une section transversale, sont au nombre de cinq, savoir :

L'effort normal N, le moment fléchissant M et l'effort tranchant T situés dans le plan principal.

Un moment de flexion latérale M' et l'effort correspondant T', situés dans le plan tangent à la fibre moyenne et perpendiculaire au plan principal.

Un couple de torsion M_t situé dans le plan de la section transversale.

EFFET DE LA FLEXION LATÉRALE

L'effet de la flexion latérale dépend du rapport de la hauteur h de la poutre à sa largeur b mesurée sur les semelles.

Or, si on examine la valeur de ce rapport dans un grand nombre de ponts, et qu'on l'introduise dans les formules donnant le travail dû à la flexion latérale, on constate que :

1º A égalité du travail unitaire, la charge latérale p' est toujours une très faible fraction de la charge verticale p (1/20 à 1/60) ;

2º A égalité de déformation, la charge p' est une faction encore plus faible de la charge verticale p (1/100 à 1/600).

Dans ce dernier cas, en outre, le rapport du travail R', dû à la flexion latérale au travail, dû à la flexion verticale, est précisément égal au rapport $\dfrac{b}{h}$.

Les poutres de pont, telles qu'on les construit, sont donc incapables de résister, seules, à des charges latérales importantes.

Il faut leur adjoindre des pièces accessoires ayant pour effet de limiter les déformations latérales. L'addition de ces pièces a pour résultat de ramener les déplacements horizontaux à l'ordre de grandeur des déplacements verticaux, et il n'y a plus alors à se préoccuper du travail de flexion latérale R', négligeable par rapport au travail de flexion verticale R.

Pour les ponts de faible portée, les pièces accessoires sont constituées par les renforts des poutres. Pour les moyennes et les grandes portées, ce moyen est insuffisant.

EFFET DE LA TORSION

L'étude de la torsion, dans les pièces prismatiques à section en double T, est compliquée et basée sur des formules approximatives.

La conclusion qu'on en tire est la suivante :

Un effort de torsion, capable de produire une déformation comparable à celle par flexion due aux charges verticales, ne détermine dans le métal qu'un travail de glissement très petit, et négligeable devant celui dû à la flexion.

Il n'y a donc à se préoccuper, dans l'étude des ponts métalliques, que des déformations qu'éprouvent les poutres soumises à un effort de torsion, mais non du travail correspondant, parce que celui-ci est toujours insignifiant tant que la déformation n'est pas excessive, et très supérieure à celle de flexion, due aux charges verticales.

Ici encore, pour combattre l'effet de la torsion, on peut, d'une part, élargir les semelles, et mettre des renforts, mais ces mesures ne sont efficaces que pour les petites portées.

Il convient donc de recourir à un dispositif supplémentaire, dit de contreventement, destiné à solidariser les poutres principales, de façon à en former une ossature unique capable de résister, sans travail important ni déformation transversale appréciable, aux actions latérales que l'ouvrage est exposé à subir.

Ces actions latérales sont dues :

1° A la pression du vent ;
2° Au mouvement de lacet des véhicules.

Les conditions à réaliser pour l'établissement du contreventement, sont les suivantes :

1° Il faut constituer une ou plusieurs poutres horizontales à treillis. On donne à ces poutres, comme membrures, les membrures mêmes des poutres verticales.

Les barres de treillis de ces poutres horizontales s'appellent les barres de contreventement ;

2° Il faut transmettre, à ces poutres horizontales, tous les efforts horizontaux.

Cette transmission s'effectue en partie par les éléments constitutifs des poutres verticales.

Elle est complétée, s'il y a lieu, par de nouvelles pièces, appelées barres d'entretoisement ;

3° Il faut donner aux poutres horizontales de contreventement, pour que leur résistance soit efficace, des appuis aussi fixes que possible.

— 46 —

Dispositions générales du contreventement

1. *Ponts-rails à voie supérieure.* — Considérons un pont à voie supérieure (fig. 38), et à poutres à treillis.

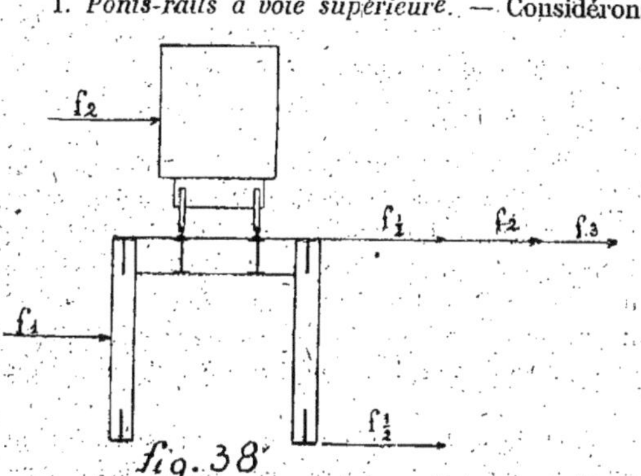

fig. 38

Les forces horizontales sont les suivantes :

Une pression f_1 due à l'action du vent sur le pont;

Une pression f_2 due à l'action du vent sur le train;

Une pression f_3 due au mouvement de lacet des véhicules.

La pression f_1 se compose de la pression sur les membrures, d'une part, et sur les barres de treillis, d'autre part. Ces pressions partielles se reportent également aux nœuds de treillis supérieurs et inférieurs, donc la pression f_1 se partage par moitié entre les deux membrures.

La pression f_2 est reportée dans le plan des membrures supérieures, de même que la pression f_3.

L'ensemble des forces horizontales se répartit donc comme suit :

Dans le plan des membrures supérieures :

$$\frac{f_1}{2} + f_2 + f_3.$$

Dans le plan des membrures inférieures :

$$\frac{f_1}{2}$$

Le calcul permet seulement d'évaluer f_1 et f_2.

Dans les ponts à voie supérieure, l'ensemble des contreventements et entretoisements, comprend quatre dispositions :

1° Un contreventement horizontal inférieur et des entretoisements au droit des montants verticaux des poutres (fig. 39).

La première condition est satisfaite par la présence de la poutre horizontale inférieure.

La deuxième condition l'est également, car la pression transmise aux membrures supérieures, est reportée sur la poutre horizontale inférieure par les entretoisements qui fonctionnent comme des consoles.

La troisième condition est satisfaite, les appuis de la poutre horizontale de contreventement étant les appuis mêmes du pont;

2° Un contreventement horizontal supérieur et des entretoisements au droit des montants verticaux des poutres (fig. 40).

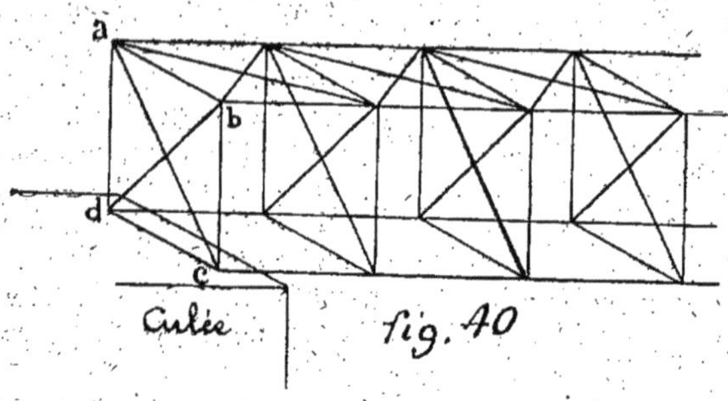

Les deux premières conditions sont réalisées.

Pour que la troisième le soit, on constitue, aux extrémités du pont, des cadres *abcd* très rigides, servant d'appui à la poutre horizontale de contreventement. Les cadres doivent être à même de reporter, sans déformation élastique appréciable, la réaction horizontale du contreventement aux appuis du pont.

Or, indépendamment de la rigidité propre des barres qui les composent, ces cadres seront d'autant plus rigides dans leur ensemble que la largeur *ab* sera plus grande. Par conséquent, cette disposition, qui convient bien pour les ponts-routes, dont les poutres sont plus écartées, est à éviter pour les ponts-rails à une voie;

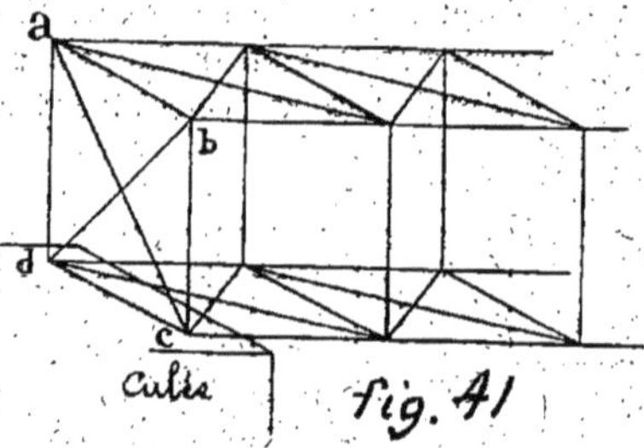

3° Deux contreventements : un inférieur, un supérieur et des entretoisements aux extrémités du pont seulement (fig. 41).

Les entretoisements extrêmes, avec les montants verticaux *ad* et *bc*, doivent être constitués en cadres rigides.

Mais, tandis que, dans la disposition précédente, ils avaient à reporter aux appuis du pont la totalité des pressions horizontales, ils doivent seulement, avec la disposition de la figure 41, transmettre la différence entre la pression totale et la pression supportée par le contreventement inférieur;

4º Deux contreventements et des entretoisements au droit de tous les montants verticaux (fig. 42).

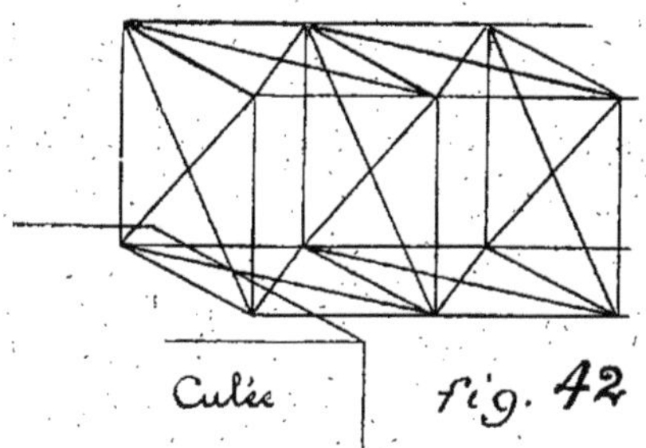

Les conditions sont plus que satisfaites.

Les entretoisements intermédiaires ont surtout pour but de réduire les déformations de la poutre de contreventement supérieure, plus chargée que la poutre de contreventement inférieure.

Les conditions dans lesquelles travaillent les entretoisements intermédiaires sont d'ailleurs très différentes suivant le degré de rigidité des cadres formés par les montants verticaux et les entretoisements des extrémités du pont.

Si les cadres sont doués d'une très grande rigidité, les entretoisements intermédiaires ne sont que des pièces surabondantes ne supportant que de faibles efforts.

Si les cadres extrêmes sont peu rigides, la poutre de contreventement supérieure prend alors son appui sur un certain nombre d'entretoisements transversaux à partir de chaque culée. Les efforts dans ces entretoisements peuvent donc être importants.

II. *Ponts-rails à voie inférieure.* — L'ensemble des contreventements et entretoisements se ramène encore à quatre dispositions différentes, qui sont commandées par la hauteur des poutres principales :

1º Un seul contreventement inférieur (fig. 43).

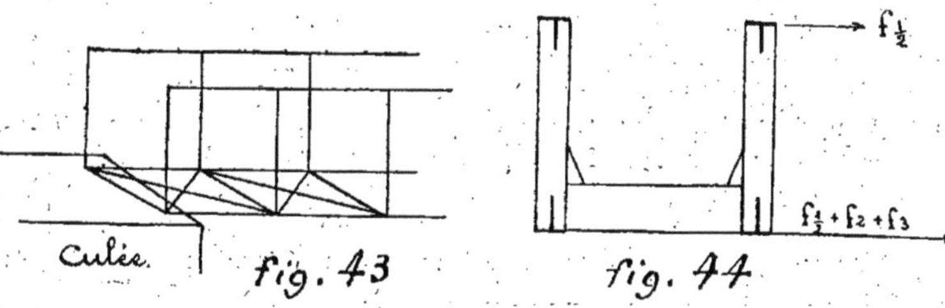

Cette disposition s'applique lorsque les poutres sont relativement basses.

La première et la troisième condition sont réalisées.

Pour que la seconde le soit également, il faut que les montants soient suffisamment résistants pour reporter sur le contreventement inférieur l'effort $\frac{f_1}{2}$ (fig. 44).

Il faut en plus qu'ils soient suffisamment rigides, c'est-à-dire que le moment d'inertie de leur section transversale soit suffisamment grand pour qu'ils transmettent cet effort sans déformation élastique appréciable;

2° Quand la hauteur des poutres est presque égale au gabarit des véhicules, on place un contreventement à la partie inférieure, et des entretoises à la partie supérieure, au droit des montants verticaux ou des nœuds de treillis. Ces entretoises sont incurvées pour passer au-dessus du gabarit (fig. 45).

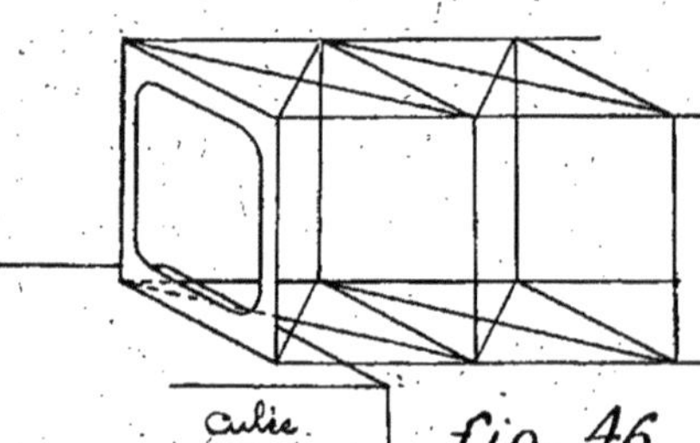

Ces entretoises répartissent les efforts de flexion horizontale entre les montants correspondants des deux poutres. Mais pour qu'elles remplissent ce rôle, il faut qu'elles aient une section calculée à cet effet. Comme elles sont comprimées, on réduit la longueur sur laquelle elles sont susceptibles de flamber latéralement en les réunissant par une poutre ou lien longitudinal ou lierne;

3° La hauteur des poutres est peu supérieure à celle du gabarit des véhicules.

Dans ce cas, on place un contreventement supérieur et un contreventement inférieur (fig. 46).

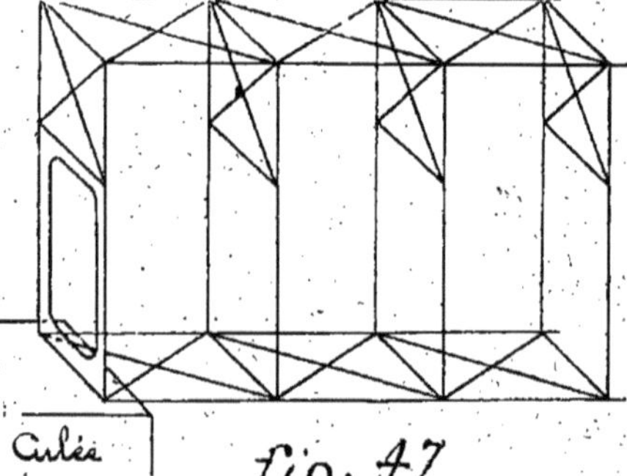

La première et la deuxième condition sont satisfaites.

Pour que la troisième le soit, il faut constituer à chaque extrémité du pont un cadre aussi indéformable que possible.

Cette fixité des cadres d'about ou portiques de butée, s'obtient en rendant les angles invariables et les côtés rectilignes.

On rend les angles invariables à l'aide de forts goussets. Mais ces goussets

créent un encadrement mutuel des côtés du cadre qui fait que ces côtés se déforment comme une poutre encastrée aux deux extrémités, et ne peuvent plus demeurer rectilignes. La flexion des montants et entretoises des portiques est d'autant plus grande, que ces pièces sont plus grêles; par conséquent, il est encore nécessaire de donner aux portiques une grande rigidité.

Ce résultat s'obtient en augmentant la hauteur des sections transversales ou, si cette hauteur est trop faible, en renforçant la section de façon à diminuer le coefficient de travail ;

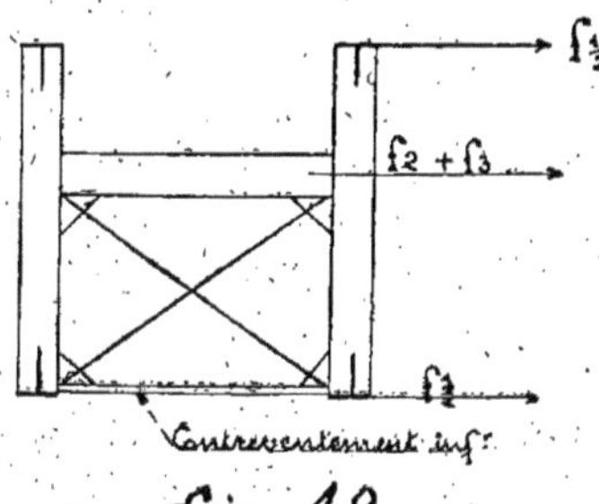

fig. 48

4° La hauteur des poutres est très supérieure à la hauteur du gabarit des véhicules.

On a encore deux contreventements et des entretoisements transversaux partiels (fig. 47).

Ces entretoisements sont formés d'un ou plusieurs panneaux triangulés.

III. *Ponts-rails à voie intermédiaire.* — Dans ces ponts, les poutres dépassent le niveau supérieur du tablier d'une hauteur toujours assez faible. Il ne peut donc jamais être établi de contreventement supérieur. Il n'y a qu'une disposition possible : un contreventement horizontal inférieur et des entretoisements transversaux au droit des montants verticaux (fig. 48).

DISPOSITION DES POUTRES HORIZONTALES DE CONTREVENTEMENT

Nous avons vu que les poutres horizontales de contreventement ont pour membrures les membrures des poutres verticales.

Le treillis est toujours en double V ou en croix de Saint-André.

Les diagonales de ce treillis ne doivent être ni trop couchées, ni trop redressées.

Suivant la grandeur des mailles des poutres verticales et l'écartement des deux poutres, on sera donc conduit à prendre, pour mailles du treillis des contreventements, la même maille que pour les poutres ou un multiple.

En plus, si le nombre total des mailles n'est pas divisible exactement par ce multiple, on aura une ou plusieurs mailles plus petites ou plus grandes que les mailles courantes. Ces mailles spéciales seront placées au milieu ou aux extrémités.

Pour fixer les idées, considérons un pont de 42m50 de portée à une voie, dont les pièces de pont sont espacées de 2m50. Nous supposons qu'il y a une pièce de pont à chaque nœud de treillis, la maille est par conséquent de 2m50.

La portée est divisée en 17 panneaux de 2m50. La disposition tout indiquée pour le contreventement, est celle représentée sur la figure 49.

Elle comprend une double diagonale tous les 5 mètres, et un panneau spécial de 2m50 au milieu.

Soit maintenant un pont à deux voies de 47m50 de portée, comprenant 19 panneaux ou espacements de pièces de pont de 2m50 (fig. 50).

Pour que les diagonales du contreventement aient une inclinaison convenable, il faut établir une double diagonale dans trois panneaux de 2m50. Les mailles courantes du contreventement ont, par conséquent, 7m50 de longueur; il y a deux mailles spéciales de 5 mètres. Il est préférable de placer ces mailles aux extrémités, car on redresse les barres, donc l'effort dans ces barres est diminué, et il est logique de les placer aux points ou l'effort tranchant est maximum.

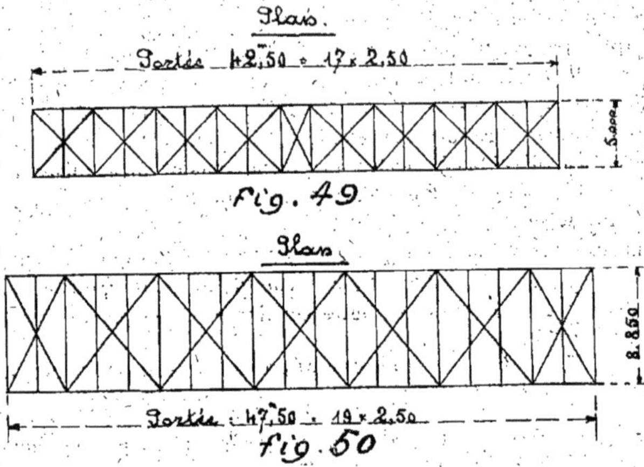

fig. 49

fig. 50

S'il s'agit d'un contreventement supérieur, et si l'écartement des nœuds de treillis n'est pas très grand, de 2 mètres à 3m50 ou 4 mètres, les nœuds du contreventement coïncident avec ceux des poutres verticales.

On a une disposition analogue à celle des figures 49 et 50.

Le treillis du contreventement est en croix de Saint-André.

Si, au contraire, le treillis des poutres verticales est à grandes mailles, il y a avantage à intercaler les nœuds du contreventement entre ceux des poutres

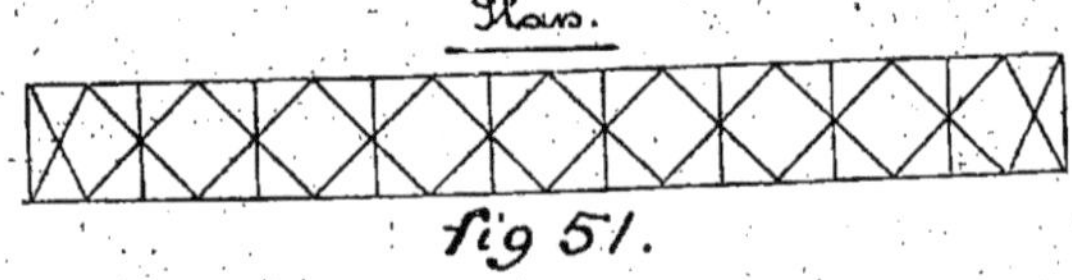

fig 51.

verticales (fig. 51). Les attaches du contreventement sur les membrures constituent, pour ces membrures, des points d'appui qui réduisent de moitié la longueur suivant laquelle elles sont susceptibles de flamber latéralement. Le treillis du contreventement est alors un treillis double en V.

SECTIONS DES BARRES DE CONTREVENTEMENT ET D'ENTRETOISEMENT

Les sections employées sont les mêmes que pour les barres de treillis des poutres verticales.

Les fers plats ne s'emploient que lorsqu'il n'y a pas de hauteur entre le dessous des poutrelles et le plan des semelles des membrures inférieures. Ils ont l'inconvénient d'être trop soumis aux vibrations provoquées par le passage des trains; en outre, ils n'ont aucune rigidité et fléchissent sous leur propre poids.

On n'emploiera jamais les plats pour les contreventements supérieurs. Les sections en profilés sont préférables.

On emploie assez fréquemment des U laminés. Quand leurs ailes sont tournées vers le haut, il faut percer des trous de place en place dans l'âme, pour assurer l'écoulement de l'eau de pluie ou de condensation.

Pour réduire les vibrations et la flexion des barres du contreventement, qui sont toujours des pièces assez grêles, comparativement aux autres éléments de l'ossature, on les rive sur toutes les pièces qu'elles rencontrent : longerons, poutrelles, entretoises.

Lorsque des barres ont une grande longueur, on s'oppose à leur flexion en leur donnant la forme d'une petite poutre en double T formé de quatre cornières reliées par un treillis en plats.

ATTACHE DES BARRES DE CONTREVENTEMENT ET D'ENTRETOISEMENT

Lorsque les membrures n'ont pas de semelles, l'attache des diagonales de contreventement peut se faire directement sur les membrures (fig. 52), ou par gousset (fig. 53).

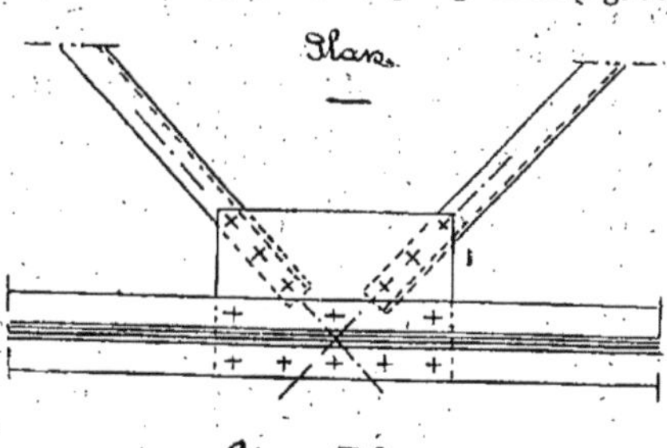

fig. 52

fig. 53.

La seconde disposition est préférable parce qu'elle permet de faire concourir les lignes moyennes des diagonales (ou la ligne de trusquinage qui en diffère peu, si la section est constituée par une cornière) sur l'axe de la membrure.

Lorsque les membrures comportent des semelles, l'attache se fait par goussets. Les goussets sont rivés soit sous les semelles, soit sur les cornières membrures, si les semelles de la poutre sont étroites; ils sont rivés sur le débord des
semelles, si celles-ci sont larges.

Ces goussets servent en même temps pour l'attache des poutrelles, lorsque
celles-ci sont placées à la partie inférieure des poutres, ou des entretoises supérieures pour le contreventement supérieur.

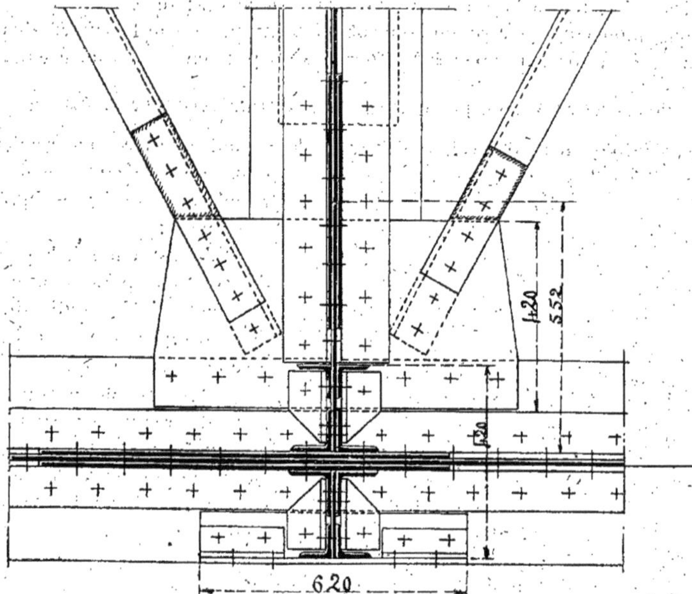

fig. 54.

La figure 54 représente l'attache des diagonales de contreventement sur
une membrure inférieure à semelles débordantes.

Lorsque les diagonales se rencontrent sur une poutrelle, elles sont inter-
rompues et attachées sur la poutrelle à l'aide de goussets horizontaux.

Les dispositions sont exactement les mêmes que pour les attaches sur les
membrures.

L'attache des barres d'entretoisement se fait également à l'aide de goussets
verticaux, attachés eux-mêmes sur les montants d'une part, et d'autre part sur
les entretoises ou sur les poutrelles.

CALCUL DES CONTREVENTEMENTS

Nous avons vu que les efforts du vent produisent dans les ponts deux effets distincts :

1° Une flexion latérale;

2° Une torsion.

On remplace l'effet de la torsion par une charge verticale produisant à peu près les mêmes efforts dans la membrure la plus fatiguée.

Nous allons indiquer sommairement comment on calcule les efforts dus à la flexion et à la torsion, pour les différentes dispositions du contreventement.

PONTS-RAILS A VOIE INFÉRIEURE AVEC CONTREVENTEMENT INFÉRIEUR

Considérons un pont à voie inférieure à deux poutres, avec contreventement dans le plan BD des semelles des membrures inférieures (fig. 55).

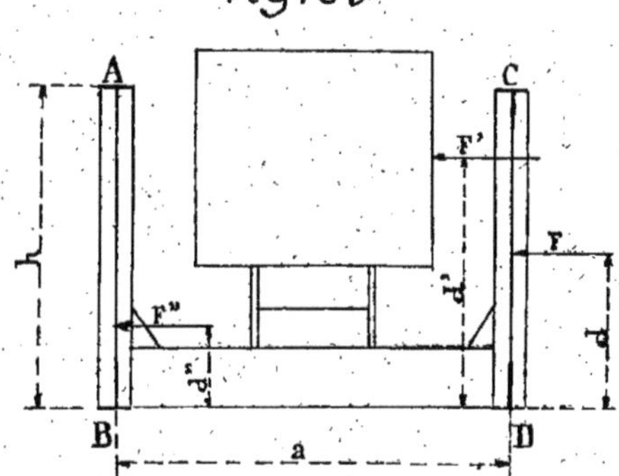

Soient :

F la résultante de la pression du vent par mètre courant de longueur sur la poutre directement frappée par le vent, d sa distance au plan BD ;

F' la résulante de la pression du vent sur le train, d' sa distance au plan BD ;

F" la résultante de la pression du vent sur la deuxième poutre, d'' sa distance au plan BD ;

F, F', F" se déterminent facilement d'après les prescriptions de l'article 3 du Règlement du 8 janvier 1915.

F, F', F" peuvent varier un peu dans la longueur du pont, suivant la grandeur des sections des barres; mais, pour les ponts à hauteur-constante, ces forces sont toujours supposées à répartition uniforme.

La poutre horizontale de contreventement est calculée pour une charge totale, ayant, pour valeur : $F + F' + F''$ par mètre courant.

Cette charge détermine, dans les membrures B et D, un supplément de travail ayant pour expression, dans une section d'abcisse x :

$$v' = \frac{\frac{1}{2}(F + F' + F'')\, x\,(l - x)}{\omega a},$$

ω étant la section nette d'une membrure.

Les efforts dans les diagonales de contreventement se calculent facilement en partant des efforts tranchants.

Lorsqu'on a un contreventement en plats, on suppose que le système tendu supporte la totalité des efforts.

La charge verticale équivalente à la torsion se détermine par la formule

$$p = \frac{Fd + F'd' + F''d''}{a} \text{ (par mètre courant).}$$

La charge p s'ajoute aux charges verticales pour la poutre AB, et s'en retranche pour la poutre CD.

Cette charge engendre, dans les membrures A et B, un supplément de travail ayant pour expression, dans une section d'abcisse x :

$$v'' = \frac{\frac{1}{2} px (l - x)}{\omega h}.$$

Le travail total, dû aux efforts du vent dans les membrures les plus fatiguées B, a finalement pour valeur :

$$v = v' + v''.$$

Enfin, il y a lieu de vérifier les montants de la poutre CD, travaillant comme des consoles, en les considérant comme encastrés à leur attache sur les poutrelles du tablier. Si le pont est à âme pleine, la pression du vent est uniformément répartie sur la longueur du renfort vertical de la poutre ; pour les ponts à treillis, le montant reçoit en tête une pression résultant de l'action du vent sur la membrure supérieure, et la moitié supérieure des diagonales ; il est en outre soumis à une pression uniformément répartie, correspondant à l'action du vent sur sa surface propre.

Les montants de la poutre AB sont à vérifier de la même façon. Il est évident que la pression du vent étant moindre sur la poutre AB en partie masquée par le train, le travail de flexion des montants est moindre également que pour les montants de la poutre BC ; mais ces montants résistent d'autre part aux charges verticales augmentées de p, tandis que les montants de la poutre BD résistent aux charges verticales diminuées de p.

Le travail correspondant à la différence de charge $2p$ pourra être plus grand, dans certain cas, que la diminution du travail de flexion dans la section d'encastrement, et il est toujours prudent de faire la vérification pour les montants des deux poutres.

PONTS-RAILS A VOIE INFÉRIEURE AVEC CONTREVENTEMENT INFÉRIEUR
ET CONTREVENTEMENT SUPÉRIEUR (fig. 56)

Le contreventement inférieur se calcule pour une charge horizontale, ayant pour valeur, par mètre courant :

$$\frac{F(h - d)}{h} + \frac{F''(h - d'')}{h} + F',$$

et le contreventement supérieur :

$$\frac{Fd}{h} + \frac{F''d''}{h}.$$

Charge verticale équivalente à la torsion :

$$\frac{F\left(d - \frac{h}{2}\right) + F''\left(d'' - \frac{h}{2}\right) + F'd'}{a}.$$

Nous avons vu que le contreventement supérieur n'est efficace que si les extrémités du pont sont munies de portiques de butée.

Ces portiques exercent, sur la poutre horizontale de contreventement supérieure, une réaction horizontale V égale à l'effort tranchant produit dans la section extrême par la poussée du vent.

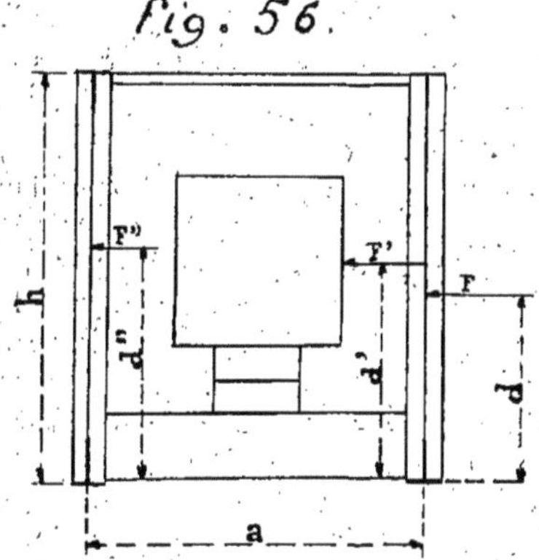

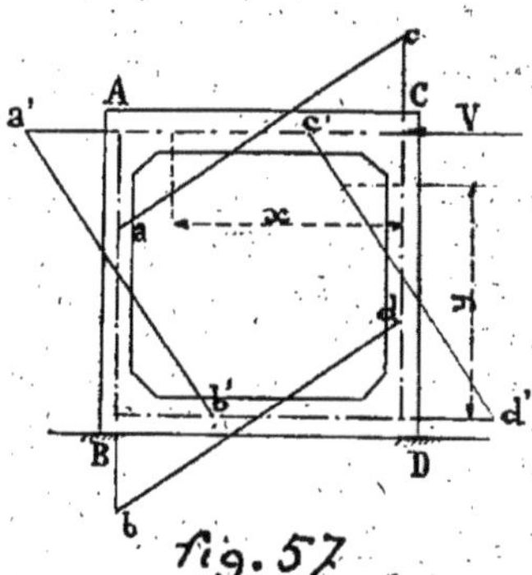

Quand les poutres dépassent seulement d'une faible quantité le gabarit des véhicules, le portique sera constitué, comme il a été vu, par un cadre rigide ABCD (fig. 57).

La stabilité de ce cadre se vérifie de la manière suivante :

Entretoise AC ou poutrelle BD :

Effort normal :

$$N = -\frac{V}{2} \text{ (compression)} ;$$

Effort tranchant :

$$T = \frac{Vh}{2a};$$

Moment de flexion :

$$M = \frac{Vh}{4a} \cdot (a - 2x).$$

Les moments de flexion sont représentés par les droites ac et bd dont les ordonnées maxima ont une valeur : $\dfrac{Vh}{4}$.

Montants AB ou CD :

Effort normal : $N = \dfrac{Vh}{2a}$ (compression)

Effort tranchant : $T = \dfrac{V}{2}$;

Moment de flexion : $M = \dfrac{V(h - 2y)}{4}$.

Les moments de flexion sont représentés par les droites $a'b'$ et $c'd'$, dont les ordonnées maxima ont pour valeur : $\dfrac{Vh}{4}$.

Pour que ces formules soient applicables, il faut que l'entretoise AC ait une rigidité comparable à celle de la poutrelle BD.

Si les poutres verticales dépassent beaucoup le gabarit des véhicules, la partie supérieure des montants est réunie par des entretoisements partiels. Il en est de même pour les portiques de butée qui présentent la même disposition (fig. 47). On calcule le portique comme une console encastrée à sa base sur la culée, et sollicitée à son extrémité libre par une force horizontale V.

PONTS-RAILS A VOIE SUPÉRIEURE AVEC CONTREVENTEMENT INFÉRIEUR ET ENTRETOISEMENTS TRANSVERSAUX (fig. 58)

Le plan horizontal des appuis passe par les semelles inférieures B et D.

Pression horizontale pour le contreventement inférieur :

$$F + F' + F'' ;$$

Charge verticale équivalente à la torsion :

$$\frac{Fd + F''d'' + F'd'}{a}.$$

Les entretoisements se calculent comme des consoles verticales encastrées au niveau horizontal des appuis du pont.

Pour la console CBD, a force horizontale appliquée en C est :

$$\frac{Fd}{h} + \frac{F'}{2}$$

fig. 58

et, pour la console ADB, la force horizontale appliquée en A est :

$$\frac{F''d''}{h} + \frac{F'}{2}.$$

PONTS-RAILS A VOIE SUPÉRIEURE AVEC CONTREVENTEMENT SUPÉRIEUR ET CONTREVENTEMENT INFÉRIEUR.

Les efforts sont encore ceux représentés sur la figure 58, mais les entretoisements sont supprimés. Par contre, il existe un contreventement horizontal dans chacun des plans AC et BD.

Le plan horizontal des appuis passe par les semelles inférieures B et D. Pression horizontale sur le contreventement supérieur :

$$\frac{Fd}{h} + \frac{F''d''}{h} + F';$$

Pression horizontale sur le contreventement inférieur :

$$\frac{F(h-d)}{h} + \frac{F''(h-d'')}{h};$$

Charge équivalente à la torsion :

$$F\left(d - \frac{h}{2}\right) + F''\left(d'' - \frac{h}{2}\right) + \frac{F'd'}{a}.$$

Ceci suppose qu'il existe des portiques de butée aux extrémités de l'ouvrage. Ces portiques seront toujours munis de diagonales d'entretoisements.

Les côtés du portique et les diagonales se calculeront comme dans le cas précédent, comme des consoles encastrée au niveau horizontal des appuis de pont, et l'effort qui s'exercera aux extrémités A et C des consoles, sera la demi-réaction :

$$1/2\left(\frac{Fd + F''d''}{h} + F'\right)\frac{l}{2},$$

du contreventement supérieur sur les portiques.

PONTS-RAILS A VOIE SUPÉRIEURE AVEC CONTREVENTEMENT SUPÉRIEUR, CONTREVENTEMENT INFÉRIEUR ET ENTRETOISEMENT TRANSVERSAUX

La répartition des efforts entre les différents systèmes, est à peu près impossible à déterminer rigoureusement.

On fait souvent abstraction des entretoisements pour le calcul des contreventements. Si on veut en tenir compte, on apprécie, d'après les sections respectives des diagonales d'entretoisements, des montants verticaux des poutres et des diagonales de contreventement, la partie des efforts normalement supportés par le contreventement supérieur que les entretoisements sont capables de reporter sur le contreventement inférieur. Ceci permet de diminuer l'importance du contreventement supérieur, qui est le plus chargé.

PONTS-RAILS A VOIE INTERMÉDIAIRE AVEC OU SANS ENTRETOISEMENTS ET CONTREVENTEMENT INFÉRIEUR

Le contreventement se calcule comme dans le cas du tablier supérieur.

CAS OÙ LE CONTREVENTEMENT PEUT ÊTRE SUPPRIMÉ DANS LES PONTS-RAILS

On peut supprimer le contreventement placé dans le plan du tablier, lorsqu'il existe un platelage métallique continue, rivé sur les poutres, les poutrelles et les longerons. Ce platelage joue le rôle d'âme pleine entre les membrures et les solidarise aussi bien que peut le faire un contreventement.

PONTS-RAILS AVEC POUTRES A TREILLIS DE HAUTEUR VARIABLE

Influence de la variation de hauteur sur la répartition des efforts entre les membrures et le treillis

Soit une poutre de hauteur variable, dont nous supposons la ligne moyenne rectiligne (fig. 59).

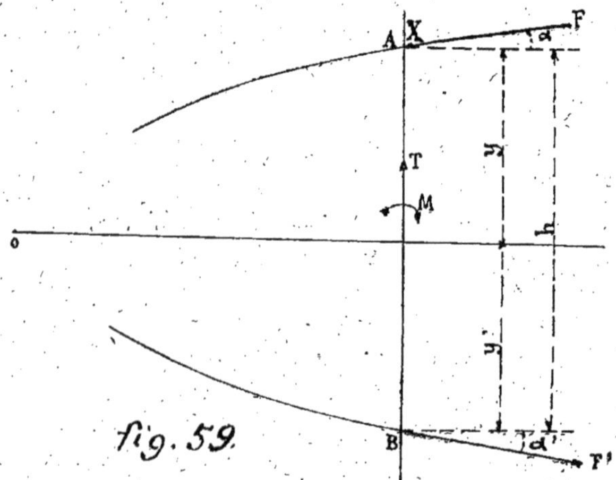

fig. 59.

Considérons une section transversale X, dans laquelle le moment de flexion est M, et l'effort tranchant T.

Soient y et y' les ordonnées des fibres moyennes des membrures.

Ces ordonnées sont positives, et leur somme est égale à la hauteur de la poutre :
$$h = y + y'.$$

Nous supposons la membrure supérieure comprimée : F l'effort de compression, et la membrure inférieure tendue : F' l'effort de tension.

Les forces F et F' sont tangentes aux fibres moyennes des membrures, et font respectivement, avec l'horizontale, les angles α et α'.

Dans les poutres à hauteur constante, on admet que les membrures résistent au moment de flexion, et le treillis à l'effort tranchant.

Dans les poutres à hauteur variable, il suffit de faire une seule hypothèse : les membrures résistent seules au moment de flexion.

Ecrivons qu'il y a équilibre entre les forces F et F' d'une part, et le couple de moment M d'autre part.

Projection des forces sur l'horizontale :

$$F \cos \alpha = F' \cos \alpha'.$$

Prenons les moments par rapport à A et à B, successivement :

$$F h \cos \alpha = F' h \cos \alpha' = M,$$

d'où
$$(1) \qquad F \cos \alpha = F' \cos \alpha' = \frac{M}{h}.$$

Les composantes verticales de F et F' équilibrent en partie l'effort tranchant T.

C'est le treillis qui résiste au surplus de l'effort vertical

$$W = T - (F \sin \alpha + F' \sin \alpha') ;$$

W peut se mettre sous la forme

$$W = T - (F \cos \alpha \operatorname{tg} \alpha + F' \cos \alpha' \operatorname{tg} \alpha'),$$

ou, en tenant compte de l'équation (1),

$$W = T - \frac{M}{h}\left(\frac{dy}{dx} + \frac{dy'}{dx}\right);$$

or,
$$h = y + y';$$

donc,
$$\frac{dh}{dx} = \frac{dy}{dx} + \frac{dy'}{dx} ;$$

on a, par conséquent,
$$(2) \qquad W = T - \frac{M}{h}\frac{dh}{dx}.$$

L'effort W s'appelle l'effort tranchant réduit.
On peut transformer cette formule.

On a, en effet,
$$T = \frac{dM}{dx},$$

d'où, en portant dans l'expression (2) de W,

$$W = \frac{dM}{dx} - \frac{M}{h}\frac{dh}{dx} = \frac{1}{h}\left(\frac{h\,dM - M\,dh}{dx}\right)$$

$$(2') \qquad W = h\,\frac{d\left(\dfrac{M}{h}\right)}{dx},$$

qu'on peut écrire :

$$(2'') \quad W = M \left(\frac{1}{M} \frac{dM}{dx} - \frac{1}{h} \frac{dh}{dx} \right).$$

Considérons le graphique des moments de flexion, et une ligne représentative des variations de h (fig. 60).

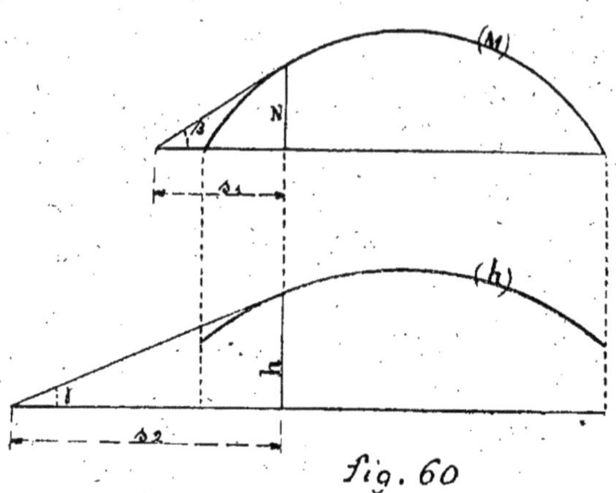

fig. 60

On a :
$$M = Kz,$$

d'où
$$\frac{dM}{dx} = K \frac{dz}{dx} = K \, \text{tg} \, \beta.$$

Par conséquent ;
$$\frac{1}{M} \frac{dM}{dx} = \frac{\text{tg} \, \beta}{z};$$

de même :
$$\frac{1}{h} \frac{dh}{dx} = \frac{\text{tg} \, \gamma}{h};$$

soient S_1 et S_2 les deux sous-tangentes.

L'expression (2'') de W s'écrit

$$W = M \left(\frac{1}{S_1} - \frac{1}{S_2} \right).$$

Ce procédé permet de reconnaître les points où on a $W = 0$.

Si les deux profils sont courbes, il faut opérer par tâtonnements.

Si l'un des profils est polygonal, la détermination est immédiate.

Il y a une grande différence dans la répartition des efforts, suivant que la hauteur de la poutre sur les appuis est réduite à zéro, ou conserve au contraire une certaine valeur.

Nous allons raisonner sur un exemple :

Considérons la courbe des z, et supposons que la ligne représentative de h ait la forme de deux droites (poutre dite en chevron, (fig. 61) :

$$h = ho + mx$$

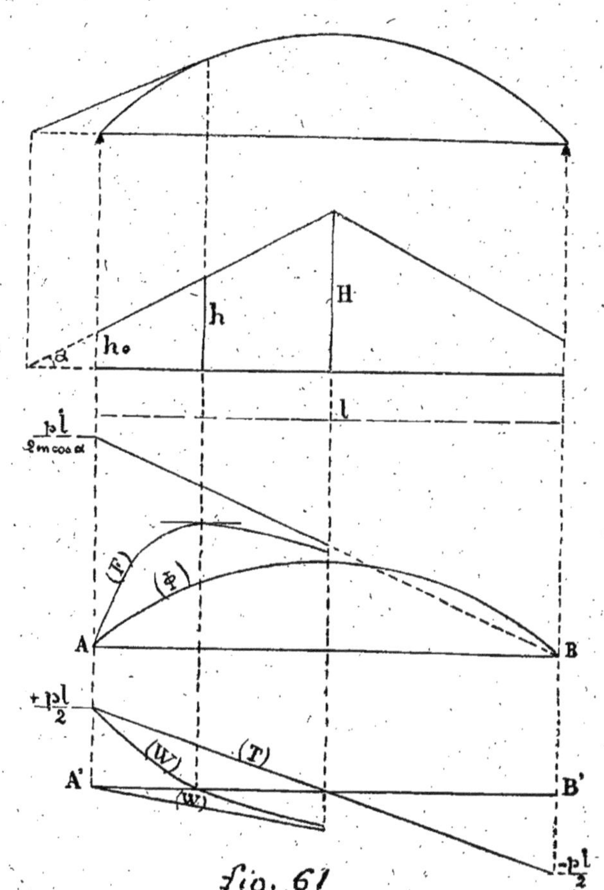

fig. 61

On détermine immédiatement, à l'aide de la construction précédente, le point où $W = 0$.

Nous supposons la charge p portée par la poutre, uniformément répartie sur toute la longueur :

Variations de l'effort dans les membrures. — Si la hauteur était constante et égale à H, l'effort

$$\Phi = \frac{M}{H}$$

serait représenté par une parabole

Avec la hauteur h variable, on a

$$F = \frac{M}{h \cos \alpha} = \frac{px(l-x)}{2(h_0 + mx)\cos \alpha}.$$

La ligne représentative de F est une hyperbole.

Le maximum de F est déterminé par

$$d\left(\frac{M}{h}\right) = 0.$$

On voit que ce maximum correspond au point où l'effort tranchant réduit est nul. Le maximum de F est un peu plus grand que dans la poutre à hauteur constante.

Variations de l'effort tranchant

Considérons la droite représentative des efforts tranchants T dans la poutre à hauteur constante (fig. 61).

L'effort tranchant réduit est donné par la formule

$$W = T - \frac{px(l-x)m}{2(h_0 + mx)}.$$

La ligne représentative de W est une hyperbole.

Pour $x = 0$, on a $W = T$.

Le point, déterminé graphiquement, pour lequel on a $W = 0$, donne également un point de l'hyperbole. Donc, les efforts dans les treillis, sont plus faibles que dans la poutre à hauteur constante.

Supposons maintenant que la hauteur sur appuis soit nulle :

$$h_0 = 0;$$

on a

$$F = \frac{p(l-x)}{2m \cos \alpha}.$$

C'est l'équation d'une droite passant par le point B, d'abcisse $x = l$.

Cette droite coupe la verticale d'abcisse $x = \frac{l}{2}$, en un point très voisin de l'hyperbole.

L'effort tranchant réduit a pour expression :

$$W = T - \frac{p(l-x)}{2} = \frac{p}{2}(l - 2x) - \frac{p(l-x)}{2} = -\frac{px}{2}.$$

C'est l'équation d'une droite passant par le point A, extrémité de la poutre. Par conséquent, l'effort dans les treillis est nul aux extrémités de la poutre.

Donc, la répartition des efforts entre les membrures et le treillis, ainsi que la grandeur de ces efforts, est modifiée lorsque la hauteur de la poutre sur appuis est nulle.

Condition pour que le treillis d'une poutre puisse être partiellement supprimé

Considérons une poutre supportant un système de charges donné et cherchons quelle doit être la loi de variation de la hauteur pour que l'effort tranchant réduit soit nul sur toute la longueur de la poutre.

Prenons l'expression de W_i donnée pour la formule précédente (2').

Il faut par conséquent, avoir :

$$W = h \frac{d\left(\frac{M}{h}\right)}{dx} = 0$$

d'où
$$\frac{M}{h} = \text{constante.}$$

Par conséquent, la hauteur de la poutre doit être proportionnelle au moment de flexion.

Dans une pareille poutre, le treillis ne subira aucun effort.

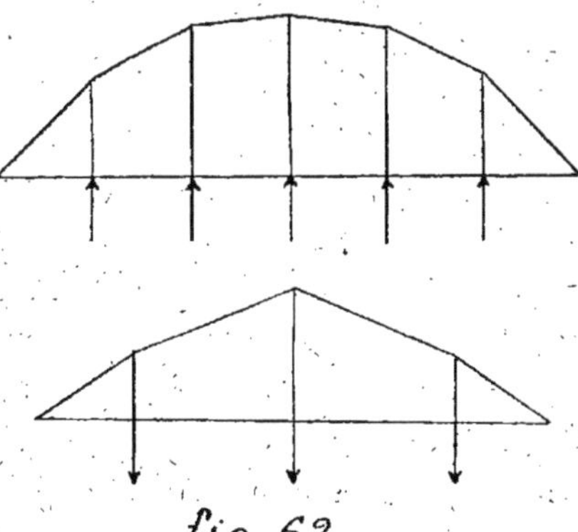

Mais le calcul suppose les charges appliquées directement sur la fibre moyenne de la poutre.

En pratique, la transmission des charges se fait par les poutrelles qui prennent attache sur l'une des membrures. Il est donc nécessaire de conserver certaines barres de treillis pour répartir ces charges entre les deux membrures.

Une pareille disposition n'est possible que si les charges occupent une position absolument fixe sur le pont. C'est le cas pour un pont aqueduc, par exemple, où la surcharge est à répartition uniforme.

fig. 62.

Si on a une poutre simple avec des charges concentrées fixes, on pourra donner à l'une des membrures la forme rectiligne et à l'autre une forme de polygone funiculaire. Les deux membrures seront réunies par des pièces verticales placées au droit des charges (fig. 62).

Poutres simples de hauteur variable

POUTRE TRAPÉZOIDALE

Les membrures sont parallèles entre elles sur la plus grande partie de la longueur, et la hauteur de la poutre ne diminue qu'aux extrémités.

Cette poutre présente deux dispositions suivant que les appuis sont sous la membrure supérieure (fig. 63) ou la membrure inférieure (fig. 64).

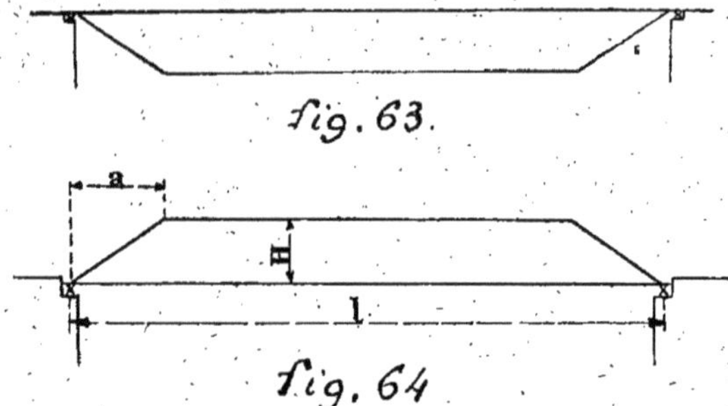

fig. 63.

fig. 64

Si l'on compare cette poutre à une poutre de hauteur constante, on voit que le poids des membrures doit être augmenté, puisque la membrure polygonale a un plus grand développement que la poutre à hauteur constante de même portée.

Mais cette augmentation est en réalité peu importante, parce qu'elle se produit dans une région de la poutre où il y a toujours excès de métal dans la poutre à hauteur constante.

En ce qui concerne les treillis, il y a diminution, dans la poutre trapézoïdale, pour deux raisons :

1° Il y a diminution de l'effort dans la région où la hauteur varie ;

2° Les barres de treillis, dans cette région, ont une longueur moindre (fig. 65).

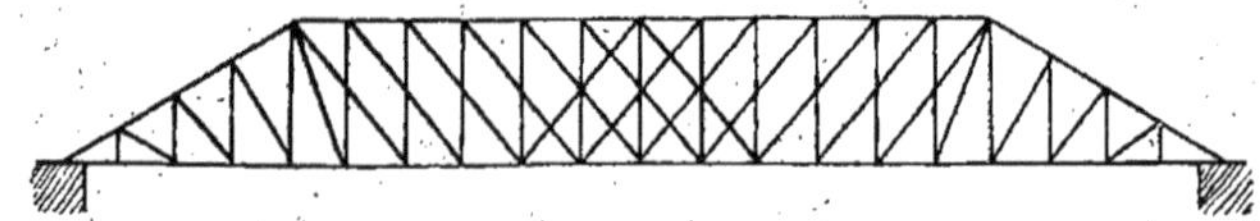

fig. 65

Finalement, la poutre trapézoïdale procure une économie de poids sur la poutre à hauteur constante.

L'importance de cette économie dépend de la longueur sur laquelle s'étend la variation de hauteur.

D'après les études expérimentales, il semble que le maximum d'économie corresponde à

$$a = 0,006\,l + 1,08\,H \quad \text{(fig. 64)}.$$

L'économie est de

$$\left(120\,\frac{H}{l} - 5\right) 0/0 \text{ pour } \frac{H}{l} \text{ variant de } \frac{1}{8} \text{ à } \frac{1}{10}.$$

La figure 66 représente une élévation partielle d'un pont à poutres trapézoïdales.

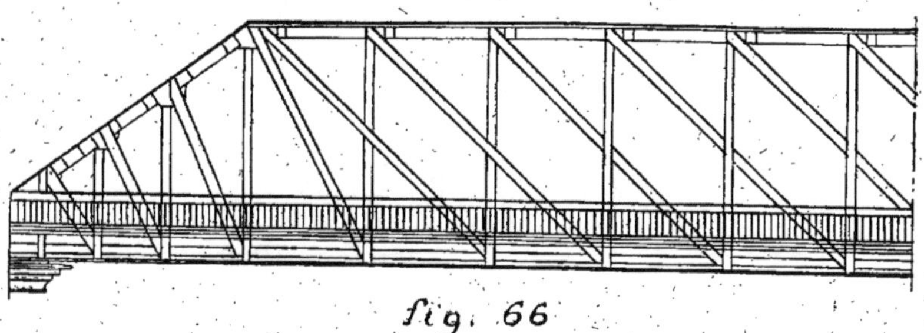

fig. 66

L'ouverture est égale à 65^{m}10 :

$$H = \frac{l}{10}, \qquad a = 0,111\,l;$$

la hauteur h_0 aux extrémités, n'est pas nulle :

$$h_0 = 0,3\,H.$$

La discordance des mailles de treillis aux extrémités, par rapport à la partie courante, donne à ce pont un aspect assez disgracieux.

Poutres paraboliques

Nous avons vu que pour les ponts sur lesquels la surcharge n'a pas une position invariable, on ne peut réaliser la proportionnalité de la hauteur des poutres et des moments de flexion. Tel est le cas pour les ponts-rails et les ponts-routes. Mais on peut donner aux poutres une hauteur proportionnelle au moment de flexion dû à la charge permanente. Celle-ci ne fera pas travailler le treillis. Si on admet que la charge permanente est uniformément répartie, la poutre sera de forme parabolique.

On peut faire les deux membrures paraboliques ou une seule.

On obtient ainsi trois dispositions :
1° La poutre en lentille (fig. 67-68);

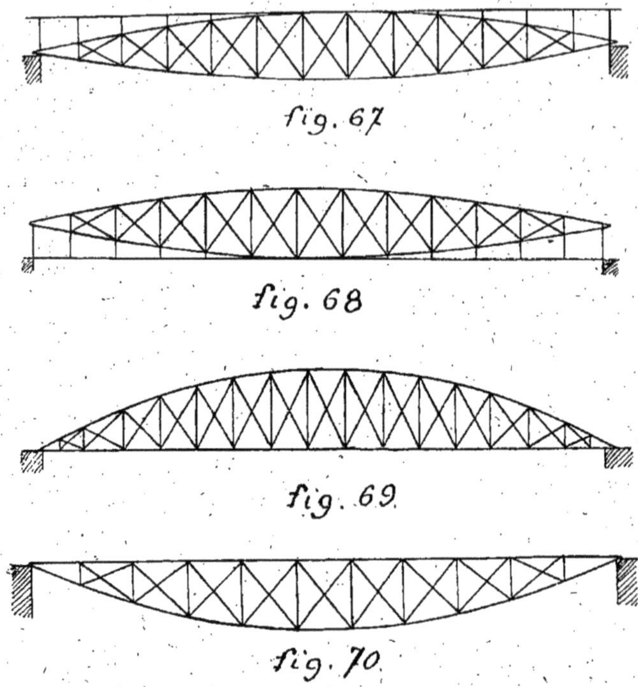

fig. 67

fig. 68

fig. 69

fig. 70

2° La poutre bowstring (fig. 69);
3° La poutre en ventre de poisson (fig. 70).

Dans la première, la voie peut être placée à n'importe quel niveau. A la partie supérieure (fig. 67), il faut des pièces spéciales pour la supporter. Ces pièces sont comprimées. A la partie inférieure (fig. 68), ces mêmes pièces sont tendues.

Les deux autres dispositions ont été plus employées, car la voie peut être placée au niveau de la membrure rectiligne.

VARIATION DES EFFORTS

Nous supposons la charge permanente et la surcharge à répartition uniforme, la longueur de la surcharge pouvant être variable.

Membrures. — Soit, dans une section transversale donnée de hauteur h, α l'inclinaison des membrures sur l'horizontale (fig. 71).

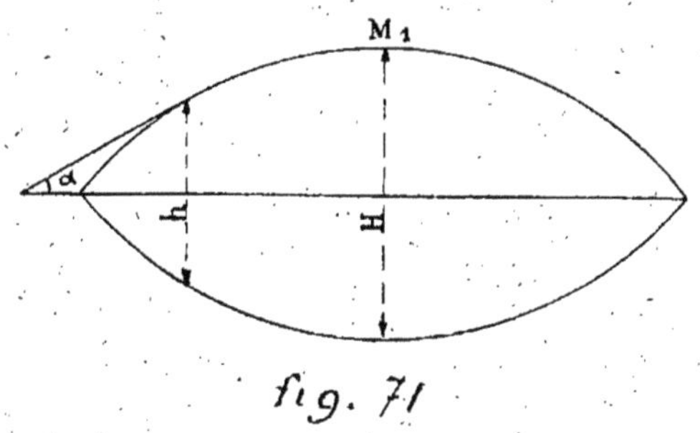

fig. 71

On sait que l'effort F, dans les membrures, est donné par

$$F = \frac{M}{h \cos \alpha},$$

soit M_1 le moment de flexion dans la section médiane.

L'effort dans les membrures au milieu de la poutre a pour valeur

$$F_1 = \frac{M_1}{H}.$$

Dans une section déterminée, le maximum de F correspond au maximum de M. Or, ce maximum a lieu lorsque la surcharge s'étend sur toute la longueur. Par conséquent, si p désigne la charge permanente, et p' la surcharge par mètre courant, il faut prendre les moments pour une charge uniformément répartie totale $(p + p')$ et, dans ces conditions, $\dfrac{M}{h}$ est constant.

En particulier, on a

$$\frac{M}{h} = \frac{M_1}{H};$$

donc

$$F = \frac{M_1}{H \cos \alpha};$$

F augmente du milieu vers les extrémités, au lieu que, dans une poutre à hauteur constante H, l'effort Φ varierait comme le moment de flexion.

La parabole des efforts est tangente au diagramme des efforts F. Le maximum de F est supérieur d'environ 10 0/0 au maximum de Φ (fig. 72).

Treillis. — L'effort tranchant T, dû à la charge permanente, est représenté par une droite ; l'effort tranchant T', dû à la surcharge s'avançant de droite à gauche, par un arc de parabole dont l'équation est

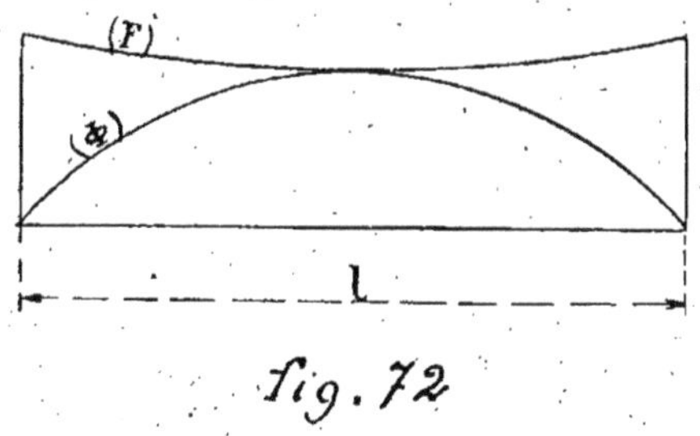

fig. 72

$$T' = \frac{p'(l-x)^2}{2l}.$$

En superposant les deux diagrammes, on a un autre arc de parabole (fig. 73).

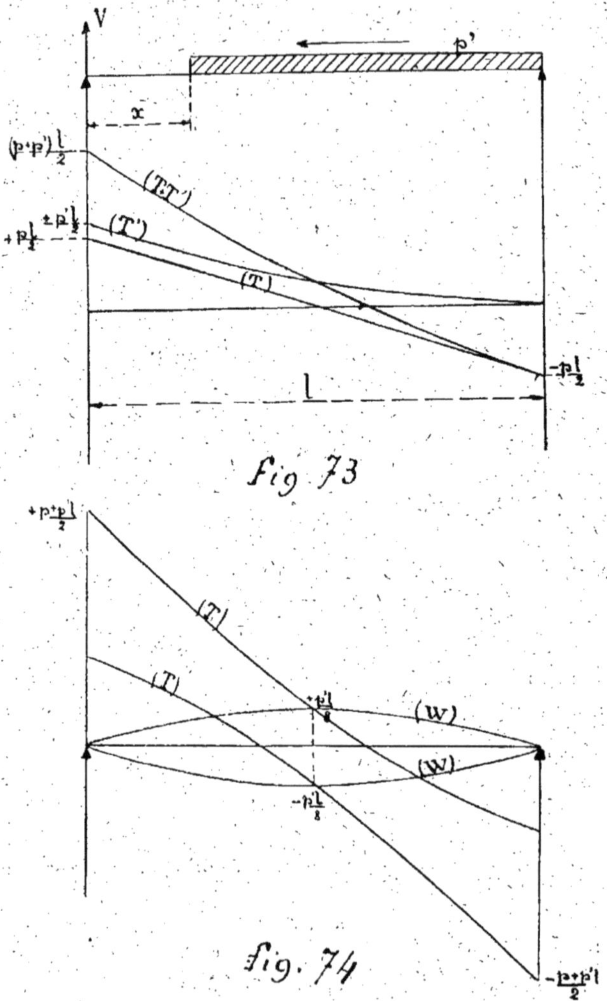

fig 73

fig. 74

Lorsque lá surcharge s'avance de gauche à droite, on a un arc de parabole symétrique du précédent par rapport au centre de la poutre (fig. 74).

C'est pour les efforts tranchants représentés par ces deux arcs de parabole, que doit être calculé le treillis d'une poutre à hauteur constante.

Cherchons maintenant comment varie l'effort tranchant réduit.

Considérons la surcharge s'avançant depuis l'appui de droite jusqu'en C, et soit D une section d'abcisse z, entre A et C (fig. 75).

L'effort tranchant réduit a pour expression

$$W = h \cdot \frac{d\left(\frac{M}{h}\right)}{dz};$$

or,

$$M = Vz = \frac{p'(l-x)^2}{2l} z;$$

fig. 75.

h est l'ordonnée d'une parabole définie par l'équation

$$h = \frac{4Hz(l-z)}{l^2}.$$

On a donc

$$\frac{M}{h} = \frac{p'(l-x)^2 z}{2l} \cdot \frac{l^2}{4Hz(l-z)} = \frac{p'l(l-x)^2}{8H(l-z)},$$

$$\frac{d\left(\frac{M}{h}\right)}{dz} = \frac{p'l(l-x)^2}{8H(l-z)^2},$$

d'où, finalement,

$$W = \frac{4Hz(l-z)}{l^2} \cdot \frac{p'l(l-x)^2}{8H(l-z)^2} = \frac{p'}{2l} \cdot \frac{z}{l-z}(l-x)^2.$$

Si on suppose z constant, W sera maximum lorsque x aura la plus petite valeur, c'est-à-dire lorsque la surcharge s'avancera jusqu'en D. Donc, le maximum de W a lieu en tête comme pour l'effort tranchant. On ferait la même démonstration pour une section comprise entre C et B. La ligne représentative des efforts tranchants réduits maxima est donc la parabole

$$W = \frac{p'}{2l} x(l-x);$$

cette parabole passe par les appuis.

Quand la surcharge s'avance de gauche à droite, on a la parabole symétrique par rapport à l'axe longitudinal de la poutre (fig. 74).

Donc, l'effort tranchant réduit change de signe tout le long de la poutre.

Les deux valeurs limites sont de signes contraires et égales à l'effort tranchant, au milieu de la portée, dû à la surcharge, soit $\frac{p'l}{8}$.

Il en résulte que les barres de treillis sont soumises à des efforts de sens contraires et de même grandeur.

Comparaison des poutres paraboliques et des poutres
de hauteur constante

1° *Poids*. — Considérons un pont à un grand nombre de travées égales, et supposons-le successivement constitué par des travées indépendantes et des travées continues.

Désignons par :

m le poids des membrures dans le cas de poutres paraboliques (travées indépendantes) ;

t le poids des treillis ;

m_1 le poids des membrures dans le cas de poutres à hauteur constante (travées indépendantes) ;

t_1 le poids des treillis ;

m_2 le poids des membrures dans le cas des travées continues (poutres à hauteur constante) ;

t_2 le poids des treillis.

Les rapports des poids dans les différents cas sont exprimés, dans le tableau suivant, pour les portées de 30 et 100 mètres. On peut obtenir ces rapports pour des portées intermédiaires par interpolation :

Portée	30^m	85^m	100^m
$\dfrac{m}{m_1}$	1,10	»	1,2
$\dfrac{m}{m_2}$	1,4	»	1,8
$\dfrac{t}{t_1 \text{ ou } t_2}$	0,3	»	0,2
$\dfrac{m+t}{m_1+t_1}$	0,85	»	0,88
$\dfrac{m+t}{m_2+t_2}$	0,90	1	supérieur à 1

2° *Construction*. — Les poutres paraboliques sont plus compliquées à exécuter que les poutres à hauteur constante. Cette complication provient de la courbure des membrures d'une part, et d'autre part, de la difficulté d'assembler entre elles des membrures massives qui se rencontrent sous un angle aigu.

Actuellement, comme on recherche surtout l'économie de main-d'œuvre, on n'emploie autant dire plus ce type de poutre ;

3° *Changement de sens des efforts*. — Dans les poutres à hauteur constante, la zone dans laquelle les treillis sont alternativement tendus et comprimés, est située **dans** la région des efforts tranchants minima. En outre, cette zone est de longueur assez réduite par rapport à la portée.

Dans les poutres paraboliques, il y a inversion des efforts dans toutes les barres. Cette inversion est surtout préjudiciable aux attaches des barres. Elle tend à ébranler la rivure des assemblages;

4° *Entretoisement.* — La troisième disposition de poutre parabolique permet d'entretoiser les poutres sur toute leur longueur. Mais il n'en est pas de même des deux autres.

Si, dans un pont à poutres de hauteur constante, on peut entretoiser les poutres sur toute leur longueur, il est évident qu'on ne peut le faire que dans la région médiane avec les poutres paraboliques;

5° *Flèche.* — Au moment d'inertie égale au milieu, la poutre parabolique est plus flexible que la poutre de hauteur constante. Le rapport des flèches est de 1,4 à 1,7.

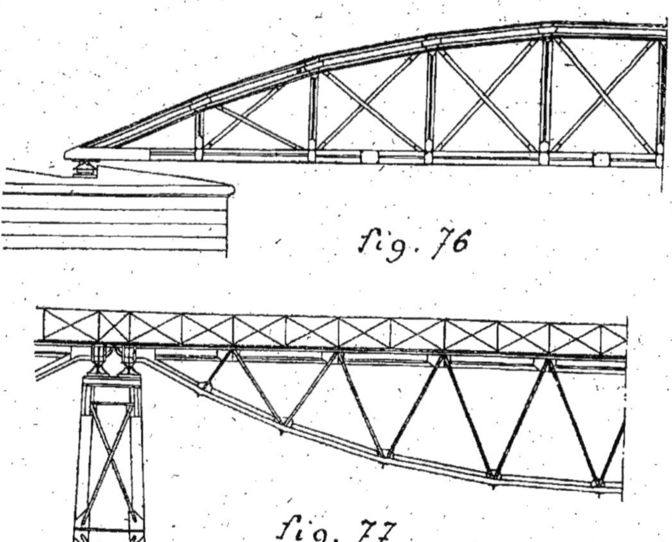

fig. 76

fig. 77

Mais, en pratique, les poutres paraboliques ont toujours une hauteur plus grande au milieu. Le rapport précédent est réduit, de ce fait, à 1,1 ou 1,4.

Les figures 76 et 77 représentent des ensembles de ponts à poutres paraboliques des divers types décrits précédemment.

POUTRES SEMI-PARABOLIQUES

Ce sont des poutres dont l'une des deux membrures est courbe, mais dont la hauteur sur appuis n'est pas nulle (fig. 78 et 79).

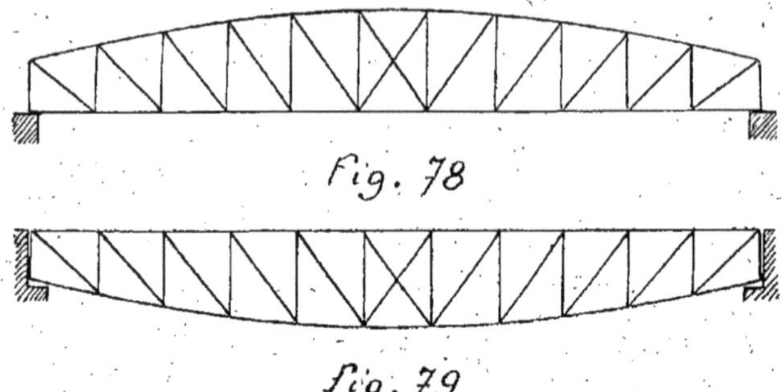

Il n'y a aucune raison théorique de faire la membrure courbe parabolique. Le plus souvent, on la fait circulaire pour simplifier l'exécution.

Variations du poids. — Désignons par h_0 la hauteur sur appuis, et H la hauteur au milieu de la portée. Le rapport $\dfrac{h_0}{H}$ varie entre 0, qui correspond à la poutre parabolique, et 1, qui corrrespond à la poutre à hauteur constante.

Le diagramme de la figure 80 indique le sens des variations du poids des membrures et des treillis, lorsque $\dfrac{h_0}{H}$ varie entre 0 et l'unité.

On voit que le poids des membrures diminue et que le poids des treillis augmente lorsqu'on s'éloigne de la poutre parabolique pour se rapprocher de la poutre à hauteur constante.

Le minimum de poids total a toujours lieu pour la poutre parabolique, c'est-à-dire pour $h_0 = 0$.

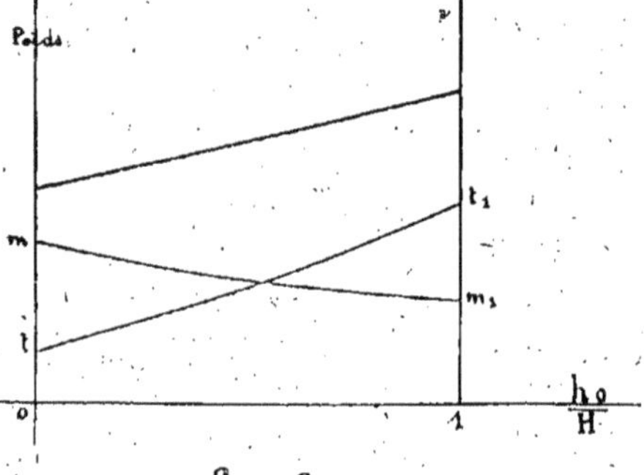

Aussi, n'y a-t-il pas de règle pour le choix de la hauteur h_0 qu'on prend arbitrairement en se basant sur des considérations d'aspect ou, lorsque la portée est grande, d'après la possibilité de placer des entretoisements supérieurs.

Cette hauteur peut être également déterminée par des constructions adjacentes. C'est le cas représenté par la figure 81 : la hauteur h_0 a été prise égale à la hauteur constante des poutres des travées extrêmes.

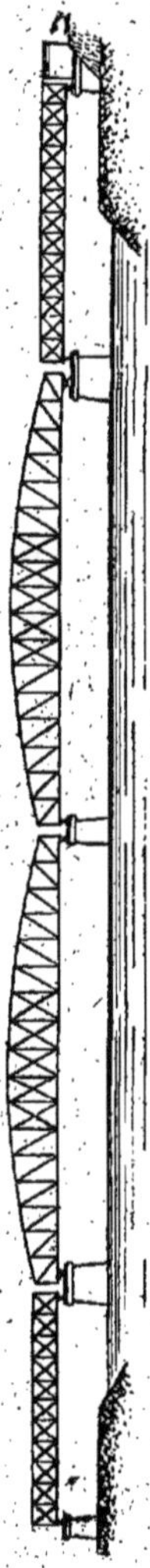

Les poutres semi-paraboliques sont plus faciles à construire que les poutres paraboliques, parce qu'elles suppriment l'assemblage à angle aigu des membrures aux extrémités.

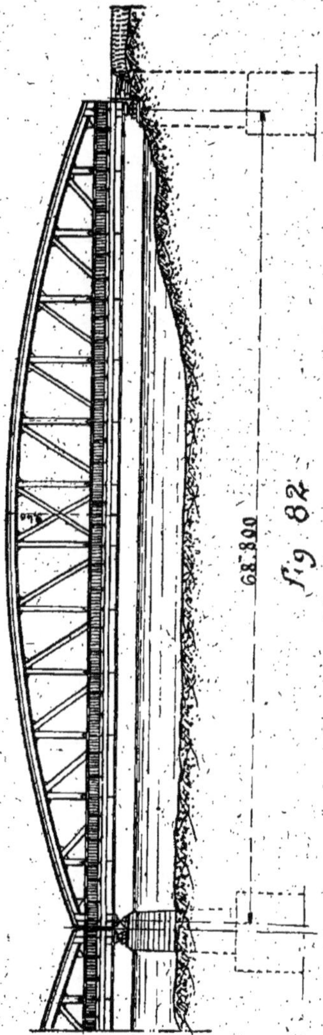

Ce type de poutre est actuellement très employé, pour les moyennes et grandes portées.

La figure 82 donne l'ensemble d'une travée d'un pont-rail à plusieurs travées indépendantes, avec poutres semi-paraboliques, sur le Nil.

Poutre Pauli

Cette poutre ressemble à la poutre parabolique en lentille, mais elle est plus renflée aux extrémités.

La hauteur h de la poutre parabolique satisfait à la relation

$$h = \frac{4H}{l^2} x(l-x).$$

La hauteur h' de la poutre Pauli a pour expression

$$h' = mh;$$

avec

$$m = 1 + \frac{8H}{l^2}\left(1 - \frac{2x}{l}\right)^2,$$

on constate qu'avec ce profil l'effort dans les membrures :

$$F = \frac{M}{h \cos \alpha}.$$

est à peu près constant pour une charge uniformément répartie sur toute la longueur.

La poutre Pauli, au point de vue de la construction, a les mêmes défauts que la poutre parabolique.

Elle est un peu plus légère de 2 à 3 0/0 environ, mais les pièces nécessaires pour porter le tablier compensent, et au delà, cette diminution de poids.

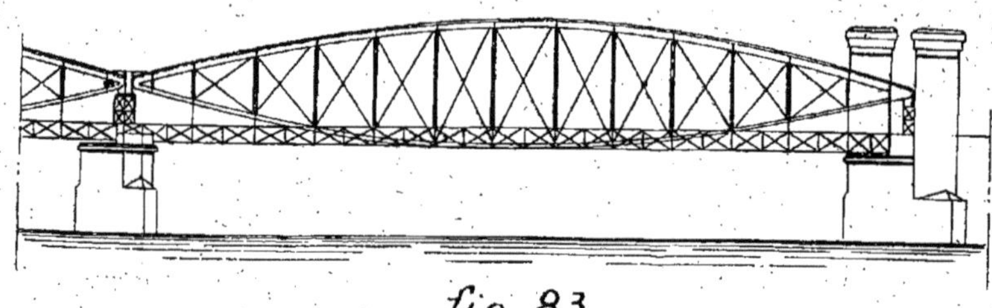

fig. 83

La figure 83 donne l'ensemble d'un pont sur le Rhin, à Mayence, construit avec des poutres de ce type, de 105 mètres de portée.

La poutre Pauli est aujourd'hui complètement abandonnée.

POUTRE SCHWEDLER

Cette forme de poutre répond à la condition suivante :

L'effort tranchant réduit conserve le même signe dans toute la longueur de la poutre, et varie entre zéro et une limite supérieure de même signe que l'effort tranchant absolu.

Cette condition est réalisée pour des charges à répartition uniforme, totales ou partielles.

Le profil, symétrique par rapport à la section médiane se compose de deux arcs d'hyperbole.

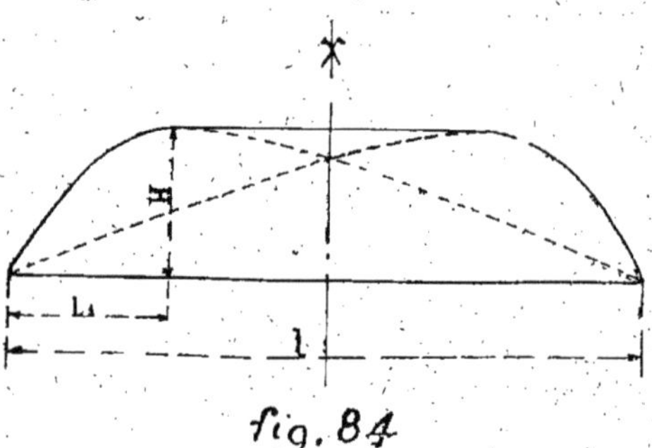

fig. 84

p étant la charge permanente, et p' la surcharge, l'arc d'hyperbole de gauche (fig. 84) est défini par la formule :

$$h = H \frac{x}{l} \frac{l-x}{1+\frac{p'}{p}x} \left[1 + \sqrt{1 + \frac{p'}{p}}\right]^2.$$

La hauteur maximum H correspond au point d'abcisse

$$l_1 = \frac{l}{1 + \sqrt{1 + \dfrac{p'}{p}}}.$$

Ce profil est remplacé, dans la zone médiane, par la tangente commune aux deux arcs d'hyperbole.

La poutre Schwedler est moins lourde que la poutre parabolique, l'économie de poids est d'environ 7 0/0.

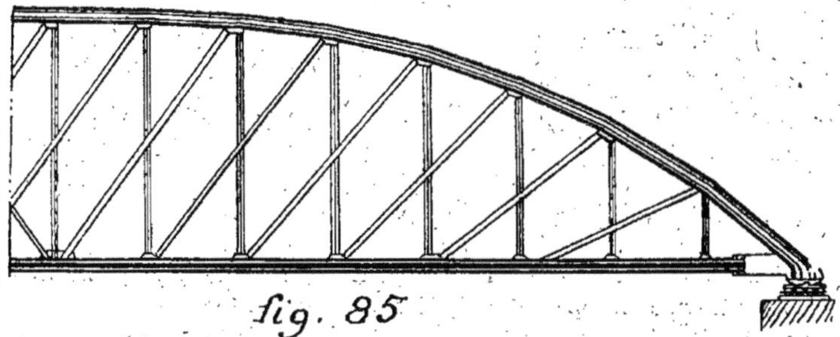

fig. 85

Elle est également d'une exécution moins difficile, parce que les membrures se rencontrent sous un angle moins aigu.

Sa forme, par contre, est plus disgracieuse (fig. 85).

POUTRES CONTINUES

Le moment de flexion, dans une poutre continue, varie comme les ordonnées d'une parabole, lorsque la charge est uniformément répartie.

Si l'on voulait donner à la poutre une hauteur proportionnelle en tous les points, au moment de flexion, on obtiendrait une poutre dont les deux membrures seraient paraboliques.

Les avantages seraient à la fois ceux des poutres continues et des poutres paraboliques. Mais on retrouverait également les difficultés d'exécution inhérentes à ces dernières.

En particulier, les assemblages aux croisements des membrures seraient difficiles à réaliser.

En outre, si à ces points de croisement la hauteur théorique peut être nulle pour une charge uniforme, pour une surcharge partielle on pourra avoir des efforts importants, car le moment de flexion ne sera pas nul.

On n'a jusqu'ici fait que des projets de ponts à poutres continues de hauteur variable suivant ce principe (fig. 86 : projet de pont pour la traversée du Bosphore).

Poutres continues articulées

Gerber a étendu le principe que nous avons exposé précédemment, pour les poutres continues à hauteur constante, aux poutres continues à hauteur variable.

Dans une poutre continue à n travées, on peut placer au plus $(n - 1)$ articulations.

Pour une poutre à trois travées, par exemple, les articulations seront placées dans la travée médiane. Dans les deux travées de rive, les membrures seront rigides sur toute la longueur.

fig. 87

On retrouve les mêmes difficultés de construction que pour les poutres paraboliques (exemple de la figure 87 : pont sur le Mein à Hassfurch).

Ce type de poutre est d'aspect peu satisfaisant pour de si petites proportions.

Poutres discontinues ou cantilever

Ce sont des poutres construites d'après le principe de Gerber. Mais on s'est proposé d'en rendre l'exécution aussi simple que possible. La hauteur, au lieu d'être rigoureusement proportionnelle au moment de flexion, varie simplement dans le même sens que celui-ci.

Une poutre Canteliver se compose de deux parties principales :

1° Une série de poutres reposant sur des appuis et prolongées, de part et d'autres de ces appuis, par des consoles ;

2° Des poutres simples s'appuyant sur les encorbellements ou sur les culées (fig. 88).

Les points d'appuis ou articulations doivent être distribués d'après le principe Gerber.

Au point de vue de la position à donner aux articulations dans les travées, on peut chercher à se rapprocher des conditions ci-après :

Dans une travée de rive pourvue d'une articulation, celle-ci sera placée aux 7/10 de l'ouverture, à partir de la culée. Cette distance sera réduite si la travée suivante est très grande, et qu'on reconnaisse la nécessité d'augmenter le moment fléchissant d'appui. Cette raison peut même conduire à supprimer l'articulation de la travée de rive (pont du Forth, fig. 89). Dans le pont François-Joseph (fig. 90), il a fallu mettre un contrepoids aux extrémités pour assurer la stabilité; au pont du Forth, les poutres sont ancrées sur les piles.

Dans une travée intermédiaire à articulation unique, celle-ci sera placée au milieu de l'ouverture. Toutefois, si cette travée est comprise entre deux autres de portées différentes, l'articulation sera rapprochée de la plus petite d'entre elles.

Dans une travée à articulation double, il est rationnel de placer chacune d'elles au moins aux 35/100 de la portée, à partir de la pile voisine.

Cette distance sera augmentée d'autant plus que la répartition de la charge permanente s'éloignera plus de la répartition uniforme, sa valeur allant en croissant des articulations vers les piles.

Exemple : au pont du Forth, on a, dans les deux grandes travées à double articulation :

Portée totale : $\qquad$ $L = 518^m15$;
Portée de la poutre simple : $\qquad$ $L' = 106^m68$.

Ce type d'ouvrage convient très bien pour les grandes portées

Contreventement des poutres de hauteur variable

Ponts a voie inférieure

La disposition du contreventement, avec les poutres à hauteur variable, dépend de la hauteur des poutres par rapport à celle des véhicules;

1° La partie supérieure des poutres est, sur toute la longueur du pont, plus basse que la partie supérieure du gabarit des véhicules.

On aura seulement, dans ce cas, la possibilité de placer un contreventement horizontal inférieur;

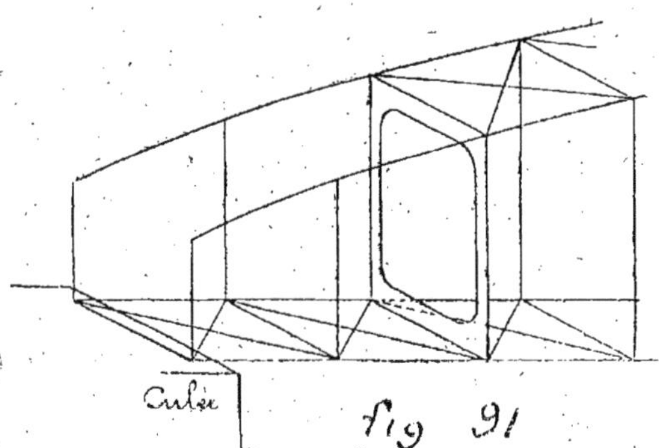

2° La partie supérieure des poutres est tantôt au-dessus, tantôt au-dessous du gabarit des véhicules.

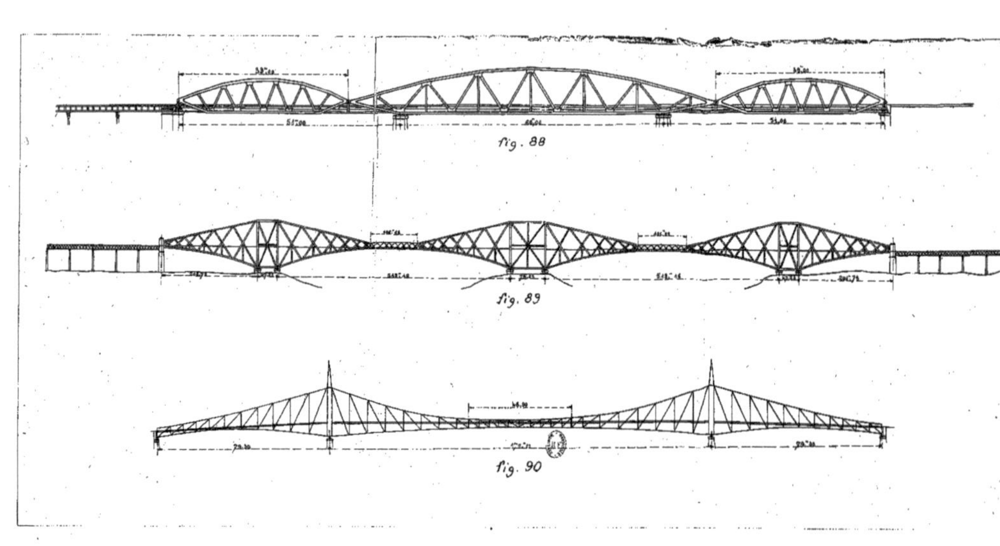

fig. 88

fig. 89

fig. 90

On placera un contreventement inférieur sur toute la longueur du pont, et un contreventement supérieur dans les parties où la hauteur des poutres le permet.

Si on considère un pont à travée indépendante, la région supérieure contreventée sera la région médiane.

La réaction du contreventement supérieur sera transmise au contreventement inférieur par un portique de butée disposé à chaque extrémité (fig. 91) ;

3° La partie supérieure des poutres dépasse le gabarit des véhicules sur toute la longueur du pont.

On aura un double contreventement longitudinal complet, avec portiques de butée aux extrémités du pont et des entretoisements transversaux aux endroits où la hauteur des poutres le permet (fig. 92).

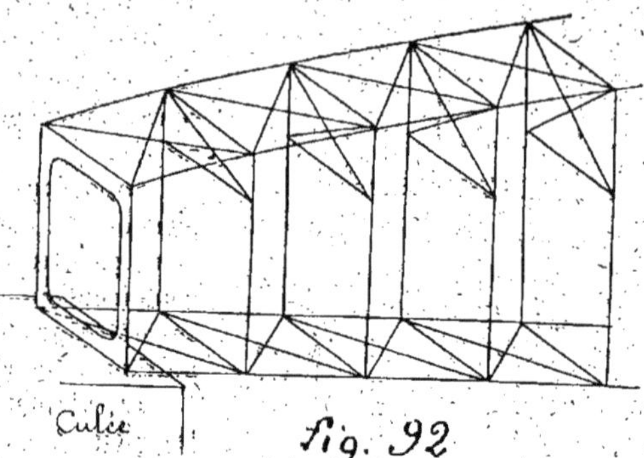

Pour les ponts à poutres continues, on peut se trouver en présence du deuxième ou du troisième cas, car les poutres à hauteur variable ne s'emploient que pour les grandes ouvertures, ce qui conduit toujours à des hauteurs de poutres importantes, permettant le contreventement supérieur en certaines régions de l'ouvrage.

PONTS A VOIE SUPÉRIEURE

Le contreventement des ponts à voie supérieure, avec poutres de hauteur variable, se dispose exactement comme celui des ponts à poutres de hauteur constante.

PONTS A VOIE INTERMÉDIAIRE

Le contreventement des ponts à voie intermédiaire, se dispose comme celui des ponts à voie inférieure. On peut retrouver les trois cas énumérés pour ces derniers.

CALCUL DES CONTREVENTEMENTS DES PONTS A POUTRES DE HAUTEUR VARIABLE

Les efforts agissant dans les contreventements et entretoisements des ponts à poutres de hauteur variable, se déterminent comme pour les ponts à poutres de hauteur constante.

Toutefois, il y a lieu de remarquer que, si l'ouverture de l'ouvrage est grande, on ne peut plus admettre que la pression du vent sur les poutres est constante.

Il faut tenir compte à la fois de la variation de la largeur des barres et de leur longueur.

Il en résulte que les forces, agissant à chaque nœud des poutres horizontales de contreventement, varient à chacun de ces nœuds.

Supposons un pont à voie inférieure à poutres de hauteur variable, et muni d'un double contreventement longitudinal, le contreventement supérieur pouvant régner seulement sur une partie de la longueur et buté sur deux portiques (fig. 93).

En adoptant les mêmes notations que pour le calcul des contreventements des poutres à hauteur constante, on calculera le contreventement supérieur pour une charge horizontale :

$$ps = \frac{Fd}{h} + \frac{F''d''}{h},$$

F, F', h, d, d'' étant variables, p est également variable.

Le contreventement supérieur transmet aux portiques de butée des efforts horizontaux V' et V'' appliqués en B' et B''.

Le contreventement inférieur sera calculé pour une charge horizontale :

$$pi = \frac{F(h-d)}{h} + \frac{F''(h-d'')}{h} + F'.$$

Cette charge, variable, donne aux nœuds de contreventement des efforts variables d'un nœud à l'autre.

En outre, les réactions V' et V'' des portiques se transmettent à la poutre horizontale de contreventement inférieur, et sont appliquées en A' et A''. Leur effet se superpose à celui de la charge p_i.

Enfin, l'effet de torsion dû à l'action du vent sur les poutres se manifeste

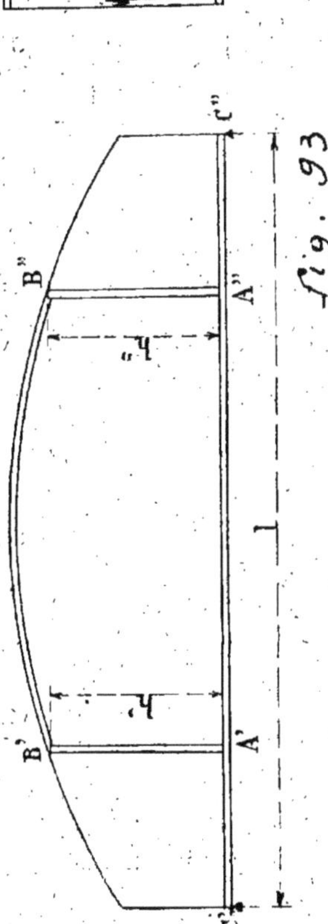

par deux forces verticales concentrées en A et A' ascendantes pour la poutre directement frappée par le vent, et descendante pour l'autre poutre. Ces deux forces ont respectivement pour expression :

$$\frac{Vh}{a} \quad \text{et} \quad \frac{V''h''}{a}.$$

Dans les régions A'C' et A"C", où il n'existe plus que le contreventement inférieur, on a en outre une charge verticale équivalente à la torsion :

$$pv = \frac{Fd + F''d''}{a}.$$

Enfin, sur toute la longueur de la portée, il y a lieu d'ajouter la charge équivalente à la torsion produite par l'action du vent sur le train :

$$p'v = \frac{F'd'}{a}.$$

Lorsque les portiques sont placés aux extrémités de la travée, le calcul se simplifie, comme il est facile de s'en rendre compte.

Efforts secondaires dans les membrures

Indépendamment des efforts secondaires dus à l'excentricité des barres de treillis ou de leurs attaches, étudiées précédemment, il peut en exister d'autres provenant de la courbure des membrures ou d'une distribution particulière des poutrelles.

Efforts secondaires dus à la courbure des membrures

Lorsque la hauteur de la poutre est variable, si l'on suppose la membrure formée de tronçons articulés entre eux et avec les barres de treillis, et si l'on considère isolément un tronçon AB, pour que ce tronçon soit en équilibre, il faut qu'il soit soumis à deux forces opposées suivant la corde (fig. 94).

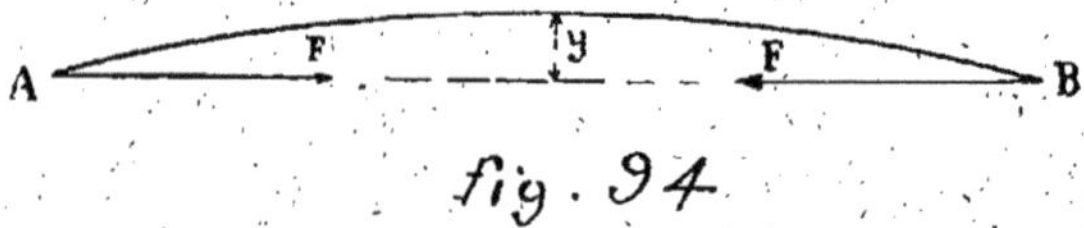

fig. 94

La courbure de la membrure donne donc naissance à un couple de flexion secondaire dont le moment est :

$$m = Fy.$$

Ce couple détermine un travail élastique :

$$n = \frac{mv}{I}.$$

Ce travail doit être ajouté au travail principal :

$$\frac{F}{\Omega}.$$

On peut en conclure que si la poutre était réellement à assemblages articulés, la forme polygonale serait la meilleure.

Mais on ne peut être aussi affirmatif en ce qui concerne les poutres à assemblages rigides, car l'effort F n'est pas dirigé suivant AB.

Les courbures des membrures étant généralement assez faibles, les couples secondaires le sont aussi, et le travail n'est qu'une faible fraction du travail total. Aussi, adopte-t-on le plus généralement la forme courbe, à cause de l'aspect plus satisfaisant obtenu pour les constructions.

EFFORTS SECONDAIRES DUS À LA DISTRIBUTION DES POUTRELLES

Considérons un élément de membrure compris entre deux nœuds de treillis consécutifs, et supposons que les poutrelles s'attachent à la fois à ces nœuds et d'autres entre les nœuds (fig. 95).

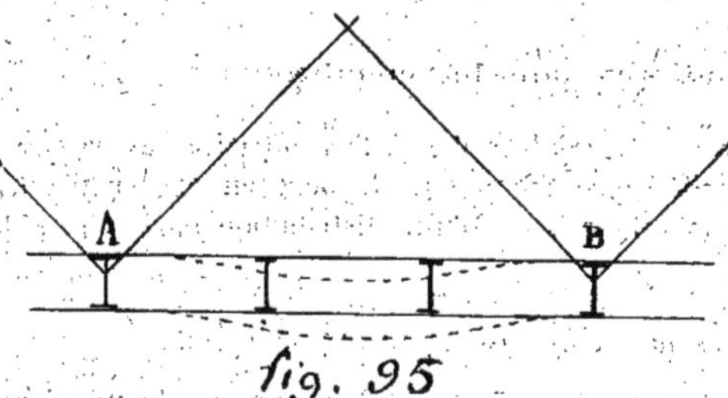

fig. 95

L'élément AB se trouve soumis à des efforts de flexion dus aux charges transmises par les poutrelles P' et P″.

Ces efforts de flexion sont assez difficiles à déterminer exactement.

On peut avoir une idée approchée en considérant AB comme encastré en A et B (si toutefois il existe des montants) ou comme travée d'une poutre continue, chaque travée ayant comme portée l'intervalle entre deux nœuds de treillis.

L'effort élastique secondaire obtenu s'ajoute ou se retranche de l'effort principal.

Si AB est, par exemple, une membrure tendue, la flexion secondaire donne des tensions aux fibres supérieures en A et B et des compressions aux fibres inférieures. L'inverse se produit dans la section au milieu de AB.

Il y a donc lieu d'étudier la section au milieu de AB pour la mettre à même de résister, avec le moins de métal possible, à ce genre d'effort.

Mais le travail secondaire peut atteindre une valeur importante, surtout si AB est grand.

Il est préférable d'éviter cette disposition et de placer les poutrelles aux points d'attache des treillis.

Cette disposition, par contre, est beaucoup plus admissible pour les ponts-routes, où les charges sont moins importantes que dans les ponts-rails, comparativement à la charge permanente, et où les charges importantes ne sont pas animées de vitesses aussi grandes.

CONTREFLÈCHES DES POUTRES

Lorsqu'une poutre a sa membrure inférieure rectiligne, on donne à cette membrure une contreflèche, de façon qu'elle devienne rectiligne sous l'effet de la charge permanente. On évite ainsi l'aspect fâcheux que présente une poutre dont la flèche de déformation est perceptible à l'œil.

Quand la poutre est de hauteur variable, on peut donner cette contreflèche à la membrure inférieure seulement. Il n'en résulte aucun inconvénient.

Quand elle est de hauteur constante, on donne la contreflèche aux deux membrures. Mais les barres se trouvent, par suite, avoir des longueurs différentes, ce qui complique l'exécution.

On peut réaliser cette contreflèche en faisant les membrures polygonales, les sommets des polygones se trouvant aux joints.

On peut également calculer les allongements et raccourcissements de toutes les barres sous l'effet de la charge permanente, et indiquer les longueurs de ces barres modifiées en conséquence sur un dessin spécial qu'on appelle épure de la contreflèche de fabrication.

Dans les ponts-rails, la flèche due à la charge permanente varie entre 1/1.000 et 1/2.000 de la portée. La contreflèche est prise égale à la valeur exacte de la flèche calculée, ou à cette valeur arrondie au centimètre par excès.

Hauteur des poutres

Théoriquement, le poids des membrures d'une poutre à treillis diminue lorsque la hauteur de la poutre augmente.

Le poids des treillis, au contraire, est théoriquement indépendant de la hauteur. Mais il y a, dans une poutre, d'autres éléments que les membrures et les barres de triangulation.

CONDITION DU MINIMUM DE POIDS TOTAL

Nous examinerons le cas d'un pont à une seule travée, avec poutres de hauteur constante H.

Les moments de flexion sont représentés par une parabole dont l'ordonnée au milieu de la portée l est

$$\frac{1}{8} p l^2.$$

L'effort F dans une membrure, est donné par la formule

$$F = \frac{M}{H}.$$

La section théorique de cette membrure est donc

$$\Omega = \frac{F}{R} = \frac{M}{RH}.$$

Le volume théorique d'une membrure aura pour expression :

$$\int_0^l \Omega\, dx = \frac{1}{RH} \int_0^l M\, dx;$$

or,

$$M = \frac{1}{2}\, px\, (l - x).$$

En effectuant l'intégration, on trouve :

$$\frac{pl^3}{12RH}.$$

Les sections théoriques, étant toujours dépassées, il faut multiplier cette expression par un coefficient d'amplification, et, finalement, le volume des deux membrures d'une poutre pourra se représenter par

$$\frac{A pl^3}{RH}.$$

Nous avons, précédemment, en comparant les poutres à âme pleine et à treillis de hauteur constante, déterminé le volume des treillis, et nous avons trouvé que ce volume peut être représenté par l'expression

$$B \frac{pl^2}{R}.$$

B est coefficient numérique qui tient compte, de même que A, de l'excès de métal dans les barres.

La poutre peut avoir des montants sur appuis.

Ces montants supportent les réactions d'appuis $\frac{pl}{2}$.

Leur section théorique est donc

$$\omega = \frac{pl}{2R},$$

et leur volume théorique

$$\frac{plH}{2R};$$

le volume des deux montants sur appuis peut, par suite, être représenté par l'expression

$$C \frac{plH}{2R}.$$

Il peut exister des montants intermédiaires répartiteurs de charges (par exemple, les montants d'une poutre à treillis en croix de Saint-André).

Leurs sections sont proportionnées aux sections des autres éléments du treillis. Comme ces montants doivent résister aux efforts du vent sur la paroi, ils sont d'autant plus robustes que la hauteur H est plus grande. Leur nombre est d'autant plus élevé que la portée est plus considérable.

On peut admettre que leur volume est proportionnel à l et à H, et que l'expression de ce volume peut être représentée par DlH.

Il reste enfin les goussets, fourchettes, renforts, dont le volume est proportionnel à la portée El.

Le volume total de la poutre peut donc être mis sous la forme :

$$V = A \frac{pl^3}{RH} + B \frac{pl^2}{R} + C \frac{plH}{R} + DlH + El;$$

il s'agit de trouver la hauteur H qui correspond au minimum de V.

Prenons la dérivée de l'expression du volume par rapport à H :

$$V'_H = - A \frac{pl^3}{RH^2} + C \frac{pl}{R} + Dl = 0;$$

d'où

$$\frac{H}{l} = \sqrt{\frac{A}{C + D \frac{R}{p}}}.$$

Généralement, le deuxième terme du dénominateur est faible par rapport au premier. La limite supérieure du rapport $\frac{H}{l}$ négligeant ce second terme, est donc

$$\frac{H}{l} = \sqrt{\frac{A}{C}}.$$

Ceci montre que la hauteur qui correspond au minimum de poids est limitée.

On ne peut songer à déterminer d'avance la hauteur des poutres à l'aide de pareilles formules, et seule l'expérience permet de choisir la hauteur vraiment pratique. Considérons maintenant une poutre à hauteur variable, par exemple semi-parabolique, ayant une hauteur H au milieu :

Le volume des membrures sera représenté par :

$$A_1 \frac{pl^3}{RH_1}.$$

Les efforts dans les membrures étant plus grands que dans une poutre de hauteur constante égale à H_1, on aura

$$A_1 > A.$$

Le coefficient C, relatif aux montants sur appuis, sera remplacé par un coefficient $C_1 < C$, puisque la hauteur de ces montants est moins grande.

Donc,

$$\frac{A_1}{C_1} > \frac{A}{C}.$$

et, par suite,

$$\text{limite de } \frac{H_1}{l_1} = \sqrt{\frac{A_1}{C_1}} > \text{limite de } \frac{H}{l} = \sqrt{\frac{A}{C}}.$$

Donc, on peut donner aux poutres de hauteur variable une hauteur plus grande que la hauteur de la poutre à membrures parallèles.

Influence de la portée des poutres

La formule complète trouvée précédemment donne le rapport $\frac{H}{l}$.

Il semblerait donc que la hauteur fût proportionnelle à la portée.

En réalité, il n'en est pas ainsi, parce que les facteurs A, C, D varient avec la portée.

Le rapport $\frac{H}{l}$ diminue légèrement lorsque la portée augmente.

Influence de la grandeur des charges

Lorsque p augmente, le rapport $\frac{R}{p}$ diminue et, par suite, $\frac{H}{l}$ augmente. Il est donc logique d'augmenter la hauteur des poutres fortement chargées.

Influence de la stabilité transversale des poutres

Une poutre, prise isolément, est d'autant plus stable qu'elle est moins haute. Si on considère un pont à voie inférieure sans entretoisements supérieurs, l'entretoisement des poutres n'est réalisé que par les poutrelles. Il peut y avoir intérêt à diminuer la hauteur des poutres pour améliorer leur stabilité transversale.

Si on se trouve très près de franchir l'espace qui doit rester libre au-dessus de la voie, il faut augmenter la hauteur des poutres et mettre des entretoises supérieures. On pourra également placer un second contreventement.

Le profil du terrain sous l'ouvrage n'exige jamais qu'on augmente la hauteur des poutres, mais il peut conduire à réduire cette hauteur pour laisser, au-dessous des poutres, une hauteur libre déterminée.

Influence de la nature du métal

Dans la formule:

$$\frac{H}{l} = \sqrt{\frac{A}{C + D\frac{R}{p}}},$$

si on augmente R, le rapport $\frac{H}{l}$ diminue. Donc, il semble qu'une poutre en acier pourrait avoir une hauteur moindre qu'une poutre en fer de même portée et soumise aux mêmes charges.

En pratique, on donne plus de hauteur aux poutres exécutées en métal plus résistant, parce qu'on s'impose la condition que les poutres en acier ne doivent pas fléchir davantage que les poutres en fer.

Considérons deux poutres, de même portée l, supportant les mêmes charges, pour lesquelles par conséquent le contour des moments de flexion est le même, l'une des poutres étant en fer, l'autre en acier:

	Poutre en fer	Poutre en acier
Travail Unitaire R	. . . .	R'
Coefficient d'élasticité E.	. . . .	E'
Hauteur $H = 2v$.	. . . .	$H' = 2V'$
Flèche du milieu y	. . . .	y'
Moment d'inertie I	. . . .	I'

Nous supposons la limite d'élasticité atteinte dans les deux poutres.

On a
$$R = \frac{Mv}{I} \qquad R' = \frac{Mv'}{I'},$$

d'où
$$\frac{I'}{I} = \frac{R}{R'} \cdot \frac{v'}{v}.$$

On sait que la fibre moyenne déformée d'une poutre est une courbe funiculaire de forces fictives Mdx, la distance polaire étant $K = EI$.

Pour la poutre en acier, la distance polaire sera: $K' = E'I'$.

Si on trace ces deux funiculaires, les ordonnées médianes seront y et y'.

En vertu d'une propriété connue des polygones funiculaires, on a
$$EIy = E'I'y'$$

d'où
$$\frac{y}{y'} = \frac{E'I'}{EI} = \frac{E'Rv'}{ER'v}.$$

Or,
$$E = 18 \times 10^9, \qquad E' = 20 \times 10^9.$$

Supposons
$$R = 6 \text{ kgs}, 5 \times 10^6, \qquad R' = 8 \text{ kgs}, 5 \times 10^6:$$

on en déduit
$$\frac{y}{y'} = \frac{20 \times 6 \text{ kgs. } 5}{18 \times 8 \text{ kgs. } 5} \times \frac{v'}{v} = \frac{1}{1,177} \times \frac{v'}{v}.$$

Si les deux poutres avaient la même hauteur, on aurait $v = v'$ et par suite,
$$y' = 1,177\, y.$$

Si on impose la condition $y = y'$, on en déduit
$$v' = 1,177\, v,$$

c'est-à-dire
$$H' = 1,177\, H;$$

si on suppose deux poutres de même portée, de même métal, différant par la hauteur, à la limite d'élasticité, on a

$$\frac{y}{y'} = \frac{v'}{v}.$$

Par conséquent, les flèches sont inversement proportionnelles aux hauteurs.

RÈGLES PRATIQUES

Ponts-rails pour une voie normale.
Poutres de hauteur constante.

$$\frac{H}{l} = \frac{1}{7} \text{ à } \frac{1}{10};$$

Poutres paraboliques:

$$\frac{H_4}{l} = \frac{1}{6} \text{ à } \frac{1}{9};$$

Poutres Schwelder:

$$\frac{H_4}{l} = \frac{1}{7},$$

Poutres semi-paraboliques:

$$\frac{H_4}{l} = \frac{1}{7} \text{ environ};$$

Pour les Cantilever, on peut fixer la hauteur sur appuis:

$$\frac{H}{l} = \frac{1}{4} \text{ à } \frac{1}{7}.$$

Dans tous les cas, les hauteurs adoptées doivent permettre de réaliser des sections pratiques.

Comparaison des différents systèmes de triangulation des poutres a treillis

Nous avons vu, dans l'étude des poutres à treillis (première partie), qu'il existe trois dispositions possibles pour la triangulation simple: en V, en N ou en N renversé.

Nous allons étudier et comparer ces trois systèmes au point de vue de leur disposition et de leur emploi.

Treillis simple en V. — Considérons un panneau dans lequel l'effort tran-

chant est T. Les barres font avec la verticale, les angles i' et i'' (fig. 96).
L'une des barres est comprimée, par exemple, la barre AB; et l'autre, BC,
est tendue. Les coefficients de travail diffèrent donc d'une barre à l'autre, en raison du voilement. Soient R' et R'' ces coefficients. La section théorique de la barre AB a pour expression

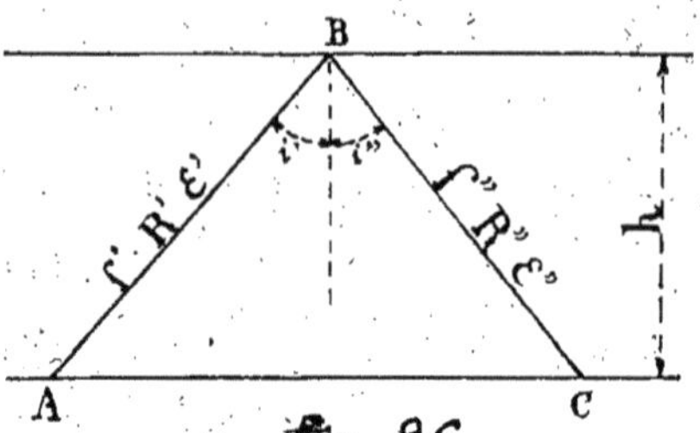

$$\frac{T}{\cos i'} \cdot \frac{1}{R'}$$

et, le volume de cette barre,

$$\frac{T}{R' \cos i'} \cdot \frac{h}{\cos i'} = \frac{Th}{R'} (1 + \operatorname{tg}^2 i'),$$

soit E' le prix unitaire de la matière constituant la diagonale AB. La dépense
de matière pour la barre AB sera

$$E' \frac{Th}{R'} (1 + \operatorname{tg}^2 i');$$

E' et R' sont des caractéristiques de la matière.

Posons : $\qquad \dfrac{E'}{R'} = \varepsilon'$

En effectuant le même calcul pour la barre BC, la dépense de matière
pour chaque barre sera représentée par:

AB : $\qquad \varepsilon' Th (1 + \operatorname{tg}^2 i');$
BC : $\qquad \varepsilon'' Th (1 + \operatorname{tg}^2 i'').$

La dépense totale rapportée à l'unité de longueur horizontale aura pour
expression

$$u = \frac{\varepsilon' Th (1 + \operatorname{tg}^2 i') + \varepsilon'' Th (1 + \operatorname{tg}^2 i'')}{h \operatorname{tg} i' + h \operatorname{tg} i''} = \frac{\varepsilon' (1 + \operatorname{tg}^2 i') + \varepsilon'' (1 + \operatorname{tg}^2 i'')}{\operatorname{tg} i' + \operatorname{tg} i''} \cdot T.$$

Les angles i' et i'' variant, il faut chercher le minimum de u. Posons

$$\varepsilon' (1 + \operatorname{tg}^2 i') + \varepsilon'' (1 + \operatorname{tg}^2 i'') = N; \qquad \operatorname{tg} i' + \operatorname{tg} i'' = D.$$

La fonction u prend la forme

$$u = \frac{N}{D} \cdot T.$$

Pour u minimum, les dérivées partielles de u, par rapport à i' et i'' doivent être nulles.

Prenons ces dérivées et égalons-les à zéro:

$$\frac{\delta u}{\delta i'} = \frac{T}{D^2} \left(\frac{2\varepsilon' \operatorname{tg} i'. D}{\cos^2 i'} - \frac{N}{\cos^2 i'} \right) = 0,$$

d'où $\qquad\qquad$ (1) $\quad 2\varepsilon' \operatorname{tg} i' = \dfrac{N}{D}.$

La condition (1)

$$\frac{\delta u}{\delta i''} = 0$$

donne de même

$$(2) \quad 2\varepsilon'' \,\mathrm{tg}\, i'' = \frac{N}{D}.$$

En tenant compte de l'égalité (1), la condition (2) s'écrit

$$(2') \quad \mathrm{tg}\, i'' = \frac{\varepsilon'}{\varepsilon''}\, \mathrm{tg}\, i'.$$

Remplaçons N et D par leur valeur dans l'égalité (1) :

$$2\varepsilon'\, \mathrm{tg}\, i' = \frac{\varepsilon'\,(1 + \mathrm{tg}^2 i') + \varepsilon''\,(1 + \mathrm{tg}^2 i'')}{\mathrm{tg}\, i' + \mathrm{tg}\, i''}.$$

En chassant le dénominateur et en tenant compte de la condition (2'), on trouve, sans difficulté,

$$\mathrm{tg}^2 i' = \frac{\varepsilon''}{\varepsilon'},$$

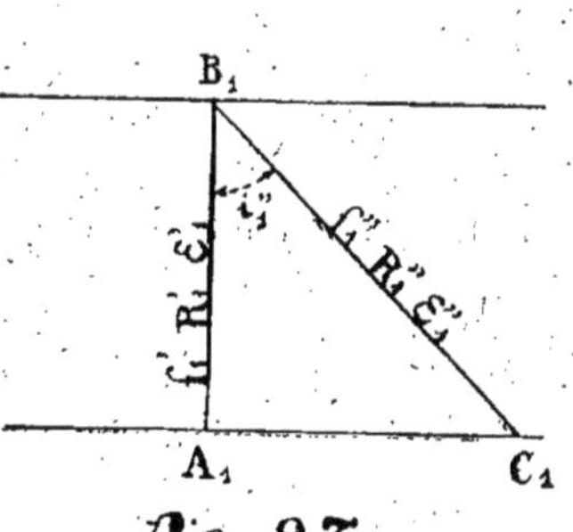

fig. 97

d'où

$$\mathrm{tg}\, i' = \sqrt{\frac{\varepsilon''}{\varepsilon'}};$$

on en déduit

$$\mathrm{tg}\, i'' = \sqrt{\frac{\varepsilon'}{\varepsilon''}}.$$

Par conséquent,

$$\mathrm{tg}\, i' . \mathrm{tg}\, i'' = 1,$$

ce qui nécessite

$$i' + i'' = 90°.$$

Le minimum de u, en tenant compte de cette condition, a pour expression

$$u = 2T \sqrt{\varepsilon'\varepsilon''}.$$

Treillis simple en N (fig. 97). — Le calcul est analogue. On a

$$u = T \frac{\varepsilon'_1 + \varepsilon''_1\,(1 + \mathrm{tg}^2 i''_1)}{\mathrm{tg}\, i''_1} = T \frac{N_1}{D_1}.$$

Condition du minimum :

$$\frac{du}{di''_1} = \frac{T}{D_1^2}\left(\frac{2\varepsilon''_1\, \mathrm{tg}\, i''_1}{\cos^2 i''_1} D_1 - \frac{N_1}{\cos^2 i''_1} \right) = 0,$$

d'où

$$2\varepsilon''_1\, \mathrm{tg}\, i''_1 = \frac{N_1}{D_1}.$$

On déduit de cette égalité :

$$\mathrm{tg}\, i''_1 = \sqrt{\frac{i'_1 + i''_1}{i''_1}}.$$

On voit que l'angle i_1'', correspondant au minimum de u, est supérieur à 45°. Le minimum de u a pour expression

$$u_1 = 2T\sqrt{\varepsilon''_1(\varepsilon'_1 + \varepsilon''_1)};$$

u_1 sera minimum quand le radical sera lui-même minimum. Ceci aura lieu si

$$\varepsilon''_1 < \varepsilon'_1.$$

Treillis en N renversé (fig. 98). — Un calcul analogue au précédent conduit aux résultats suivants:

Angle de minimum:

$$\operatorname{tg} i_2'' = \sqrt{\frac{\varepsilon'_2 + \varepsilon_2''}{\varepsilon'_2}};$$

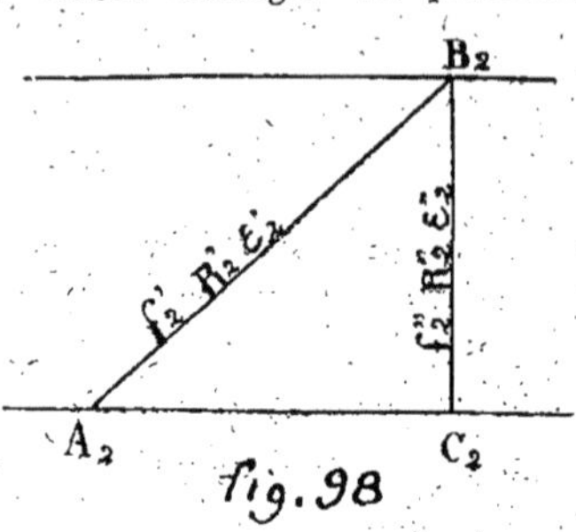

Minimum de u:

$$u_2 = 2T\sqrt{\varepsilon'_2(\varepsilon'_2 + \varepsilon_2'')}.$$

i'_2 est supérieur à 45°.

u_2 sera réellement minimum, si on a

$$\varepsilon'_2 < \varepsilon''_2.$$

POUTRES HOMOGÈNES.

C'est le cas des ponts définitifs pour voies de communication.

On a, dans ce cas,

$$E' = E'_1 = E_2 = E'' = E''_1\ E'_2$$

Le coefficient de travail des barres tendues est le même dans les trois systèmes.

Le coefficient de travail à la compression est d'autant plus réduit que la longueur de voilement est plus grande. Par conséquent,

$$R'' = R''_1 = R''_2 > R'_1 > R' > R'_2,$$

d'où l'on déduit

$$\varepsilon'' = \varepsilon''_1 = \varepsilon''_2 < \varepsilon'_1 < \varepsilon' < \varepsilon'_2.$$

Or, pour le treillis en N renversé, le minimum de dépense ne peut avoir lieu que si on a

$$\varepsilon'_2 < \varepsilon''_2.$$

Cette condition ne pouvant être réalisée d'après la disposition même du treillis, il s'ensuit que ce système de treillis n'est pas rationnel, lorsque les barres sont toutes exécutées avec la même matière.

Au contraire, pour le treillis en N, la condition est satisfaite. Comparons le système en V et le système en N. On a

$$\frac{\left(\dfrac{u_1}{2T}\right)^2}{\left(\dfrac{u}{2T}\right)^2_1} = \frac{\varepsilon'_1 + \varepsilon''_1}{\varepsilon'\varepsilon''}\ \varepsilon''_1;$$

or, $$\varepsilon'' = \varepsilon''_1,$$

d'où $$\left(\frac{u_1}{u}\right)^2 = \frac{\varepsilon'_1 + \varepsilon''_1}{\varepsilon'} = \frac{\varepsilon'_1}{\varepsilon'} + \frac{\varepsilon''_1}{\varepsilon'}.$$

Chacune des fractions du second membre est comprise entre 1 et 1/2.

Donc, $$\left(\frac{u^1}{u}\right)^2 > 1.$$

Le treillis en V exige donc une moindre dépense de matière que le treillis en N.

POUTRES HÉTÉROGÈNES

Ces poutres s'emploient pour la construction des ponts provisoires ou d'échafaudages. Les barres comprimées sont en bois, les barres tendues en fer ou en acier.

Pour les barres tendues, on a $\quad \varepsilon'' = \varepsilon''_1 = \varepsilon''_2 = \varepsilon$;

Pour les barres comprimées, $\quad \varepsilon'_1 < \varepsilon' < \varepsilon'_2$:

1° Supposons $\quad \varepsilon < \varepsilon'_1$;

ceci entraîne $\quad \varepsilon''_2 < \varepsilon'_2.$

Donc, le treillis en N renversé n'est pas admissible;

2° Supposons $\quad \varepsilon'_1 < \varepsilon < \varepsilon'$;

ceci entraîne $\quad \varepsilon''_1 > \varepsilon'_1 \quad$ et $\quad \varepsilon''_2 < \varepsilon'_2.$

Donc, le treillis en V est seul admissible;

3° Supposons $\quad \varepsilon' < \varepsilon < \varepsilon'_2$;

la conclusion est la même que dans l'hypothèse précédente;

4° Supposons $\quad \varepsilon'_2 < \varepsilon$;

ceci entraîne $\quad \varepsilon'_1 < \varepsilon''_1.$

Donc, le treillis en V ou en N renversé est seul admissible.

Le treillis en N renversé est le plus rationnel et aussi le plus employé pour les poutres en fer et bois. Les tirants verticaux sont en métal, les diagonales en bois.

POUTRES À TREILLIS MULTIPLES

Une poutre à treillis multiples constitue un système à barres surabondantes. On admet dans le calcul que les efforts sont également répartis entre les systèmes simples.

Il faut s'attacher à réaliser du mieux possible cette hypothèse.

Or, si l'on considère une poutre à treillis double en V, avec tous les assemblages articulés et poutrelles de deux en deux nœuds (fig. 99), on constate que les diagonales du système A supportent tout l'effort. Donc, l'hypothèse est un défaut.

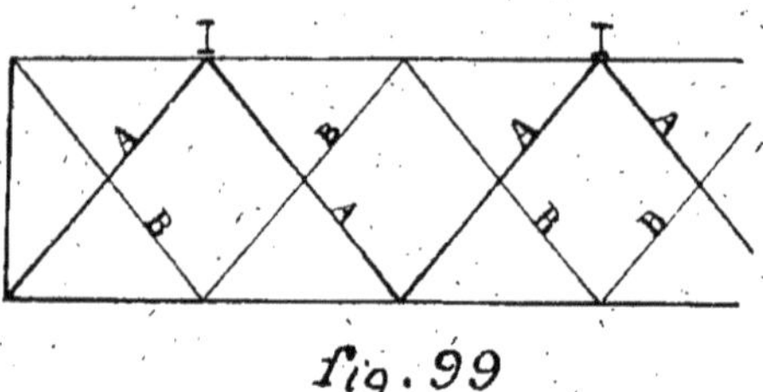

fig. 99

Si, au contraire, les assemblages du treillis sont seuls articulés, la rigidité des membrures transmet une partie des efforts du système B.

Si les poutrelles existent à tous les nœuds, les systèmes A et B sont également chargés.

Avec les treillis doubles, il est toujours possible d'avoir des poutrelles à tous les nœuds. Au contraire, avec les treillis quadruples, on est conduit à mettre les poutrelles de deux en deux nœuds pour avoir un espacement convenable, ce qui entraîne une inégale répartition des efforts dans les treillis.

Il en est de même à *fortiori* pour les treillis sextuples.

Si le degré de multiplicité est impair, et les poutrelles tous les deux

fig. 100

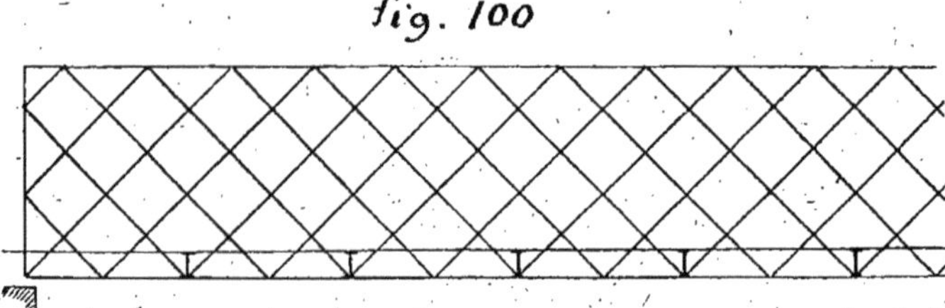

nœuds (fig. 100), tous les systèmes sont intéressés. Mais les treillis de degré impair ne sont pas employés à cause de leur dissymétrie.

La disposition la meilleure pour réaliser une égale répartition d'efforts, entre tous les systèmes de treillis, consiste à mettre les poutrelles à tous les nœuds et à ajouter des montants.

Avec le treillis double, on a la poutre en croix de Saint-André, dont il a été question dans l'étude des poutres à treillis.

Les montants jouent le rôle de répartiteurs de charges. L'effort dans un montant est sensiblement la moitié de la charge qui lui est transmise par la poutrelle.

Leur rôle est analogue dans les treillis quadruples ou sextuples (fig. 101-102). Les différences qui subsistent tiennent à la fois à la position des charges et aussi au rapport de la section des montants et des diagonales.

Lorsque les montants ont des sections faibles, les diagonales comprimées sont plus chargées que les diagonales tendues.

Les efforts ne sont également répartis que si les montants ont une section plus forte que celle des diagonales.

fig. 101

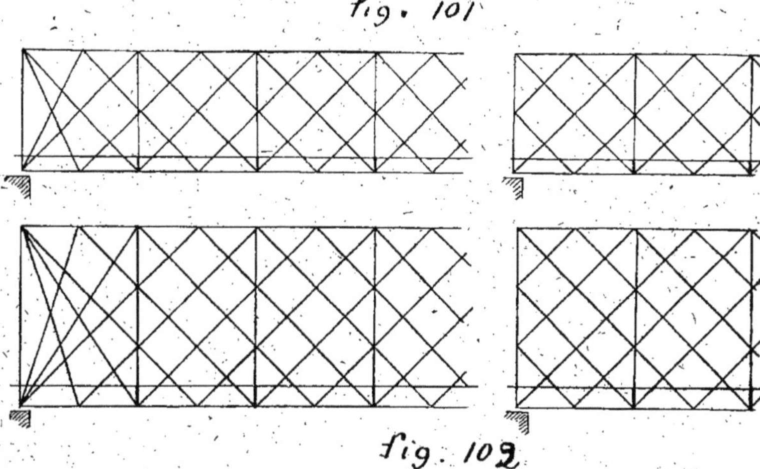

fig. 102

Treillis en N. — Le degré de multiplicité est fixé par l'emplacement des poutrelles. Suivant la hauteur de la poutre, le treillis sera double, triple, etc...

L'espacement des poutrelles est déterminé à la fois par la portée de la poutre par la hauteur disponible pour l'épaisseur du tablier et par la condition de ne pas avoir des longerons de portée excessive, ce qui serait peu économique.

Lorsque le degré de multiplicité du treillis est élevé, il faut, pour que les montants intéressent tous les treillis qu'ils rencontrent, que l'espacement des poutrelles soit au plus égal à la projection horizontale d'une diagonale. Les montants doivent être assemblés à tous leurs croisements avec les diagonales.

Poutres articulées américaines

Suivant la composition du treillis, on distingue les poutres simples, composées ou complexes.

POUTRES SIMPLES

On retrouve les trois systèmes de treillis simples des poutres à assemblages rigides. Il n'existe pas de barres surabondantes.

Poutres Warren.

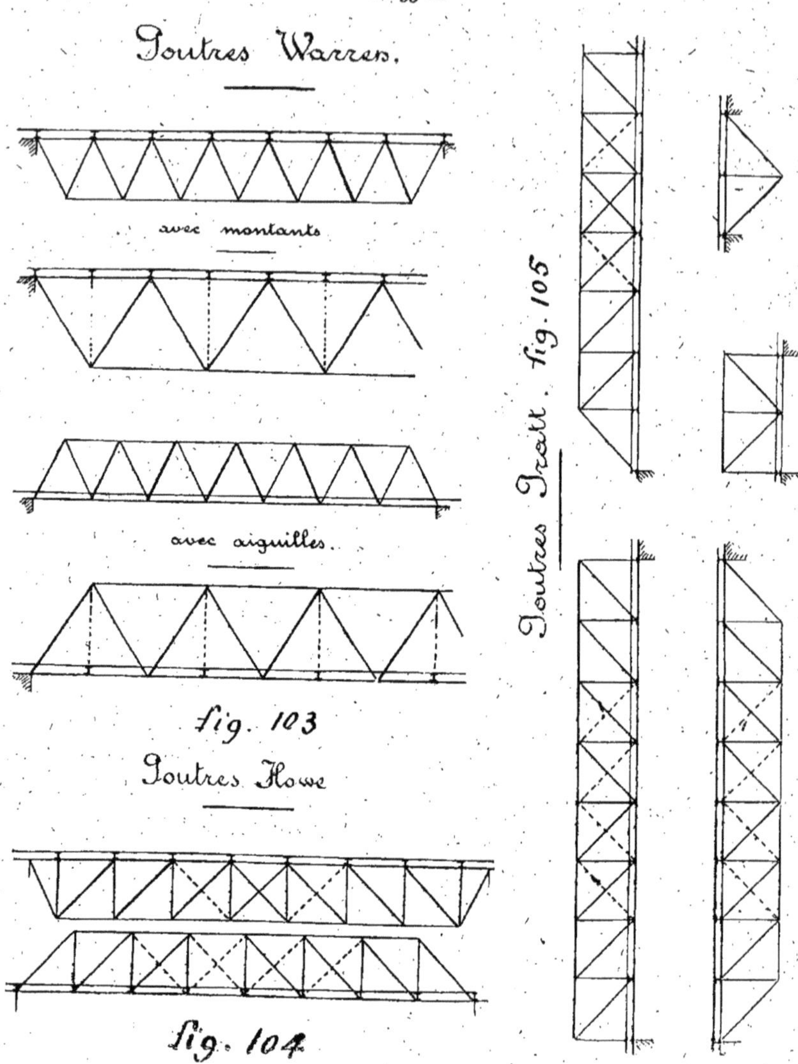

Poutres Warren. — C'est la poutre à treillis en V sans montants sur appuis, avec diagonales symétriquement inclinées sur la verticale. Quand l'espacement entre deux nœuds est trop grand, on ajoute une poutrelle au milieu de l'intervalle. Ces poutrelles intermédiaires sont portées par des montants ou des aiguilles (fig. 103).

Poutres Howe. — Le treillis est en N renversé. Ce système n'a été appliqué qu'à des ponts à poutres mixtes, en fer et bois. Il comporte des contrebarres en métal dans la région où l'effort tranchant change de signe (fig. 104).

Poutres Pratt. — Les treillis sont en N, avec contre-barres dans la région centrale (fig. 105).

POUTRES COMPOSÉES

Elles sont constituées par la superposition de plusieurs poutres simples dont les membrures seules se confondent.

Les constructeurs américains ne font guère usage que de poutres com-

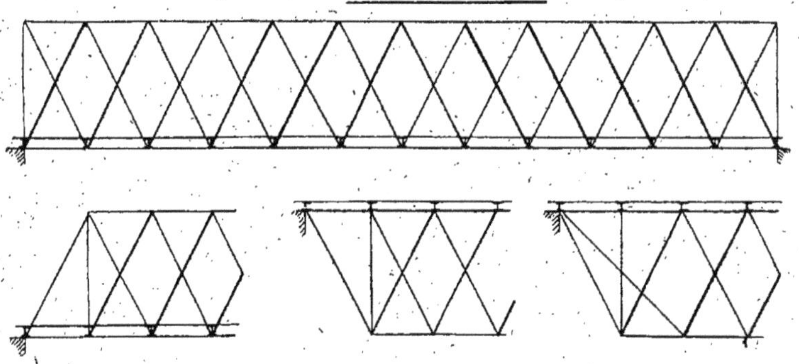

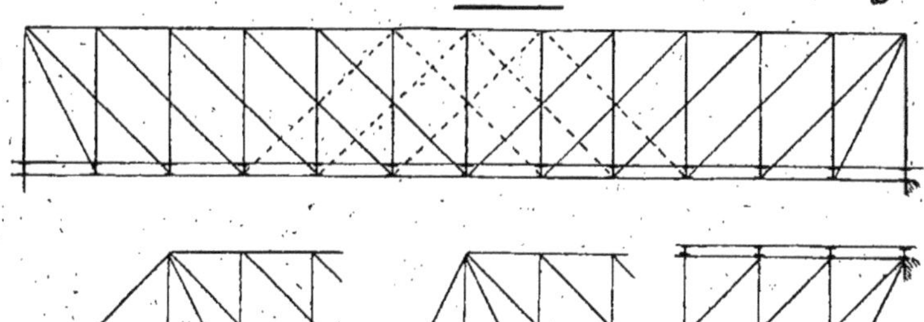

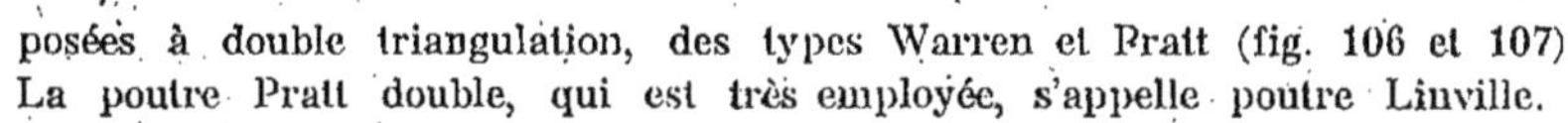

posées à double triangulation, des types Warren et Pratt (fig. 106 et 107).
La poutre Pratt double, qui est très employée, s'appelle poutre Linville.

Poutre Post. — Les diagonales ont des inclinaisons différentes. La projection horizontale d'un bras est le quart de celle d'un tirant. Cette poutre a reçu quelques applications avec treillis doubles et diagonales comprimées en fonte ou en bois. Elle est d'une exécution un peu plus compliquée que les précédentes, mais réalise mieux que la poutre Warren la condition du minimum de dépense (fig. 108).

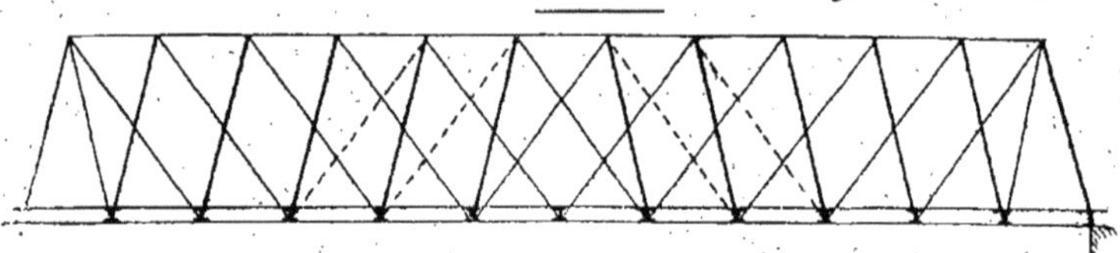

Poutre Bollmann. — Elle est constituée par une série de poutres armées qui s'appuient toutes aux extrémités du pont. La hauteur est 1/4 ou 1/5 de la portée.

Il n'y a pas de membrure inférieure, bien que les nœuds inférieurs soient tous réunis par une pièce horizontale auxiliaire. Cette pièce solidarise les différentes poutres simples et renforce le contreventement (fig. 109).

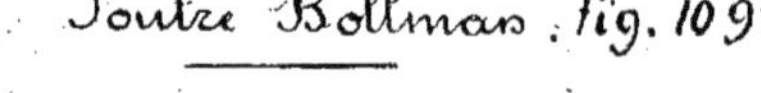

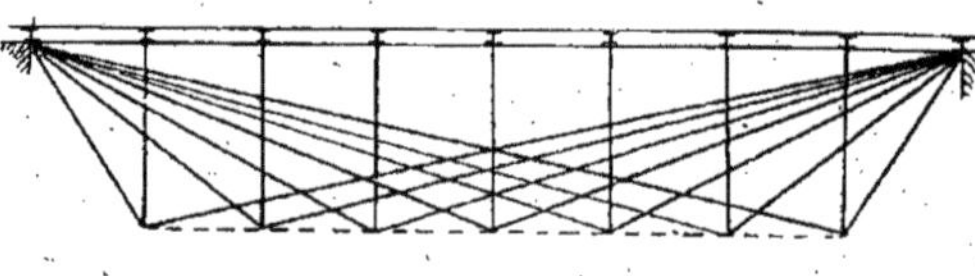

Chaque poutre simple porte une poutrelle. Il en résulte que les différentes poutres ne travaillent pas simultanément. Cette poutre est très lourde, mais très facile à monter.

POUTRES COMPLEXES

Ces poutres sont formées par plusieurs poutres simples distinctes d'importance décroissante.

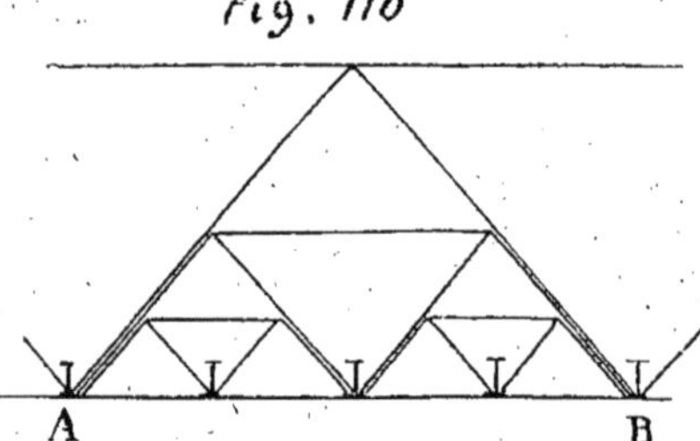

Considérons une poutre simple, par exemple, pour un pont à voie inférieure (fig. 110). Si l'espacement entre les deux poutrelles A et B est trop grand, il faut placer d'autres poutrelles intermédiaires. Pour soutenir ces poutrelles on intercale dans la maille de treillis une autre poutre simple qui peut être d'ailleurs d'un système différent de la poutre primitive. On peut évidemment étendre ce procédé aux mailles de la poutre AB.

La première poutre est appelée poutre primaire, la deuxième poutre, secondaire, et ainsi de suite.

Pour calculer une poutre complexe, on calcule d'abord la poutre d'ordre le plus élevé; on obtient ainsi les réactions sur les nœuds d'appui de cette poutre. On passe ensuite à la poutre d'ordre immédiatement inférieur et on arrive facilement à la poutre primaire.

Poutres Warren complexes

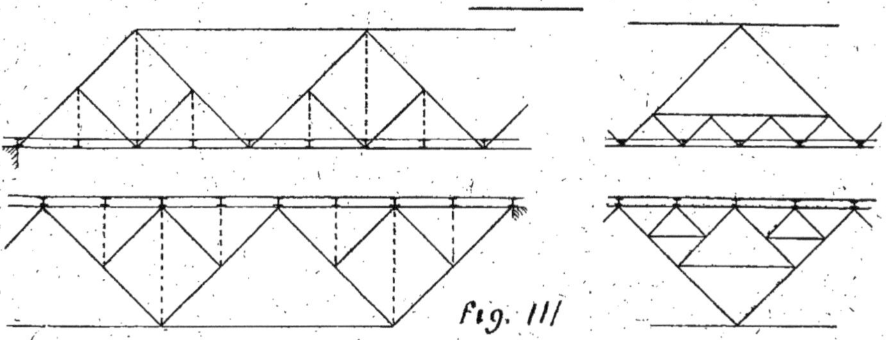

La figure 111 représente plusieurs dispositions de poutres Warren complexes.

La poutre complexe, dérivée du système Pratt, s'appelle poutre Pettit (fig. 112).

La poutre armée complexe, tirée du système Pratt, s'appelle poutre Fink.

Poutres Fink

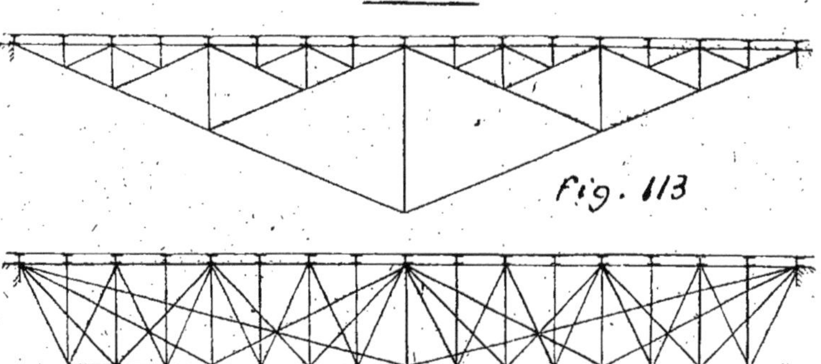

Fig. 113

Fig. 114

Elle comporte trois variantes, suivant que les poutres ont une hauteur décroissante alors que leur ordre s'élève (fig. 113); ou que toutes les poutres

Poutres Pratt complexes (suite). Fig. 112

ont même hauteur, quel que soit leur ordre (fig. 114) ; ou que seulement les poutres de l'ordre le plus élevé ont même hauteur (fig. 115).

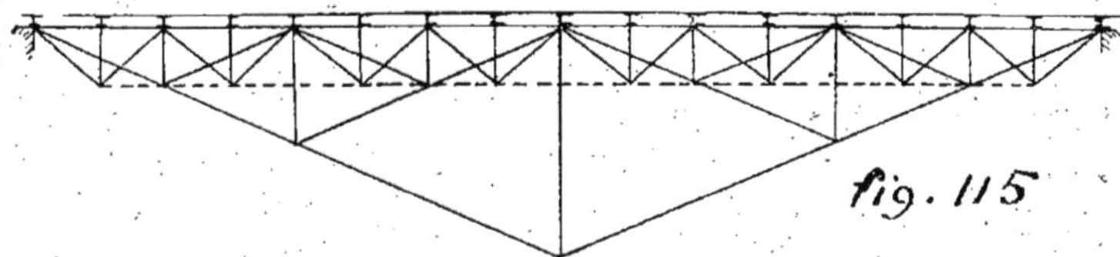

Dans la deuxième disposition, les nœuds inférieurs sont reliés par une pièce horizontale auxiliaire qui joue le même rôle que dans la poutre Bollmann.

La poutre Fink offre à peu près les mêmes facilités de montage et de réglage que la poutre Bollmann. Elle est moins lourde et plus économique à égalité de portée et de hauteur.

Sa hauteur, dans la disposition de la figure 113, est environ le cinquième de la portée ; elle peut être réduite au huitième avec la disposition de la figure 114.

Cette poutre est encore plus lourde que les types dérivés des systèmes Warren et Pratt.

EXÉCUTION DES POUTRES ARTICULÉES. — INCONVÉNIENTS ET AVANTAGES

La membrure tendue est du type à maillons décrit dans le cours de constructions métalliques. Chacune des barres plates ou tringles, dont est formé un élément de membrure, se termine à chaque extrémité par un œil dans lequel passe la cheville d'articulation.

Il est facile de se rendre compte de l'inconvénient que présente ce mode d'assemblage. L'ajustage n'est jamais parfait entre l'œil et la cheville. Lorsque le pont à une faible portée, c'est-à-dire lorsque la surcharge est beaucoup plus importante que la charge permanente, le jeu initial s'accentue par suite des vibrations provoquées par le passage des trains, vibrations qui entraînent des déformations des axes d'articulation et le démaigrissement des barres au droit des œils.

Dans certains ponts, on a même dû river de pareils assemblages primitivement articulés.

Aussi, les articulations ne sont-elles actuellement employées que pour les ponts d'une portée supérieure à 30 mètres.

D'autre part, la constitution des membrures elle-même est défectueuse. Supposons un tronçon de membrure ayant 5 mètres de longueur, et formé de plusieurs tringles, dont l'une soit trop courte de 1 m/m.

Il faudra, pour ramener cette tringle à la longueur des autres, lui faire subir une tension initiale:

$$n = E \times \frac{0^m,001}{5^m,000} = \frac{20 \times 10^9}{5000} = 4 \text{ kgs par millimètre carré.}$$

Or, une différence de 1 m/m sur 5 mètres n'excède pas le degré de précision qu'on est en droit d'attendre pour les constructions métalliques.

On voit donc que, pour éviter les efforts supplémentaires de ce genre, il faudrait arriver à un usinage tellement précis qu'il en deviendrait onéreux.

La membrure comprimée est toujours continue, parce que l'assemblage par articulation ne permettrait pas de réunir convenablement deux éléments de membrures comprimées, même à profils très rigides, et de s'opposer d'une manière efficace au voilement.

Les éléments tendus de la triangulation sont des barres à œil, comme les tringles des membrures, ou des barres à section circulaire, avec têtes aplaties. Elles sont réunies aux membrures par des chevilles d'articulation.

Quand ces barres sont de grande longueur, elles sont constituées en plusieurs tronçons, avec filetages inverses à leurs extrémités, et réunies par des manchons de serrage, également à double filetage, qui permettent d'assurer la tension des barres.

Cette disposition présente un avantage sur les barres à assemblages rivés: une barre voilée restera toujours voilée, au lieu qu'il suffit d'agir sur le manchon de serrage pour remettre la barre en tension.

L'ossature du tablier se compose, comme dans les ponts européens, de poutrelles et de longerons rivés ensemble.

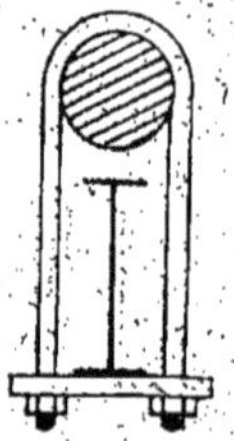

Dans les ponts à voie supérieure, les poutrelles sont généralement appuyées sur les semelles, auxquelles on les réunit à l'aide de boulons.

Dans les ponts à voie inférieure, les poutrelles sont suspendues à une articulation de la membrure tendue par deux étriers passant sur la cheville (fig. 116).

Ce mode d'assemblage est défectueux, car il prend facilement du jeu, de sorte que les poutrelles ne jouent plus leur rôle d'entretoises.

fig. 116

Actuellement il est d'ailleurs remplacé par une autre disposition, dans laquelle les poutrelles sont boulonnées sur les montants de la triangulation.

Le contreventement comporte des entretoises transversales qui s'attachent sur les têtes des chevilles des poutres principales, ou bien sont boulonnées soit sur la membrure comprimée, soit sur un montant de poutre.

Les barres tendues et les contre-barres sont assemblées par chevilles ou par boulons aux abouts des entretoises.

L'assemblage du contreventement sur les poutres est donc très imparfaitement réalisé.

Actuellement, dans les poutres, seuls les treillis sont articulés, les membrures sont continues.

L'assemblage par articulation se prête mal au renversement des efforts dans les barres; aussi, les Américains emploient-ils toujours soit la travée indépendante, soit la poutre Cantilever, pour lesquelles le moment fléchissant ne change jamais de signe, quelle que soit la distribution de la surcharge.

Les poutres articulées offrent moins de sécurité que les poutres rivées; si un axe d'articulation se rompt, toute la construction s'effondre au lieu que, dans un pont rivé, il faudrait que les deux tiers au moins des rivets fussent rompus pour qu'il y ait danger de rupture de l'ouvrage ou d'une partie de l'ouvrage.

Par contre, les poutres articulées sont d'un montage extrêmement rapide, d'un entretien simple et de réparation facile.

TABLIERS DES PONTS-RAILS

Poutrelles

Les poutrelles transmettent les charges aux poutres principales et maintiennent en même temps leur écartement.

Les hypothèses les plus communément adoptées pour le calcul des poutrelles sont les suivantes:

1º On admet qu'elles sont assemblées sur les poutres par articulation;

2º On admet que les longerons sont discontinus.

Il est indispensable de se rendre compte de ce que valent ces hypothèses, du degré d'approximation auquel elles conduisent et des conséquences qui en résultent:

1º *Hypothèse de l'articulation aux appuis.* — Cette hypothèse majore le moment de flexion, au milieu de la portée, de 40 à 50 0/0, parce que l'assemblage sur les poutres constitue en réalité un encastrement partiel.

Considérons, en effet, deux poutres principales AB et CD (fig. 117), reliées entre elles par une série de poutrelles.

Chaque poutrelle porte le tablier et répartit son poids et celui des surcharges entre les deux poutres.

Sous l'action de ces charges, et par l'effet de la flexion des poutrelles et de la rigidité des assemblages, les deux poutres tendent à se déverser. Il y a donc, dans les sections d'attache, un couple d'encastrement dont le moment est, dans la poutrelle, un moment de flexion et, dans la poutre, un moment de torsion.

On ne sait pas évaluer exactement la valeur de ce moment, mais on peut en déterminer des limites supérieures :

1º Pour les poutrelles, en supposant que les poutres présentent une résistance à la torsion infinie. Le moment est alors le moment d'encastrement théorique ;

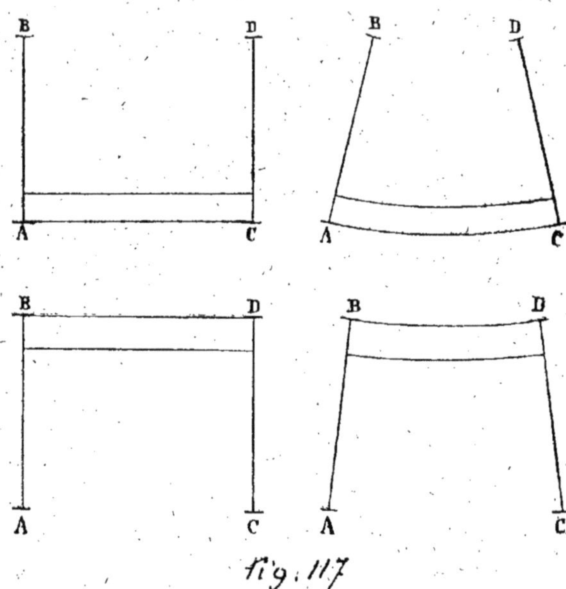

2º Pour les poutres, en supposant nulle leur résistance à la torsion. Dans ce dernier cas, on trouve que l'angle de déversement des poutres correspond à un travail de flexion latérale qui, dans les cas courants, représente 5 à 10 0/0 du travail à la flexion verticale. Ce pourcentage ne serait pas négligeable si la résistance des poutres à la torsion était effectivement nulle. Mais, en pratique, cette hypothèse s'éloigne d'autant plus de la réalité que l'épaisseur de la paroi est plus grande, et les renforts ou montants plus robustes et plus nombreux.

En tous cas, l'angle de déversement est d'autant plus faible que la hauteur des poutrelles est plus grande. Il y a donc intérêt à réaliser des poutrelles ayant une grande rigidité.

En ce qui concerne la rivure de l'assemblage des poutrelles sur les poutres, le calcul de la rivure, basé sur la seule résistance à l'effort tranchant, peut conduire à des mécomptes sérieux, parce que le couple d'encastrement fait travailler les rivets à l'arrachement des têtes.

En pratique, quand les poutrelles ont une hauteur suffisante: le 1/8 ou le 1/10 de leur portée, le taux de travail au cisaillement des rivets d'assemblage est toujours faible et il est inutile de calculer les efforts d'extension.

Au contraire, quand les poutrelles ont une faible hauteur, eu égard à leur portée, on doit toujours calculer la rivure d'assemblage à l'encastrement. Suivant la plus ou moins grande rigidité transversale des poutres, on attribuera au moment d'encastrement une fraction plus ou moins élevée de sa valeur théorique.

La façon de conduire ce calcul est exactement la même que celle qui a été exposée dans la première partie, pour les assemblages à croisement simple;

2º *Hypothèse de la discontinuité des longerons.* — Les longerons étant fixés sur les poutrelles par des assemblages rivés, il y a en réalité une continuité due à la rigidité des assemblages.

Quand une série de charges se trouvent appliquées sur un longeron, les poutrelles qui comprennent ce longeron fléchissent en entraînant les longerons et les poutrelles voisines.

Cet effet est d'autant plus accentué que les poutrelles sont plus rapprochées.

En résumé, les hypothèses couramment adoptées pour le calcul des poutrelles n'offrent aucun inconvénient pour le calcul des sections. Pour des hauteurs de poutrelles normales, elles n'en offrent également aucun en ce qui concerne les assemblages. Il n'y a que dans le cas des poutrelles basses fortement chargées qu'il faut vérifier la rivure des attaches et étudier des dispositions propres à empêcher le fléchissement latéral des poutres.

SECTIONS DES POUTRELLES

Dans les ouvrages faiblement chargés, on peut constituer la section des poutrelles par deux U accolés en double T laminé.

Pour les ponts-rails à voie normale, on a toujours recours à des sections composées, formées d'une âme de quatre cornières avec ou sans semelles.

On a fait quelquefois des poutrelles à treillis. Cette disposition n'est admissible que si la portée, c'est-à-dire l'écartement des poutres est grand et si on dispose également d'une grande hauteur.

Les poutrelles sont généralement à hauteur constante pour faciliter l'exécution. C'est seulement dans certains ponts-routes qu'on trouve des poutrelles dont la partie supérieure a la courbure du profil transversal de la chaussée.

Assemblage des poutrelles sur les poutres a ame pleine

Les principaux modes d'assemblages sont représentés sur les figures ci-après :

Fig. 118. Assemblage direct sur une poutre de même hauteur.

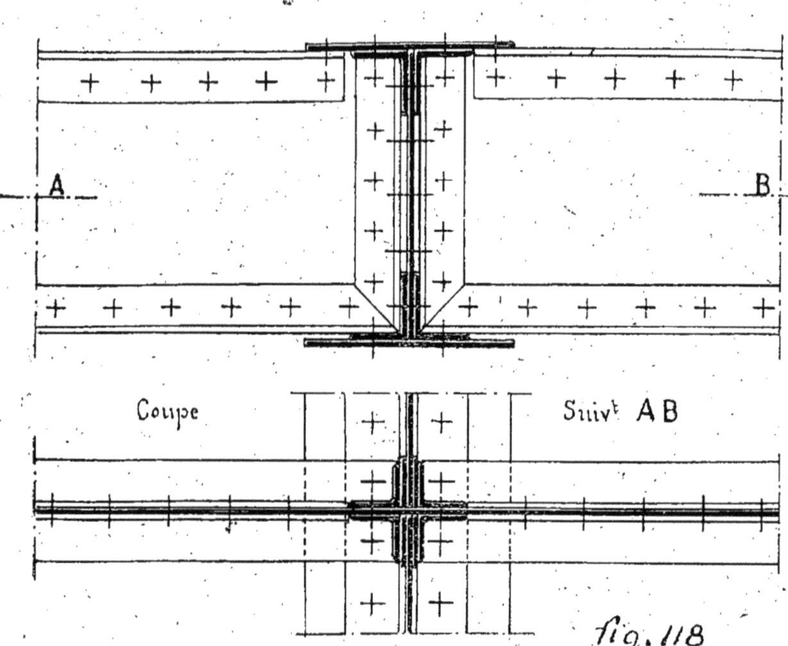

Fig. 119. Cet assemblage se rencontre fréquemment dans les anciens ponts. Si on calcule le travail à l'extension des rivets, on trouve généralement des valeurs considérables. Aussi ces assemblages sont-ils souvent desserrés. Ils sont à proscrire d'une façon absolue.

Fig. 120. Cet assemblage est meilleur que le précédent, parce que les cornières d'attache sont poursuivies sur toute la hauteur de la poutre. Mais il est encore insuffisant.

Fig. 121. L'assemblage comporte un gousset découpé remplaçant l'âme de la poutrelle aux extrémités. Ce gousset est attaché par les cornières verticales sur les âmes des poutres, et sur les semelles par des équerres comportant chacune un rivet qui travaille au cisaillement.

La forme découpée du gousset, outre qu'elle entraîne un déchet assez appréciable, enlève à ce dernier une grande partie de son efficacité ou point de vue de l'encastrement.

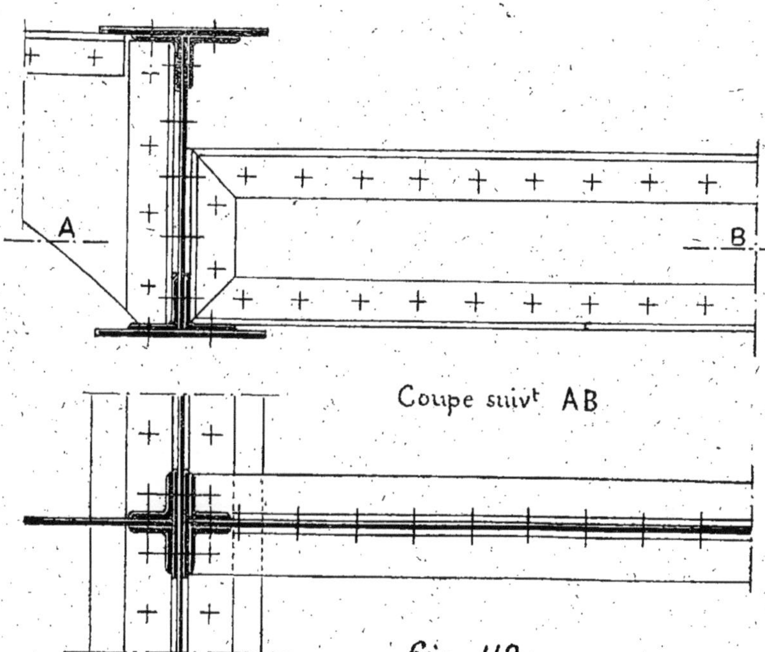

Fig. 122. Attache par gousset. Ce mode d'assemblage est fréquemment employé.

Fig. 123. Même type d'assemblage que le précédent, amélioré par la présence des équerres d'attache sur les semelles des poutres.

C'est l'assemblage le meilleur.

Le calcul de la rivure s'effectue de la façon suivante:

Soient:

m le nombre des rivets fixant les cornières longitudinales supérieures ou inférieures de la poutrelle sur le gousset;

m' le nombre des rivets fixant les cornières verticales d'attache du gousset sur la poutre;

T l'effort tranchant ou la réaction à l'extrémité de la poutrelle;

T' l'effort tranchant moyen sur la longueur a.

Elévation

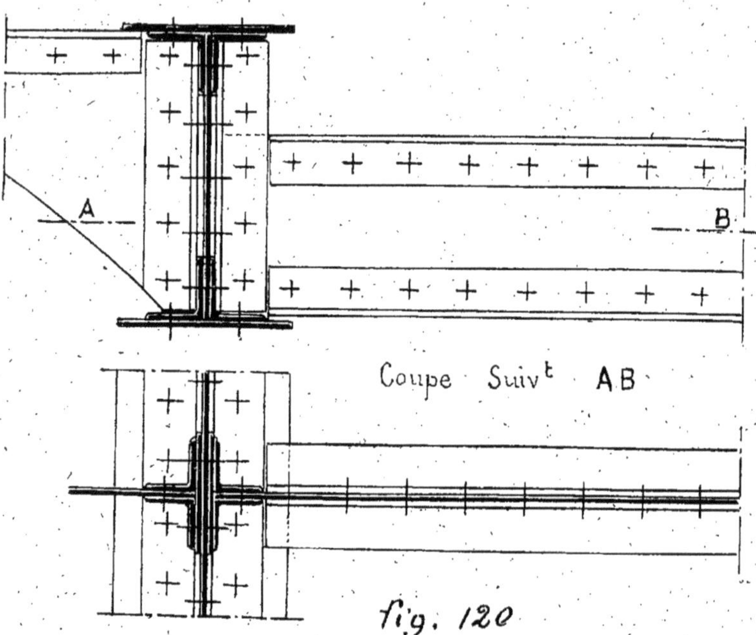

L'effort de glissement total pour la longueur a a pour expression:

$$F = a \frac{T'S}{I},$$

S désignant le moment statique des cornières, I le moment d'inertie de la section entière de la poutrelle par rapport à son centre de gravité.

Cet effort est supporté par m rivets travaillant à double section. On doit donc avoir

$$2\,m\,\omega\,r \geqq F$$

ω étant la section d'un rivet, r le travail unitaire admissible au cisaillement des rivets.

Les m' rivets d'attache des cornières verticales sur la poutre se déterminent facilement par la condition

$$2 m' \omega r \geqq \text{T}.$$

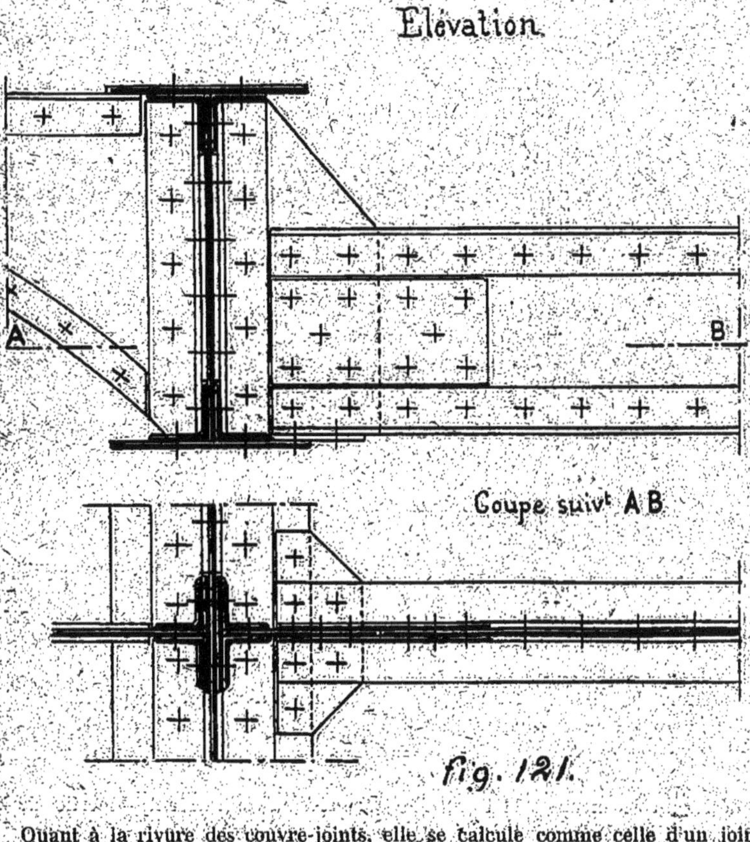

Elevation.

Coupe suiv^t A B

fig. 121.

Quant à la rivure des couvre-joints, elle se calcule comme celle d'un joint d'âme.

Nous avons exposé précédemment le calcul du travail à l'extension des rivets, sous l'influence du moment d'encastrement M.

Nous rappelons pour mémoire la formule qui donne ce travail:

$$R = \frac{Mh_1}{\dfrac{L\,v'}{3} + psi + p\omega \sum_1^s h^2} \; ;$$

p sera égal à 2.

Elévation

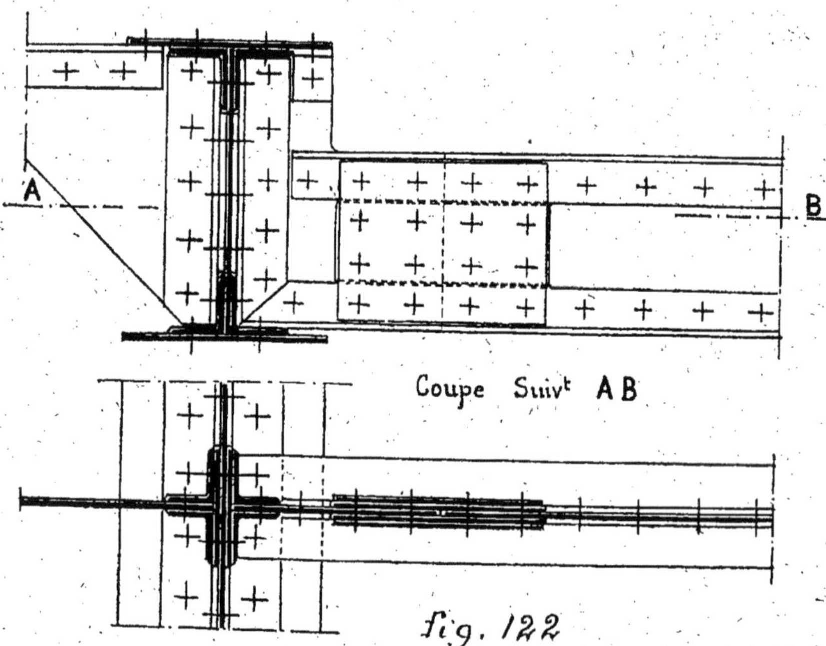

Cette expression montre que si on augmente la hauteur d'attache, R diminue. Dans le dénominateur de R, le troisième terme est en effet le plus important. Lorsque la hauteur de la poutre augmente, h augmente, mais comme h entre au carré dans le dénominateur, R diminue.

Les figures 124 à 129 représentent des attaches de poutrelles sur des poutres hautes, pour des ponts à voie inférieure, intermédiaire ou supérieure. Tous ces assemblages sont réalisés par goussets.

La figure 130 représente l'attache d'une poutrelle formée de deux U accolés non jointifs.

1º *Poutres à treillis avec montants.* — L'assemblage se fait à l'aide de goussets.

La figure 131 représente un assemblage sur une poutre à membrure simple, la figure 132 sur une poutre à membrure double;

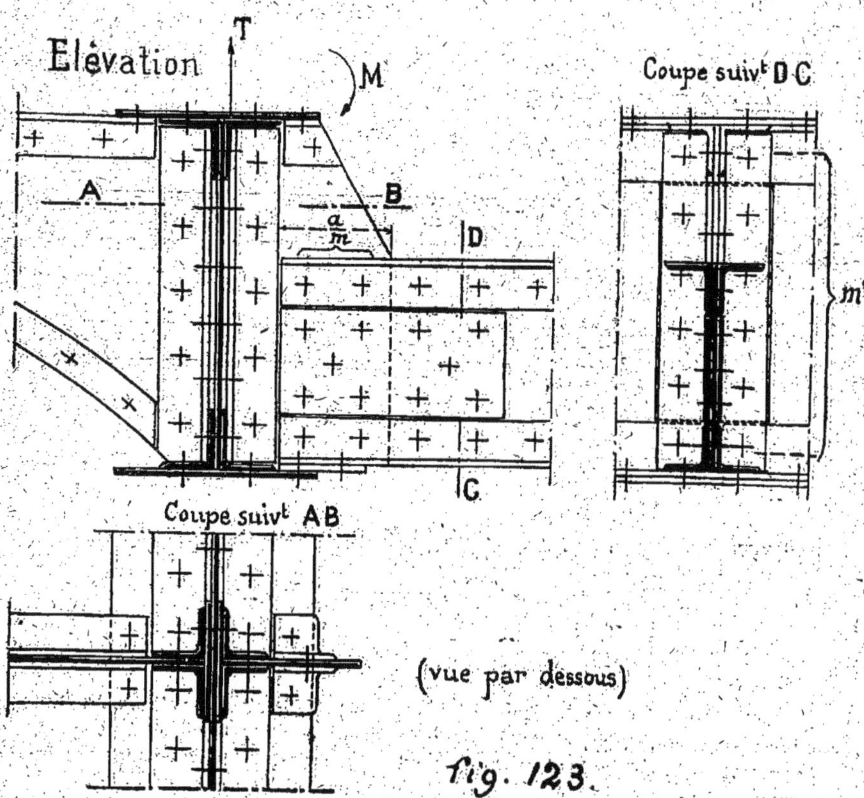

2º *Poutres à treillis sans montants.* — La hauteur de l'assemblage, dans ce cas, est limitée à la hauteur de la membrure. L'assemblage se fait encore comme précédemment, mais l'assemblage rigide est peu à recommander, car la membrure fatigue beaucoup par l'effet de la torsion. On diminuera beaucoup le couple de torsion en diminuant la hauteur des poutrelles vers leurs extrémités.

Elévation

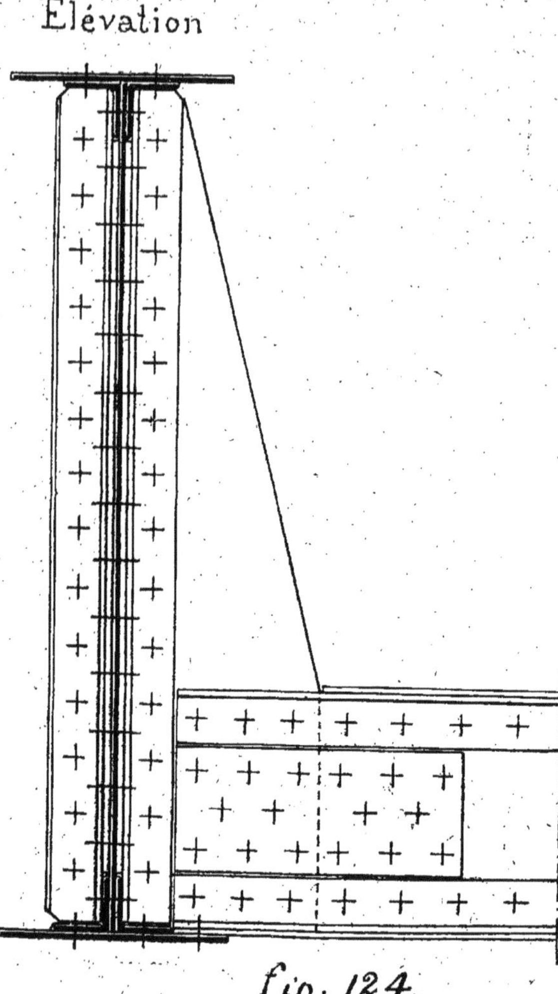

fig. 124.

POUTRELLES ARTICULÉES SUR LES POUTRES

L'assemblage par articulation des poutrelles sur les poutres a été réalisé pour des ponts de grande portée à treillis sans montants.

La membrure était à âme double. Au droit des poutrelles, les deux membrures simples sont réunies par une entretoise robuste qui porte un appareil

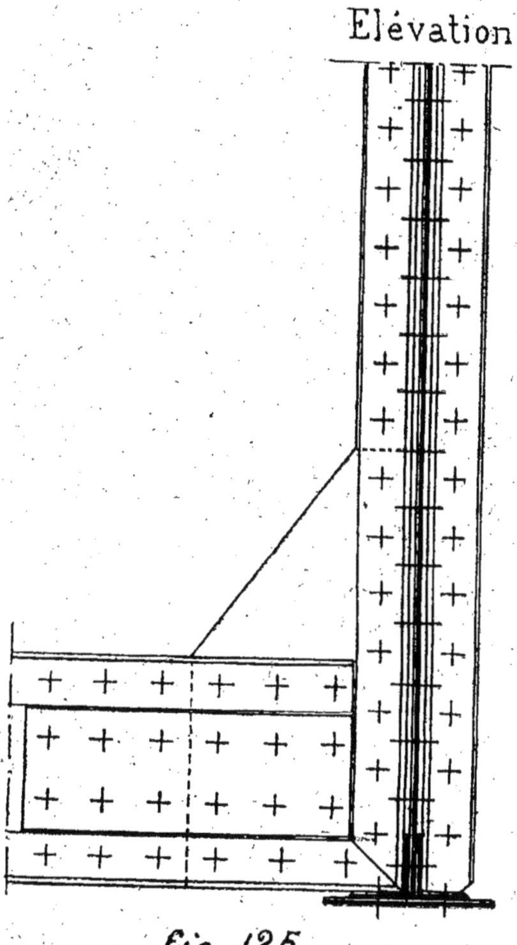

fig. 125

d'appui à balanciers et à rotule. La torsion des membrures est ainsi supprimée.

Elévation

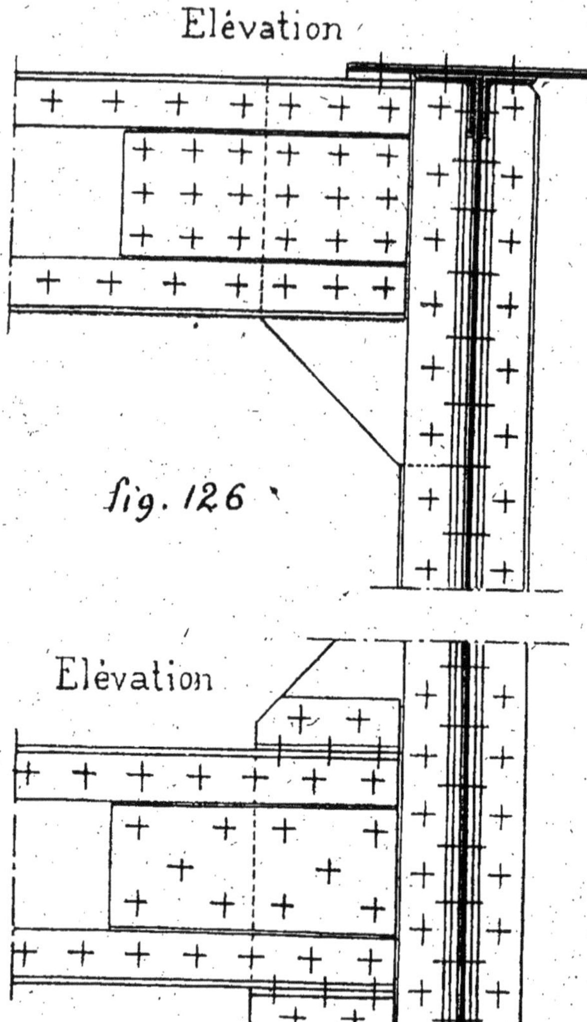

fig. 126

Elévation

Fig. 127

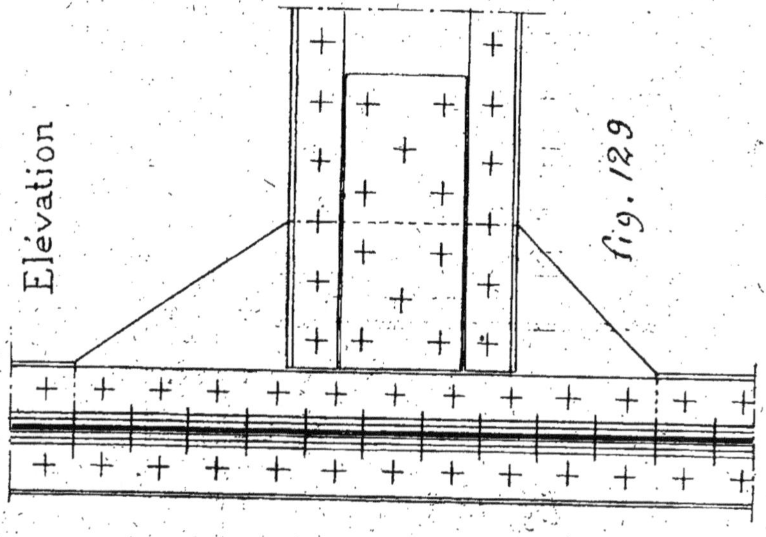

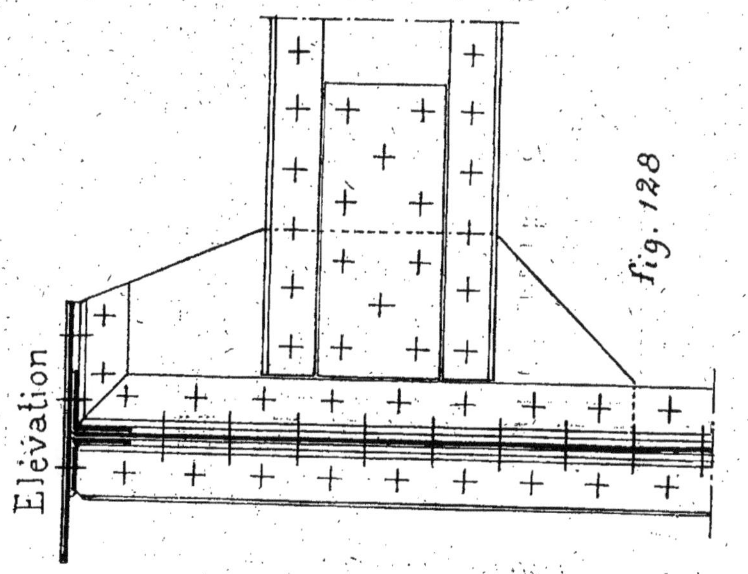

fig. 128

fig. 129

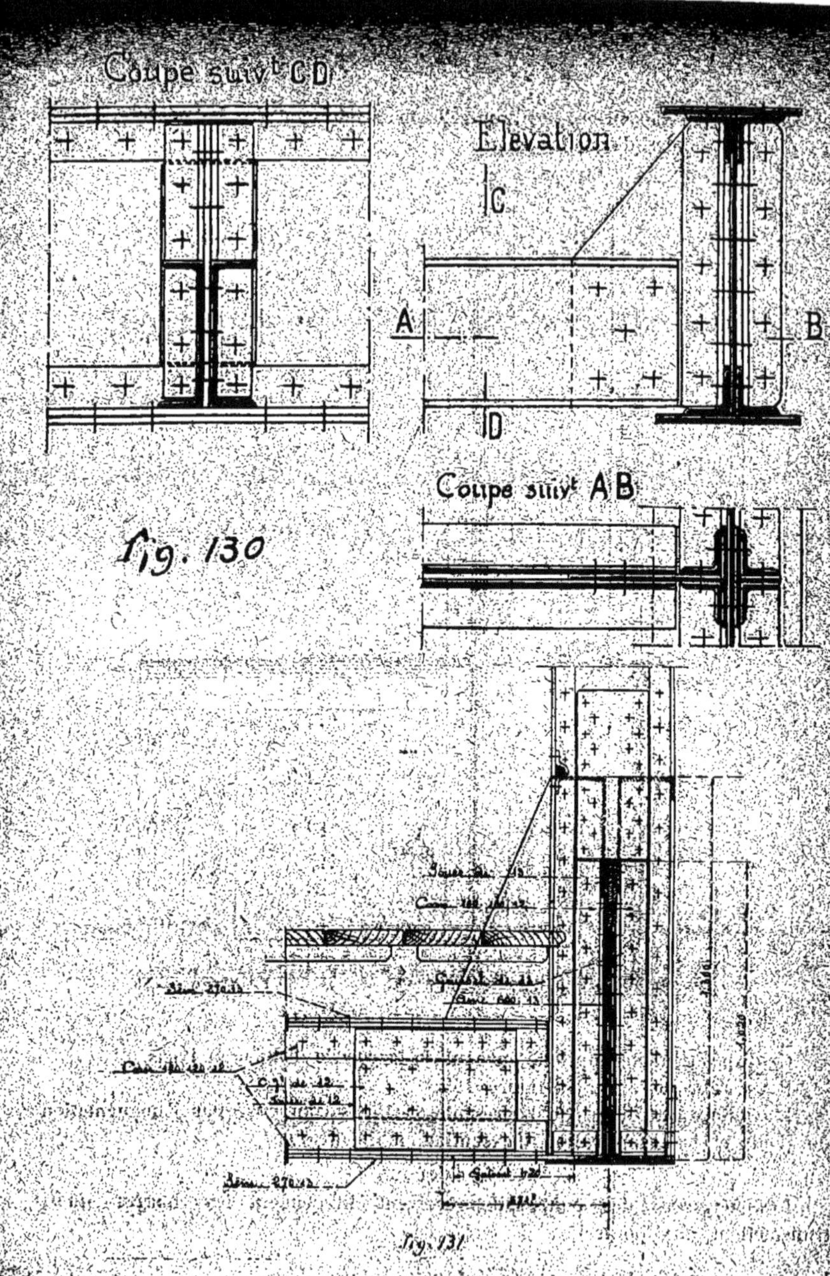

Coupe suiv^t C D
Elevation
C
A
B
D
Coupe suiv^t A B
Fig. 130
Fig. 131

Dans cette disposition, les poutrelles n'entretoisent plus les poutres, il faut des pièces spéciales d'entretoisement.

Elévation

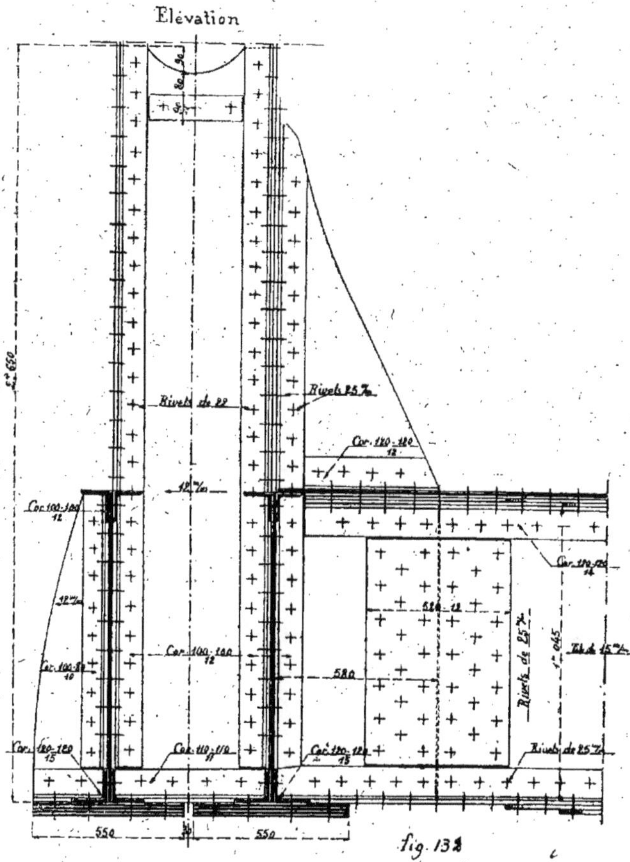

fig. 133

Ce dispositif a été appliqué au pont de la rue de Tolbiac, à Paris.

Il est représenté sur la figure 133.

L'avantage théorique qu'il présente n'est pas compensé par l'augmentation du poids et la complication d'exécution qu'il entraîne.

Longerons

Les longerons des ponts-rails reçoivent directement les charges qu'ils transmettent aux poutrelles.

On admet généralement dans le calcul qu'ils sont librement appuyés sur celles-ci.

Cette hypothèse conduit à une section trop forte. Elle n'offre donc pas d'inconvénient à ce point de vue. Il n'en est pas de même en ce qui concerne l'assemblage sur les poutrelles. En réalité, il y a encastrement partiel et une partie des rivets travaille à l'arrachement des têtes. Il y a donc lieu de faire

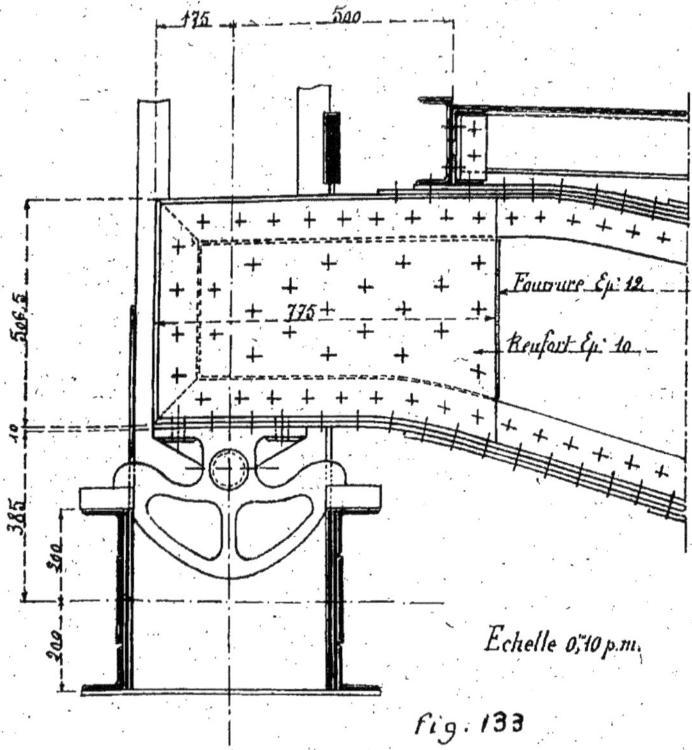

fig. 133

un calcul analogue à celui que nous avons exposé pour l'assemblage des poutrelles sur les poutres, surtout lorsque les longerons ont peu de hauteur.

On pourrait calculer les longerons comme continus ou comme encastrés, à condition de réaliser effectivement la continuité ou l'encastrement, ce qui est en général possible.

Mais le renforcement des assemblages, auquel conduit cette hypothèse de calcul, compense le plus souvent, et même au-delà, ce que l'on gagne sur la réduction de la section. Pour qu'il y ait réellement économie, il faut que la portée des longerons soit d'au moins 5 à 6 mètres, ce qui implique des poutres à treillis à très grandes mailles et, par conséquent, de grande portée.

SECTIONS DES LONGERONS

On emploie toujours des sections en double T soit formé de deux U accolés (ce qui est très rare); soit laminé (encore peu commun), et le plus souvent composé d'une âme de quatre cornières avec ou sans semelles.

Très souvent, on trouve des longerons n'ayant qu'une semelle, placée à la partie supérieure. Cette semelle est nécessitée par l'attache de la voie. On peut la négliger dans le calcul de la section.

Les longerons sont toujours à âme pleine.

ATTACHES DES LONGERONS SUR LES POUTRELLES

Il y a deux cas à distinguer, suivant que les longerons ont même hauteur que les poutrelles ou sont moins hauts.

1er *Cas.* — Les longerons ont même hauteur que les poutrelles.

On s'oppose à l'effort d'arrachement des têtes des rivets d'attache des cornières verticales à l'aide d'un gousset horizontal rivé à la partie supérieure (fig. 134).

Sous l'effet du couple d'encastrement, ces rivets travaillent au cisaillement.

Très souvent, on place un autre gousset à la partie inférieure.

La figure 135 représente le détail de cette disposition, avec cette particularité que le gousset prend la place d'une des semelles de la poutrelle. La section de la semelle coupée est remplacée par un couvre-joint.

Fig. 134

Cette disposition présente un inconvénient. Le gousset doit être rivé d'avance sur la poutrelle et risque de se fausser en cours de transport.

Mais, d'autre part, lorsque les poutrelles présentent des épaisseurs de semelles assez fortes, la disposition avec le gousset rivé par dessus les semelles conduit à interposer de gros paquets de fourrures, qu'on peut éviter par l'assemblage précédent.

La figure 136 représente une variante dans laquelle le gousset inférieur est en deux parties. Le gousset supérieur est constitué par le platelage en tôle.

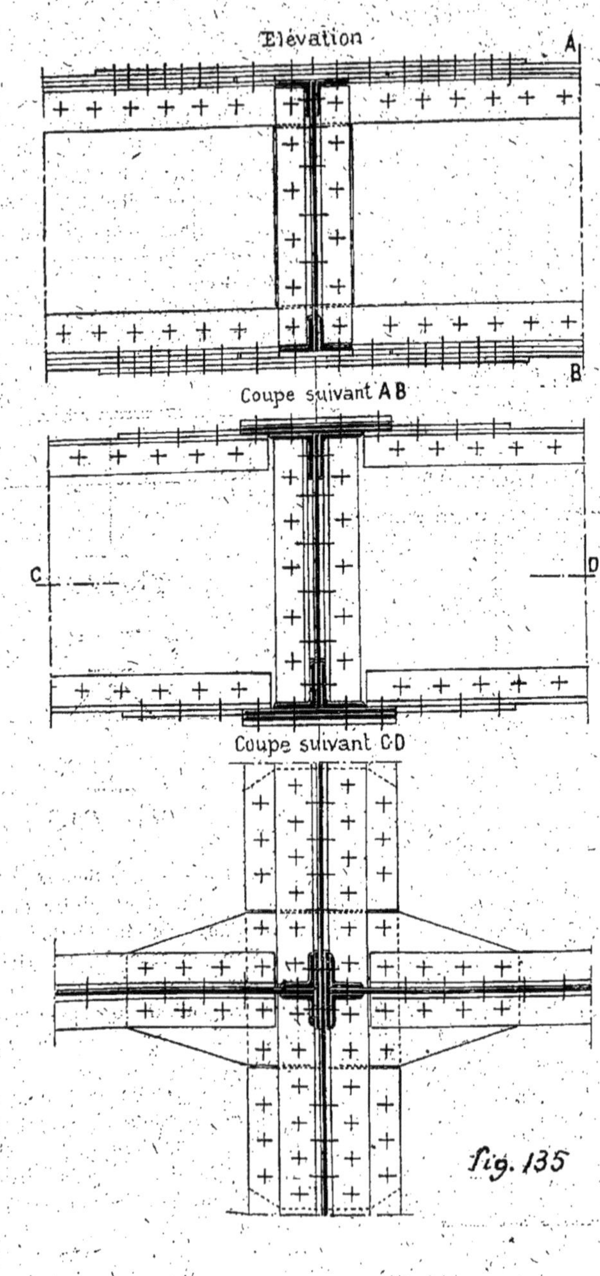

Élévation
A
B
Coupe suivant A B
C
D
Coupe suivant C D
fig. 135

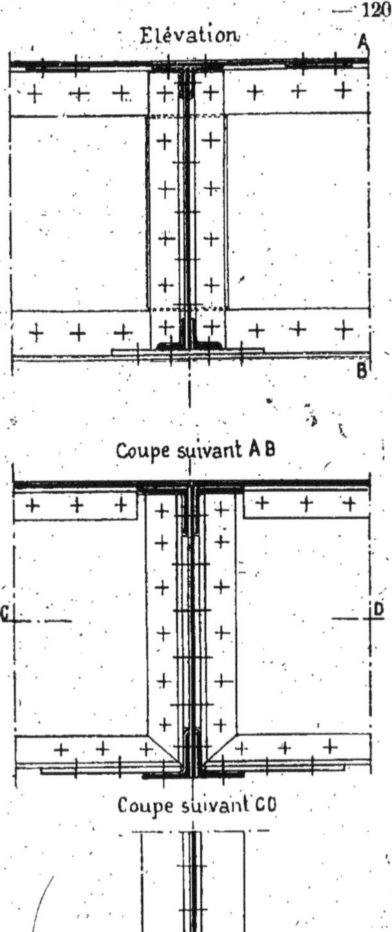

Elévation

Coupe suivant A B

Coupe suivant C D

fig. 136

2ᵉ *Cas.* — Les longerons sont moins hauts que les poutrelles.

Les longerons peuvent être assemblés à la partie haute ou à la partie basse des poutrelles (fig. 137 et 138).

Ces deux dispositions ne sont pas équivalentes au point de vue de l'encastrement.

Dans la première, on peut mettre à la partie supérieure un gousset hori-

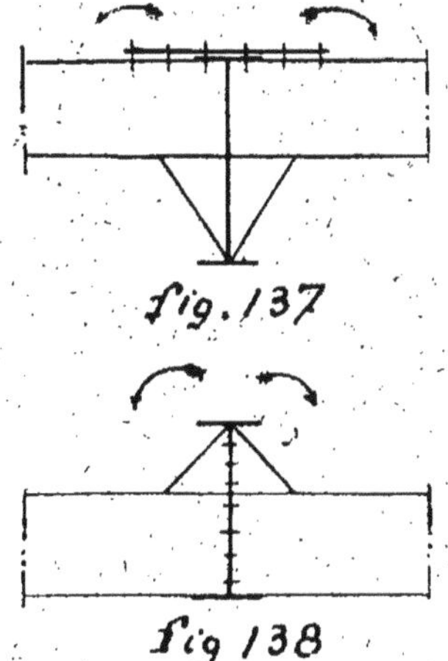

fig. 137

fig. 138

zontal comme précédemment, ce qui a pour effet d'introduire des rivets travaillant au cisaillement.

Dans la seconde, les rivets travaillent à l'extension et les poutrelles sont en général trop basses pour que le travail de ces rivets n'atteigne pas une valeur exagérée.

Ce mode d'attache ne peut s'appliquer qu'aux ponts faiblement chargés. La figure 139 donne le détail d'une attache de longeron à la partie supérieure d'une poutrelle.

— 121 —

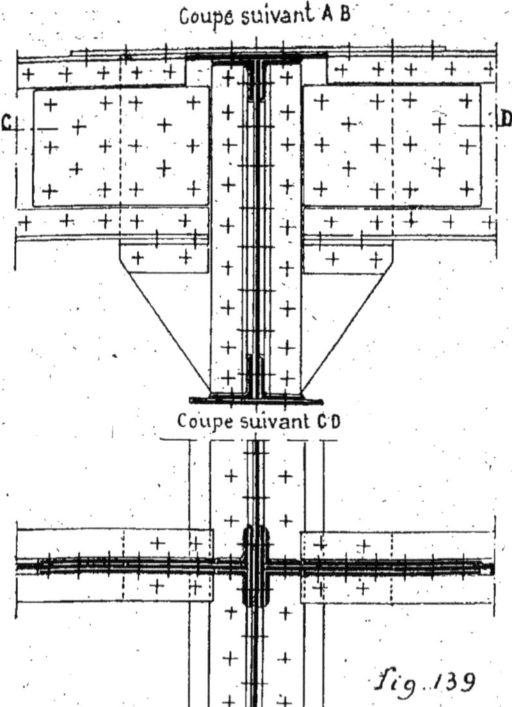

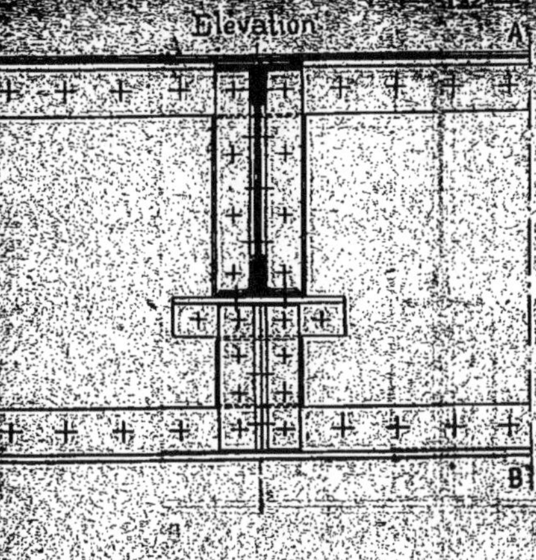

Dans celle de la figure 140, le gousset supérieur est remplacé par le platelage en tôle. Les deux cornières, dites tasseaux, rivées sur l'âme de la poutrelle, sous le longeron, servent à appuyer le longeron et facilitent le montage.

On réalise la continuité des longerons à l'aide des goussets horizontaux placés à la partie supérieure.

La section de ces goussets et leur rivure doivent être calculées pour résister à la composante horizontale du couple d'encastrement.

Lorsque l'espacement des poutrelles dépasse 3 mètres, il est bon d'entretoiser les longerons soit par un treillis à plat placé à leur partie supérieure ou inférieure, soit par des cadres transversaux à treillis, afin de maintenir leur écartement invariable.

POSE DE LA VOIE ET PLANCHER DES PONTS-RAILS

La voie, sur les ponts-rails, est posée soit sur traverses, soit sur longrines.

1° *Pose de la voie sur traverses.* — Les traverses ont 0m14 d'épaisseur minimum, 0m22 à 0m24 de largeur et 2m50 de longueur pour la voie normale.

Dans les anciens ponts, les traverses étaient simplement fixées par deux boulons verticaux posés en quinconce sur chaque longeron (fig. 141). Cet assemblage est très médiocre, parce que les boulons ne peuvent s'opposer au ripage transversal de la voie ou à des déplacements longitudinaux.

Il est de beaucoup préférable de fixer les traverses, par des boulons hori-

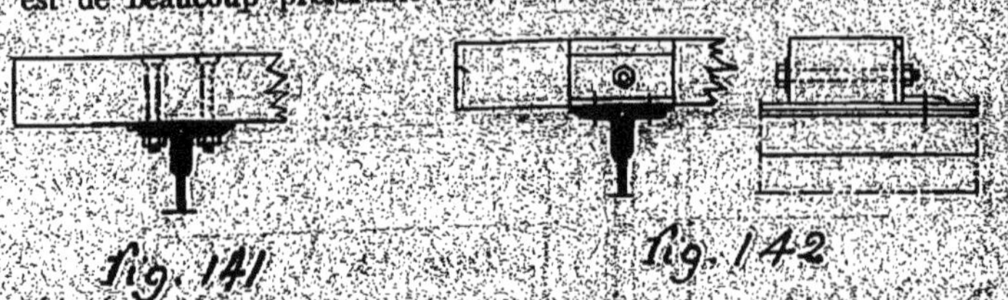

fig. 141   fig. 142

zontaux, à des équerres rivées sur les longerons (fig. 142) et pénétrant dans une encoche de la traverse.

La figure 143 représente une autre disposition avec étriers forgés rivés

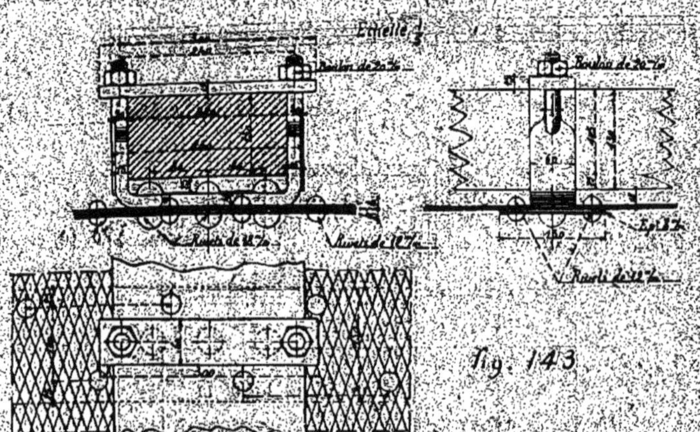

fig. 143

sur le platelage en tôle. Ces étriers s'opposent, mieux que les boulons, au déplacement des traverses.

La figure 144 représente un dispositif analogue avec brides horizontales en plats maintenues par des boulons à crochet. Le desserrage des écrous est empêché par des rondelles Grover, les brides sont placées alternativement d'un côté et d'autre du rail.

2° *Pose de la voie sur longrines.* — Les longrines ont une épaisseur minimum de 0m14 et une largeur de 0m30 à 0m35.

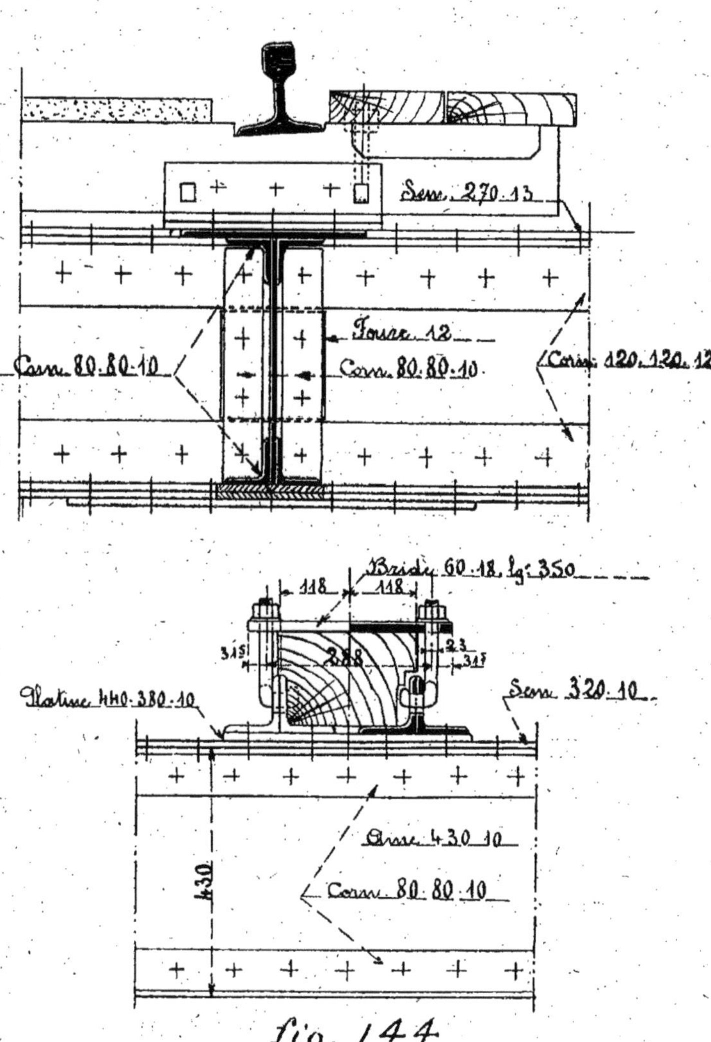

Serr. 270.13
Fosse. 12
Corn. 80.80.10
Corn. 80.80.10
Corn. 120.120.12
Brides 60.18. lg. 350
118
118
345
388
23
345
Platine 440.380.10
Serr. 320.10
430
Serr. 430.10
Corn. 80.80.10

fig. 144

Considérons une roue de véhicule reposant sur un rail fixé sur une longrine.

Cette roue, en outre de sa charge verticale, exerce un effort transversal F sur le rail (fig. 145).

La force F peut être transportée dans le plan ab, à condition d'ajouter un couple de moment C.

Donc, les attaches des longrines doivent s'opposer à un effort de glissement et à un couple de renversement.

On peut attacher les longrines, comme les traverses, par des boulons

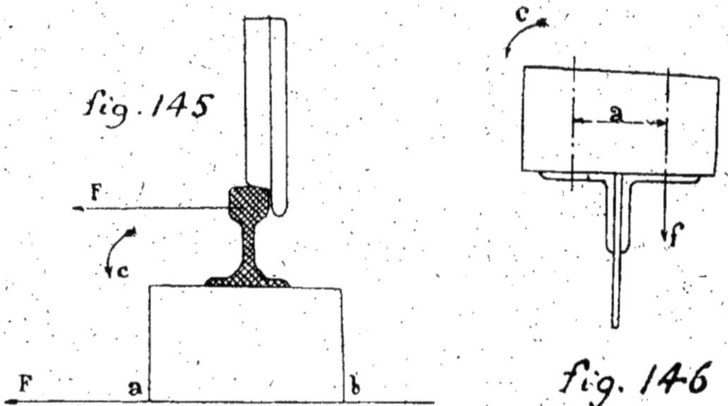

verticaux (fig. 146). Si on désigne par f la résistance du boulon à l'arrachement, il faut qu'on ait

$$fa \geqq C.$$

Ceci conduirait à prendre des boulons d'un diamètre exagéré ou à trop les rapprocher, car le moment du couple de renversement est important.

En outre, les écrous, de même que pour les traverses, ne peuvent être facilement visités.

Pour résister au glissement, on épaule la longrine par une cornière longitudinale placée à l'extérieur (fig. 23). Les longrines sont fixées sur ces cornières par des boulons traversiers.

Pour s'opposer au basculement, on place entre deux attaches, par boulons traversiers, un étrier qui pénètre dans une entaille pratiquée à la partie supérieure de la longrine et fixé par des boulons. Ces boulons sont différents, l'un d'eux a une tête aplatie qui permet de l'engager dans un trou rectangulaire du platelage en tôle. En le faisant tourner de 90°, on ne peut plus le sortir et il n'y a plus qu'à serrer l'écrou. Le second boulon porte une tête trapézoïdale qui s'engage dans une pièce spéciale en acier moulé (fig. 147).

Actuellement, on supprime la pièce en acier moulé et on se sert de boulons à crochets comme pour la fixation des traverses. Cette solution est plus simple et plus économique;

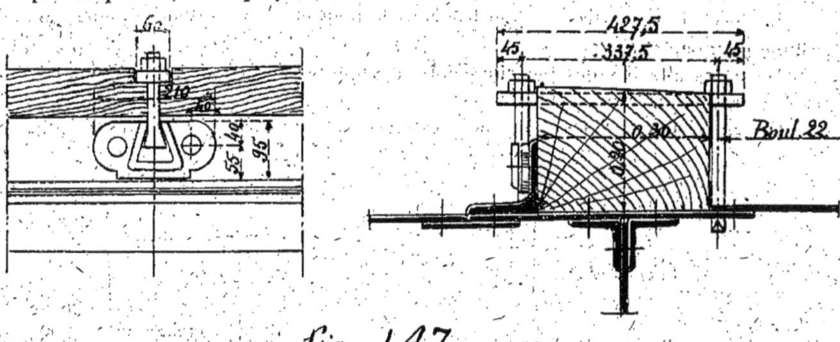

fig. 147

3° *Contre-rails et cornières*. — Dans les voies élevées, au-dessus de vallées profondes, on place des contre-rails pour prévenir les conséquences des déraillements. Ces contre-rails peuvent être constitués par une pièce de bois placée à une faible distance du rail, à l'extérieur de la voie, de façon à former une ornière.

Dans les ponts importants, au pont du Forth, par exemple, on a réalisé de véritables ornières en tôles et cornières. Les longerons ont une forme de poutre à caissons dont les parois latérales encadrent chaque rail comme deux contre-rails, extérieur et intérieur;

4° *Transmissions des charges aux longerons*. — Si l'on considère une longrine ou une traverse reposant sur un longeron formé simplement d'une âme et de quatre cornières (fig. 148), le poids d'une roue est transmis pour la majeure partie, à l'âme du longeron, par l'intermédiaire des rivets assemblant les cornières supérieures sur l'âme. Mais on ignore par combien de rivets cette transmission s'effectue. Il en résulte, pour les rivets, une fatigue supplémentaire qui s'ajoute à celle produite par le glissement longitudinal. Cette fatigue secondaire est aggravée par l'action dynamique des charges qui sont animées de vitesses importantes. Il en résulte que la rivure longitudinale supérieure du longeron travaille dans de très mauvaises conditions, et que les rivets sont sujets à s'ébranler rapidement. Il est indispensable de compléter la section

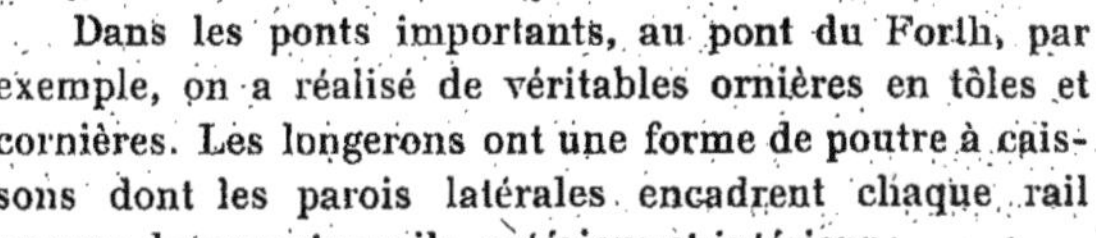

fig. 148

du longeron par une semelle
placée sur les cornières supérieures et contre laquelle l'âme
devra être soigneusement
ajustée.

Pour les traverses, cette
semelle peut être remplacée
par des platines placées sous
les traverses, comme il a été
indiqué ci-dessus.

Dans ces conditions, la
charge des roues est transmise
en majeure partie directement
à l'âme.

PLANCHER DES PONTS

1° *Plancher en bois*. — La
figure 149 représente un pont
de 4 mètres de portée, à voie
normale posée sur les longrines, avec plancher en bois.

Les planches du platelage
sont clouées sur des fourrures en
bois reposant sur les poutrelles.

Lorsque la voie est posée
sur traverses, les planches du
platelage sous voie reposent
directement sur les traverses.

Le platelage des accote-
ments peut être posé comme
dans l'exemple précédent, avec
planches placées longitudinalement, ou transversalement,
comme dans le cas du pont à
voie inférieure représenté sur
la figure 24.

Le plancher en bois doit
être protégé des incendies que
peuvent provoquer les escarbilles incandescentes projetées
hors des foyers des machines.

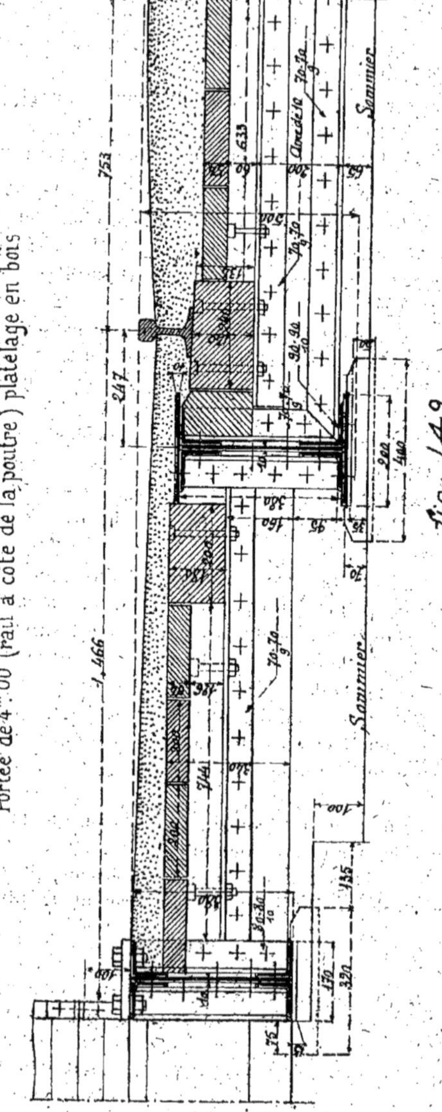

On a employé, dans ce but, là tôle mince, de 1 m/m à 1,5 m/m d'épaisseur, vissée sur les bois du plancher. Le résultat obtenu a été mauvais, parce que le bois pourrit et que les vibrations de la tôle produisent un ferraillement intense.

Il est préférable de répandre sur le plancher une couche de gros gravier de 8 à 10 c/m d'épaisseur.

Le plancher en bois s'use vite. On peut compter que sa durée moyenne est de 5 ans;

2° *Plancher en tôle*. — On emploie soit de la tôle lisse, de 6 à 8 m/m d'épaisseur, ou de la tôle striée à losanges définie par son poids au mètre carré. Les poids courants des échantillons fabriqués en forges sont: 45, 55 et 65 kgs.

Les tôles de plancher ou platelage sont rivées directement sur les longerons et les poutrelles, lorsque ces pièces ont une section en double T sans semelles, soit arrêtées contre les semelles auxquelles elles sont réunies par un plat appelé plat support de tôles (fig. 25). Elles sont assemblées sur les poutres à âme pleine à l'aide d'une cornière (fig. 22, 23, 25),

Quand les poutres sont a treillis, les membrures inférieures peuvent être de même hauteur que les poutrelles. La tôle du platelage est alors rivée sur une cornière, elle-même rivée à la partie supérieure de l'âme de la membrure.

Si les membrures sont moins hautes que les poutrelles, on assemble les tôles sur une petite poutrelle de rive qui s'assemble sur les montants.

Lorsque les poutrelles sont espacées, on raidit les tôles par des cornières ou des T laminés rivés dessous, afin d'éviter leur flexion.

Les joints de tôle se font à l'aide de couvre-joints en plats ou en T laminés.

Pour éviter l'infiltration de l'eau dans les joints, il est bon de prévoir un double couvre-joint. Cette précaution est bien rarement observée et, par mesure d'économie, on supprime presque toujours le couvre-joint supérieur.

Pour assurer l'écoulement de l'eau, on perce des trous (du diamètre des trous de rivets) de place en place.

Les rivets d'assemblages des tôles de plancher étaient autrefois très espacés et de petit diamètre. On prenait, le plus souvent

$$D = 16 \text{ m/m} ; \quad \Sigma = 200 \text{ m/m à } 250 \text{ m/m}.$$

Il en résulte que les tôles qui sont en continuelle vibration, au passage des trains, finissent par être rongées par les rivets.

Il faut employer des rivets de 18 à 20 millimètres et les serrer autant que dans le reste de la construction. Les vibrations des tôles ont alors beaucoup moins d'amplitude et le phénomène précédent ne se produit plus.

PLANCHERS SPÉCIAUX

Dans les ponts situés à grande hauteur, on constitue le plancher par des profilés, dans le but d'éviter la chute des machines en cas de déraillement.

On a surtout employé des fers Zorès.

Au voisinage des gares, on a souvent avantage à poser la voie des ponts sur ballast.

On emploie dans ce cas, des dispositions analogues à celles des ponts-routes :

Les voûtes en briques,

Les tôles embouties,

Le béton armé.

DILATATION DE LA VOIE

Dans les ponts de grande portée, on intercale, dans les files de rails, des appareils compensateurs de dilatation qui assurent la continuité de la voie sans gêner le mouvement de dilatation du tablier.

CHAPITRE III

PONTS-ROUTES

Dispositions générales des ponts-routes

La voie de communication à supporter par les ponts-routes comprend toujours une chaussée et deux trottoirs. Dans quelques cas, elle peut comprendre simultanément une voie ferrée.

La largeur de la chaussée se détermine d'après le nombre des files de voitures qu'on veut pouvoir y faire passer de front.

On compte   2 m. 50 à 3 m. pour une seule file,

           5 », à 6 m. pour deux files,

           7 » à 8 m. pour trois files,

La chaussée a un profil transversal courbe. Le bombement de la chaussée est égal au rapport de la flèche à la corde. Ce bombement, sur la plupart des ponts actuels, varie entre 1/50 et 1/80. Actuellement, on prend une valeur plus faible qui est généralement 1/100.

La largeur minimum des trottoirs est de 0^m50. Cette largeur est naturellement fonction de l'intensité de la circulation.

La face supérieure des trottoirs est réglée en pente de 0^m02 à 0^m04 par mètre vers la chaussée, pour assurer l'écoulement des eaux.

La hauteur des bordures de trottoirs, au-dessus du fond des caniveaux, varie de 0^m10 à 0^m20.

Ponts de faible portée et de grande largeur

L'ossature de ces ponts est simplement constituée par une série de poutres placées sous la chaussée (fig. 150).

Celle-ci est supportée par des voûtes en briques prenant appui sur les poutres. Pour résister à la poussée des voûtes, on réunit les trois poutres extrêmes, de chaque côté, par des entretoises.

On peut encore fixer un point C de la dernière poutre, en le réunissant aux appuis de la deuxième poutre.

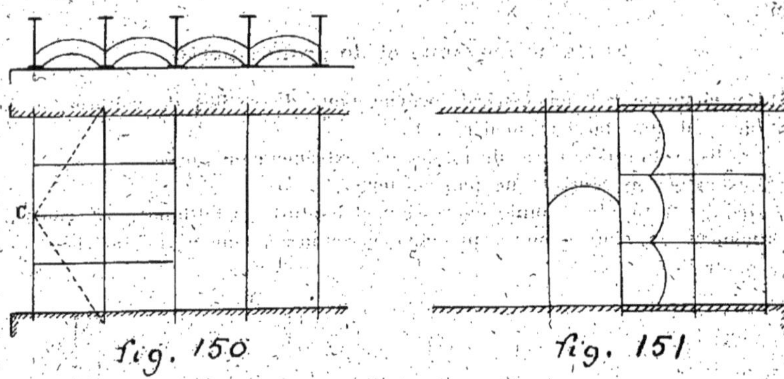

fig. 150   fig. 151

On peut enfin, dans les deux dernières travées, de chaque côté, mettre des poutrelles et placer les voûtes en sens inverse (fig. 151).

Ponts de faible portée et de faible largeur

Lorsque la chaussée ne doit donner passage qu'à une seule file de voitures, l'ossature se compose de deux poutres placées sous les trottoirs, près des bordures, reliées par des poutrelles (fig. 152).

Cette disposition peut aussi s'employer pour une chaussée à deux files de voitures, à condition que la hauteur disponible soit suffisante pour loger les poutrelles.

fig. 152

Dans le cas contraire, on place une ou deux poutres intermédiaires (fig. 153

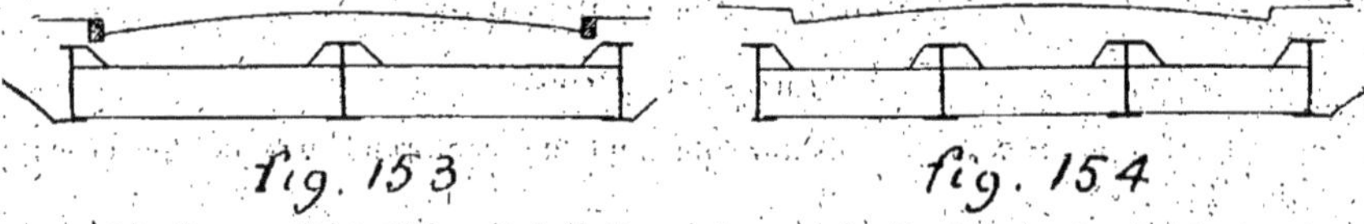

fig. 153   fig. 154

et 154). La position des poutres intermédiaires se détermine d'après la position des surcharges. On s'arrange pour que les différentes poutres soient à peu près également chargées.

Les trottoirs sont supportés par des longerons de rive reposant sur des consoles également espacées sur la longueur du pont.

Si les trottoirs sont très larges, on peut placer une nouvelle poutre sous chacun d'eux, ce qui permet de diminuer l'importance des consoles (fig. 155).

Ponts de moyenne et de grande portée

La chaussée est en général prévue pour deux files de voitures, et les trottoirs ont une largeur modérée.

La disposition des pièces du tablier est extrêmement variée.

Les longerons peuvent ne pas exister.

Réduite à sa plus simple expression, l'ossature métallique peut consister uniquement en deux poutres principales réunies à leur partie inférieure par des poutrelles.

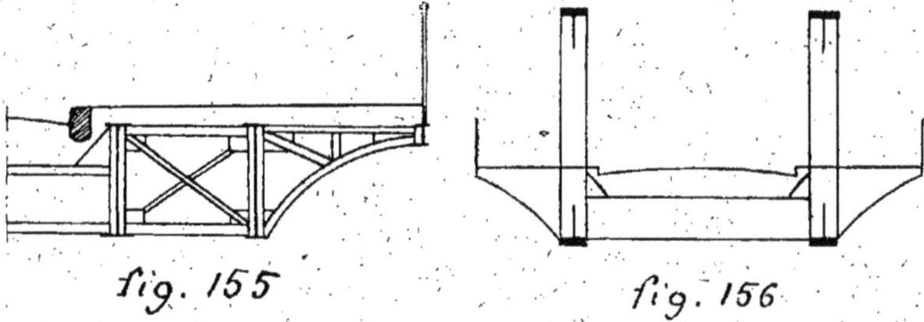

fig. 155   fig. 156

Une disposition économique consiste à placer les trottoirs en encorbellement, en dehors des poutres principales. On réduit ainsi la portée des poutrelles; en outre, le poids des trottoirs crée un encastrement de sens inverse à celui des poutrelles, et s'oppose ainsi au fléchissement latéral et à la torsion des poutres (fig. 156).

Les poutres à treillis employées pour les ponts-routes sont les mêmes que pour les ponts-rails.

Chaussée des ponts-routes

Chaussée en bois

1° *Sur poutrelles*. — L'ossature du pont ne comprend pas de longerons (fig. 157).

La chaussée est constituée par des madriers de chêne jointifs placés longitudinalement et reposant sur les poutrelles. Sur ces madriers est fixée une deuxième couche de madriers moins épais, en bois tendre.

Cette disposition va bien pour des charges légères. Pour des essieux lourds, il faudrait rapprocher les poutrelles d'une façon exagérée;

Chaussée de 3m 600
800
Hors corn. 1m 530
Corn. 125-80 / 9
Corn. 80-80 / 9
Corn. 125-80 / 9
620
Ep. 11 m/m
Supports longitudinaux
Plat 65 / 11
Corn. 70-70 / 18
462
462
462
300
300
238
Rayon 39m 55

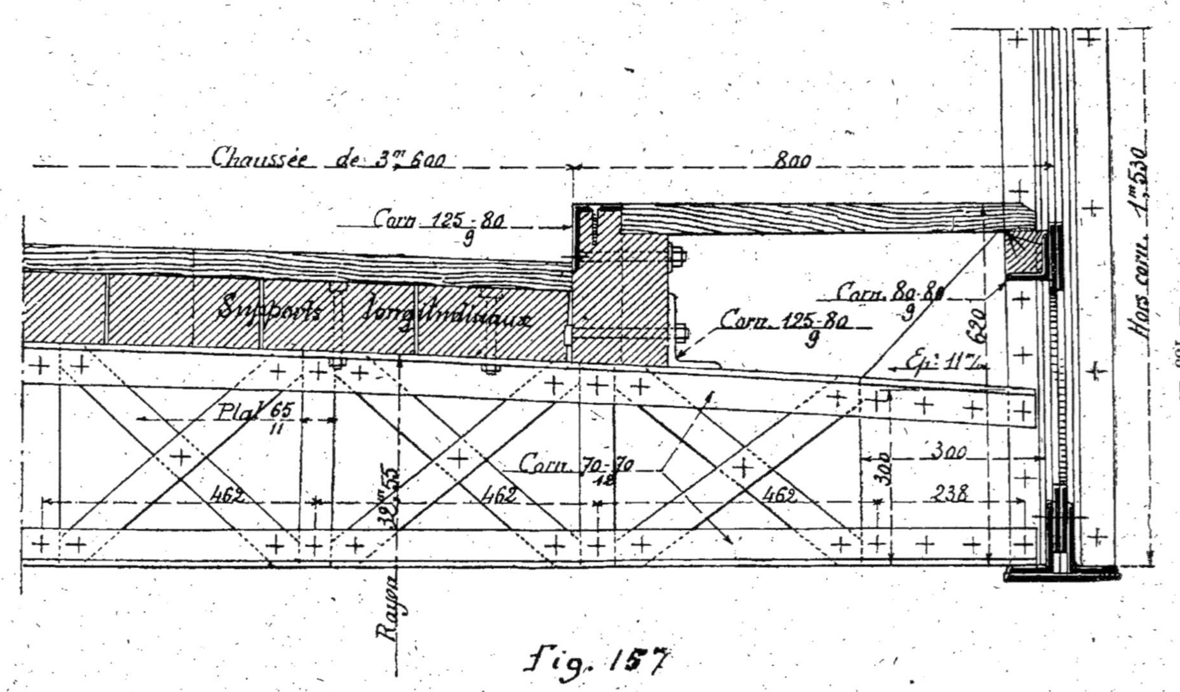

Fig. 157

2º *Sur longerons.* — On peut avoir deux couches superposées de madriers jointifs, avec une couche de roulement en bois plus tendre (fig. 158), ou des madriers longitudinaux jointifs sur des traverses en bois reposant sur les longerons.

Coupe transversale

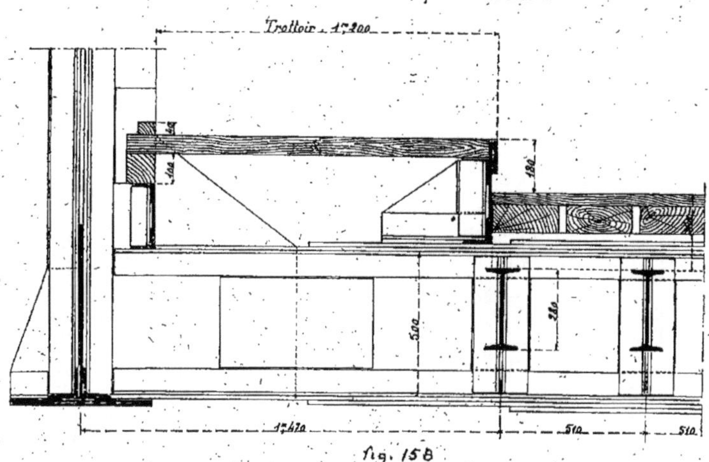

fig. 158

Quand la chaussée ne permet qu'une seule file de voitures, les régions latérales où passent les roues sont en bois plus épais et recouvertes de tôle (fig. 159).

Les chaussées en bois ne s'emploient plus que sur des ouvrages spéciaux tels que les ponts tournants.

CHAUSSÉE PAVÉE ET EMPIERRÉE

1º *Sur madriers jointifs.* — Cette disposition est à éviter, le bois pourrit très vite et l'humidité ronge le métal de l'ossature;

2º *Sur voûtes en briques.* — Si le pont n'a pas de longerons, les voûtes retombent sur les poutrelles (fig. 160). Les voûtes se font en 0m11 d'épaisseur. Leur portée peut atteindre 2m50. La flèche doit être au moins égale au 1/10 de la corde.

Les voûtes sont surmontées d'un béton de remplissage recouvert d'une chape en ciment. Très souvent, cette chape est elle-même enduite d'asphalte pour augmenter l'imperméabilité.

L'ensemble constitue la fondation de la chaussée.

Si le pont comporte des longerons, les voûtes peuvent avoir leur retombée sur des longerons.
Dans l'un et l'autre cas, il faut toujours entre

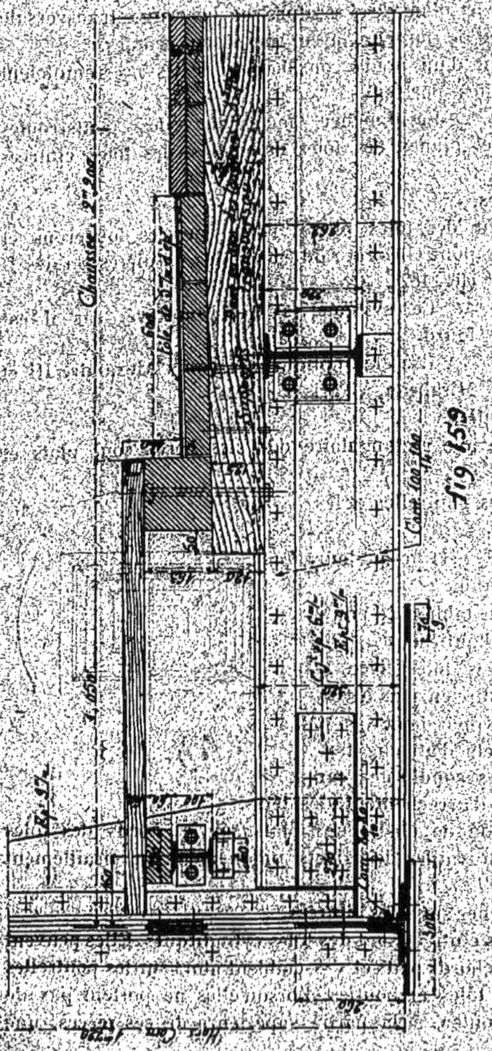

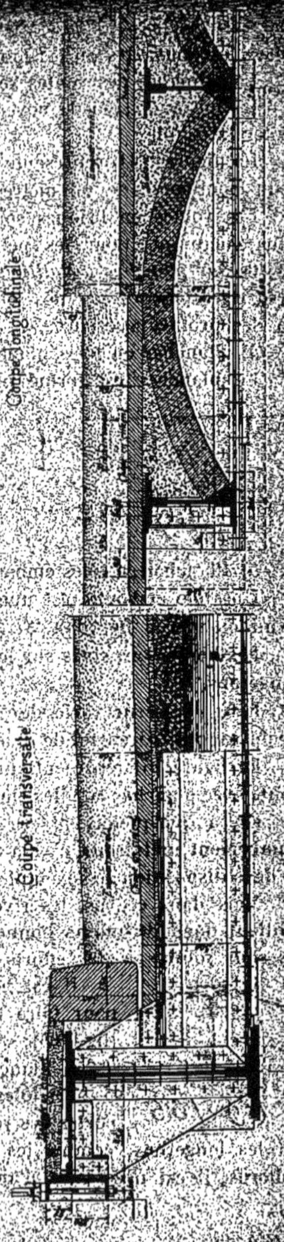

toiser les poutrelles ou les longerons extrêmes pour tenir la poussée des voûtes.

La retombée des voûtes se fait sur des solins en ciment.

Il faut avoir soin de noyer toutes les parties métalliques dans le béton pour éviter la rouille.

La figure 161 représente le plan de l'ossature et la coupe transversale d'un pont-route de 12 mètres de largeur, avec voûtes en briques.

Les voûtes en briques sont d'un poids considérable. Elles ne s'emploient plus guère que pour les petites portées;

3° *Sur plancher métallique*. — Le plancher métallique des ponts-routes peut être constitué par des tôles planes, des tôles embouties, des tôles cintrées ou des profilés spéciaux:

a) Plancher en tôles planes.

Le plancher est formé par des tôles planes rivées sur les longerons et poutrelles, et raidies par des cornières ou des U (fig. 162).

Ce système est peu employé, car il est lourd.

fig. 162.

Il a été appliqué aux ponts Alexandre III et Mirabeau, à Paris;

b) Plancher en tôles embouties.

Une tôle emboutie est une tôle rectangulaire dont les bords sont plats et le milieu bombé (fig. 163).

Les bords sont rivés sur les poutrelles et les longerons.

Leur épaisseur varie de 7 à 11 m/m, leur flèche est ordinairement de 70 m/m.

La figure 164 représente un tablier de pont-route avec plancher en tôles embouties.

On a quelquefois placé ces tôles avec le bombement en-dessous, c'est-à-dire en sens inverse de la disposition de l'exemple précédent.

Mais dans ce cas, les rivets d'attache travaillent dans de moins bonnes conditions, car ils sont soumis à des efforts d'arrachement des têtes.

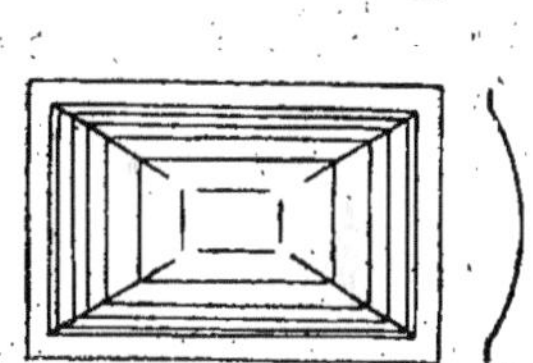

fig. 163

Il est bon de placer des plats sur les bords des tôles pour faire travailler les rivets uniquement au cisaillement (fig. 165);

c) Plancher sur tôles cintrées.

fig. 165

Les tôles cintrées sont des tôles cylindriques. Elles peuvent porter des rebords plats et s'assemblent alors sur les poutrelles ou les longerons, comme les tôles embouties. Lorsqu'elles ne portent pas de rebords, il est nécessaire d'ajouter, à la partie supérieure de ces pièces, une

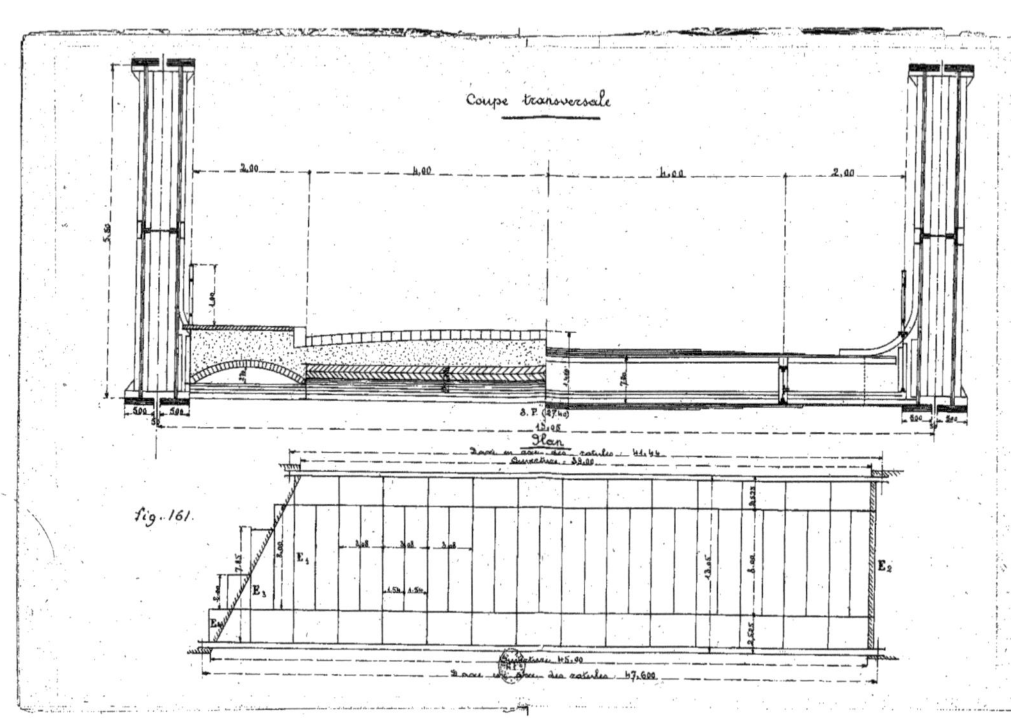

fig. 161.

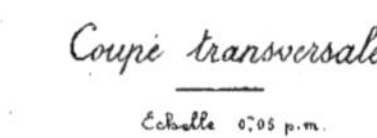
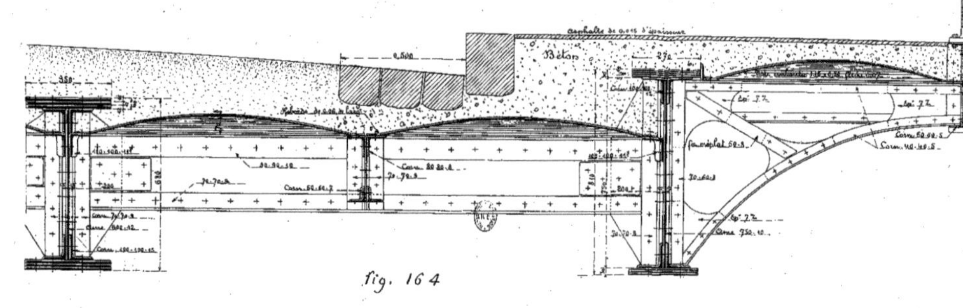

Coupe transversale
Échelle 0,05 p.m.
Béton
Fig. 164

semelle débordante dont les lèvres sont pliées suivant la courbure de la tôle sur ses bords (fig. 166).

La flèche des tôles cintrés est variable ; on la prend généralement égale à 1/15 de leur largeur. Celle-ci ne dépasse guère 1 mètre.

d) Plancher sur profilés spéciaux.

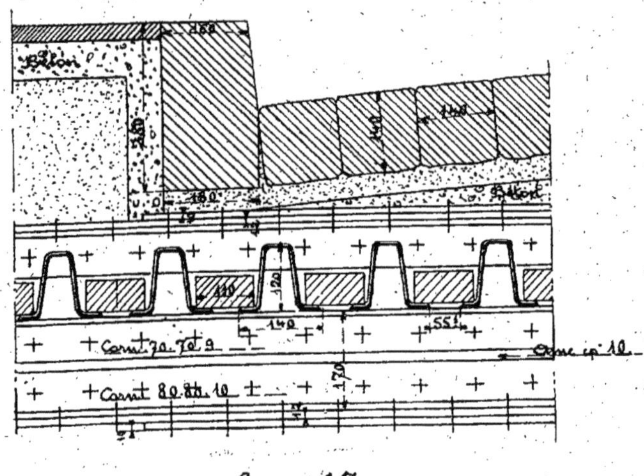

fig. 166

Dans les anciens ponts, on a beaucoup employé les fers Zorès, dont les intervalles étaient recouverts par une rangée de briques posées à plat (fig. 167).

fig. 167

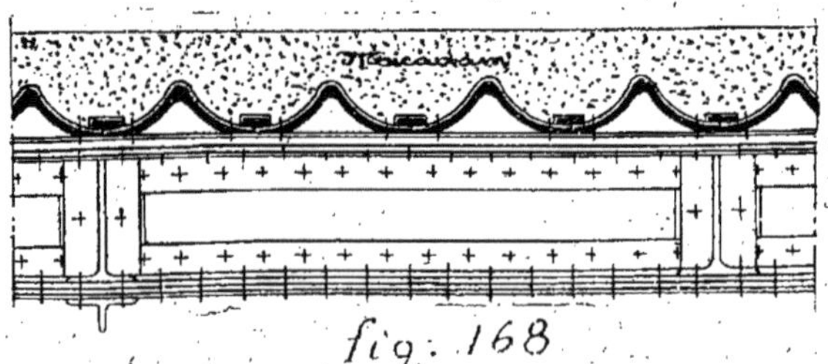

fig. 168

On a employé également les rails Barlow (fig. 168).

Les profils doivent être complètement enrobés dans le béton pour éviter la rouille.

Ces types de planchers sont très résistants et très rigides, mais d'un poids élevé. Ils ne sont plus employés actuellement;

4° *Sur béton armé.* — Le béton armé convient très bien pour le plancher des ponts-routes.

On peut constituer le tablier par des poutrelles reliées par plusieurs cours de longerons supportant une dalle en béton armé.

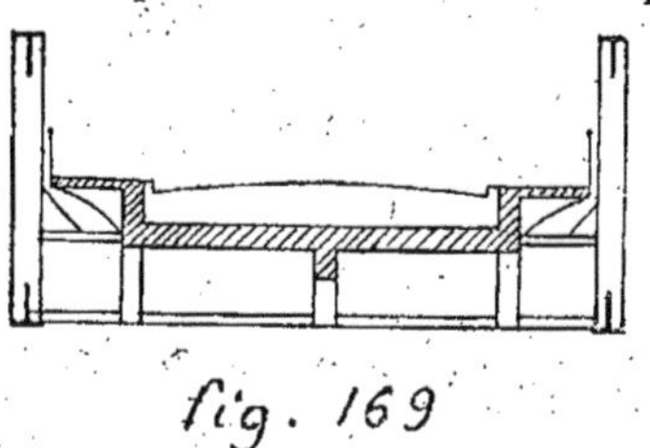

fig. 169

Les dimensions à donner à cette dalle sont 3 mètres × 3 mètres environ. La disposition des pièces du tablier est à étudier en conséquence. On peut également ne conserver que les poutrelles et remplacer les longerons par des nervures en béton armé (fig. 169).

Les nervures doivent être attachées sur les poutrelles, de façon à réaliser un appui effectif pour la dalle.

Ce plancher est moins coûteux que le plancher métallique.

Plancher en câbles d'aloès

Ce type de chaussée s'emploie souvent dans les ponts tournants. On utilise de vieux câbles de mine. La figure 170 en donne un exemple: le plan-

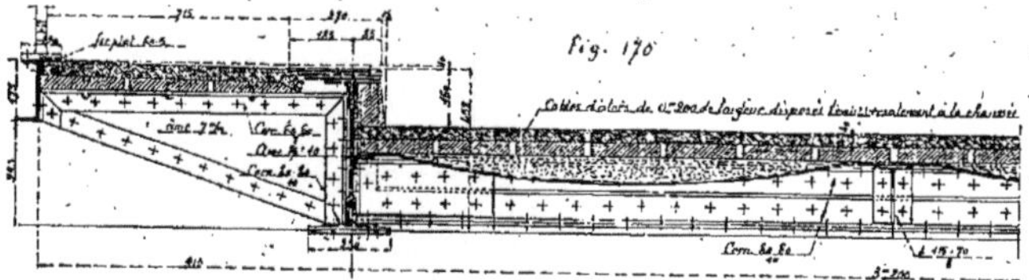

fig. 170

cher est en tôles embouties dont les cavités sont remplies par des escarbilles. Par dessus est posé un platelage en bois de 30 m/m d'épaisseur, sur lequel sont cloués les câbles.

Cette chaussée a une épaisseur excessivement faible et donne un roulement très doux.

Trottoirs

1° *Trottoirs en bois.* — Ils sont constitués par des madriers de 40 à 60 m/m d'épaisseur, placés transversalement et reposant sur deux longrines dont l'une forme bordure de chaussée. Celle-ci est protégée, contre l'usure due au frottement des roues, par une cornière fixée par des vis (fig. 157-159);

2° *Trottoirs sur voûtes en briques.* — Les voûtes sont transversales ou longitudinales (**fig.** 171-172).

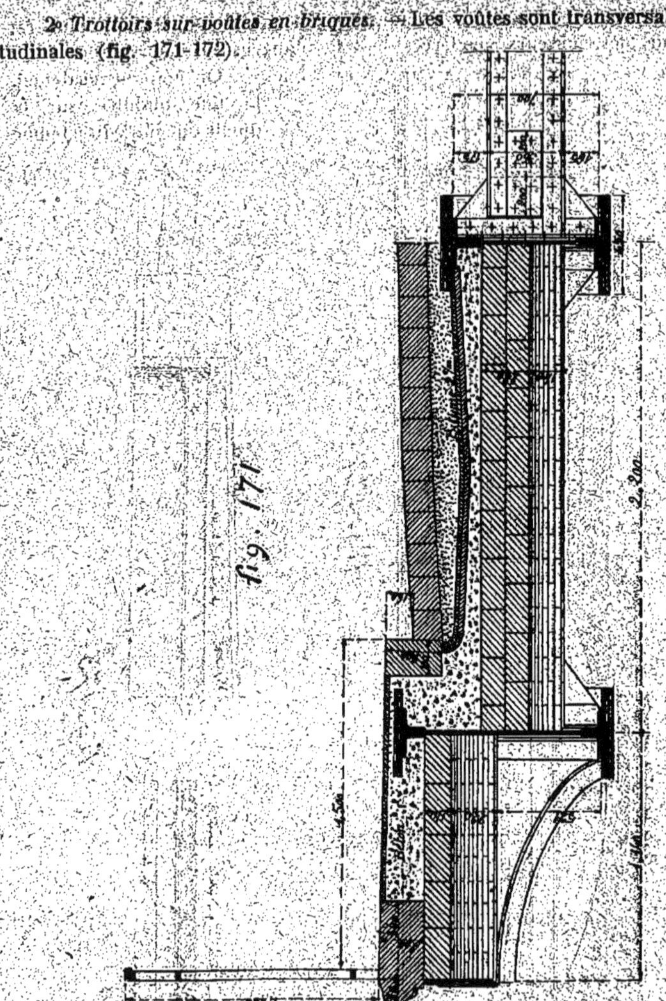

Elles sont formées d'un seul rang de briques de 0^m11 d'épaisseur.

Le dessus des voûtes est garni d'un remplissage en béton, recouvert d'un
dallage en ciment;

3° *Trottoirs sur supports métalliques.* — On emploie les tôles planes, em-

bouties ou cintrées comme sous la chaussée. En raison des charges plus faibles et pour des largeurs modérées, la tôle plane est très suffisante.

On emploie également
la tôle ondulée sur la-
quelle on coule directement

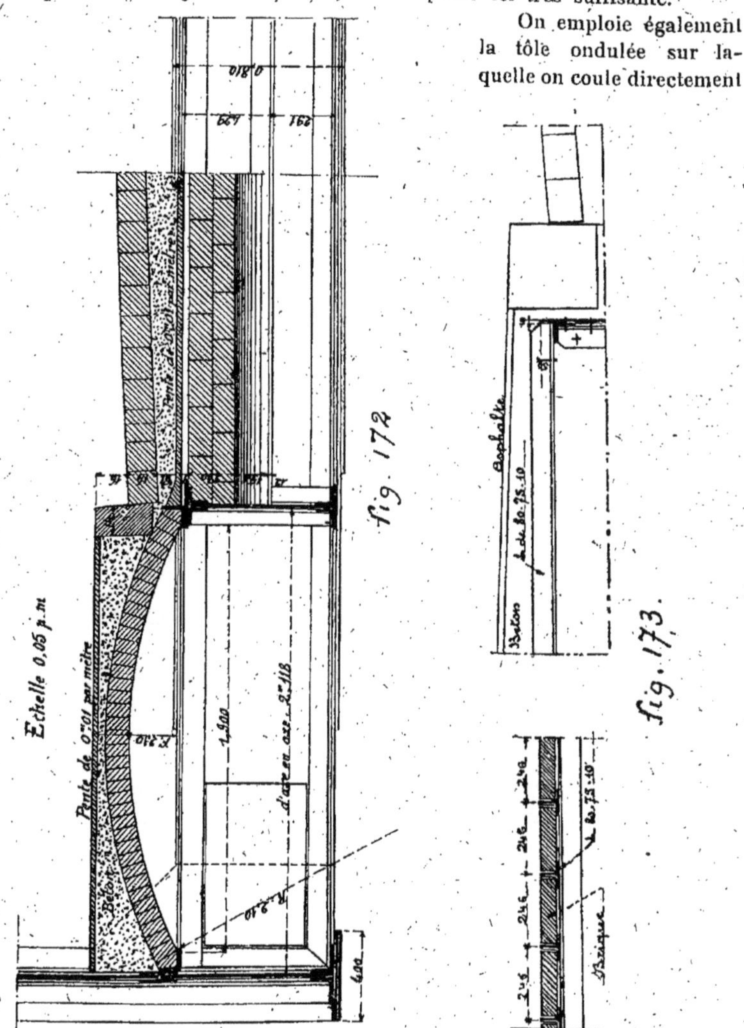

le béton. L'épaisseur de la tôle ne sera pas inférieure à 3 m/m. La figure
173 représente une disposition avec T laminés supportant des briques à plat.

Enfin, une disposition économique consiste à faire les trottoirs en béton armé, soit à l'aide de dalles préparées d'avance et reposant sur des longerons dont l'un borde la chaussée et l'autre est placé le long de la poutre, soit en les constituant par un prolongement du hourdis sous chaussée. Dans ce cas, les trottoirs se trouvent en encorbellement (fig. 169) et sont soutenus par des consoles convenablement espacées.

L'épaisseur de ces dalles varie de 60 à 80 m/m.

La partie supérieure est recouverte d'une chape en ciment de 0m01 à 0m02 d'épaisseur qui forme dallage.

Passerelles pour piétons

Ces constructions n'offrent rien de particulier. Le plancher en est établi comme celui des trottoirs.

Écoulement des eaux

Afin d'assurer l'écoulement des eaux de ruissellement et d'infiltration, le profil longitudinal de la chaussée, ainsi que celui de sa fondation, est établi avec un dos d'âne au milieu de l'ouvrage.

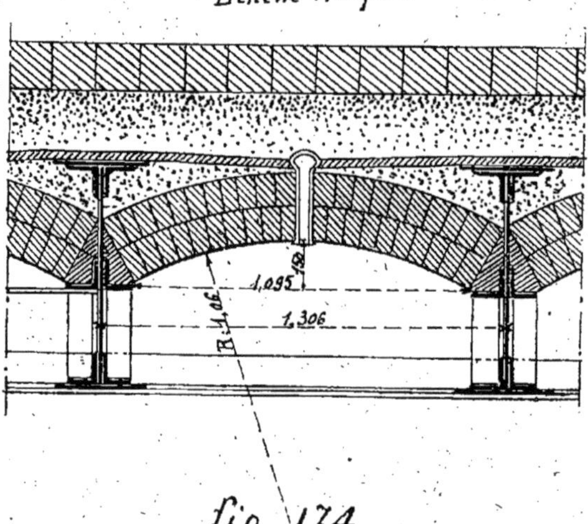

Si le pont a une faible longueur on place des gargouilles aux extrémités seulement.

Si cette longueur est grande, afin d'éviter une trop grande épaisseur de la chaussée au milieu, on dispose des exutoires intermédiaires (fig. 174).

Dispositif de dilatation

Pour les ponts de moyenne et de grande portée, il est nécessaire que la chaussée puisse suivre la dilatation de l'ossature métallique, sans s'y opposer et sans risquer de se disloquer.

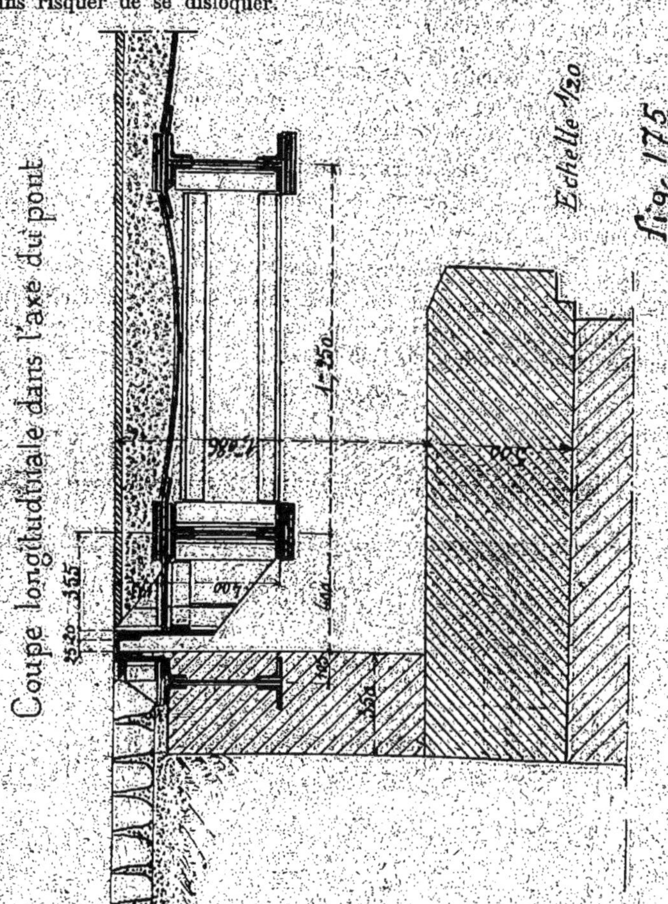

À cet effet, du côté des appareils à dilatation, on ménage une coupure dans la chaussée. Cette coupure est recouverte par une cornière ou une tôle qui peut glisser à frottement doux sur une partie métallique fixe disposée sur la murette de la culée (fig. 175).

Ponts biais

Un pont est biais lorsque son axe longitudinal et l'axe de la voie de communication qu'il franchit ne sont pas perpendiculaires (fig. 176).

L'angle α définit le biais de l'ouvrage.

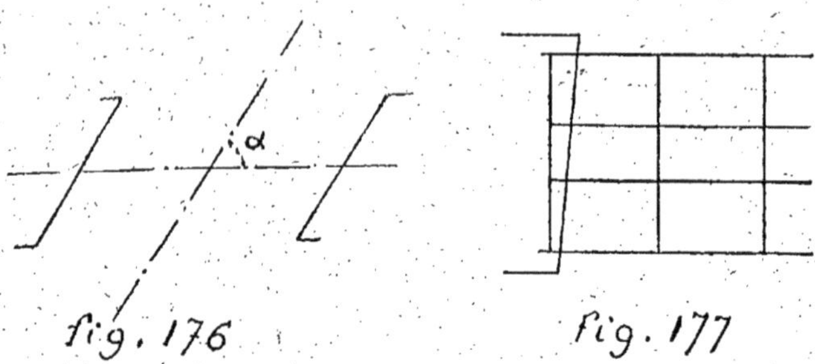

fig. 176   fig. 177

Lorsque le biais est faible, le tablier métallique peut s'exécuter comme un pont droit. Une des poutres est allongée (fig. 177).

Quand le biais est plus accentué, cette disposition conduirait à une augmentation importante du poids du métal et, en même temps, à une augmentation de la largeur des culées et du volume de maçonnerie à exécuter.

On donne alors aux deux poutres sensiblement la même portée sur cu-

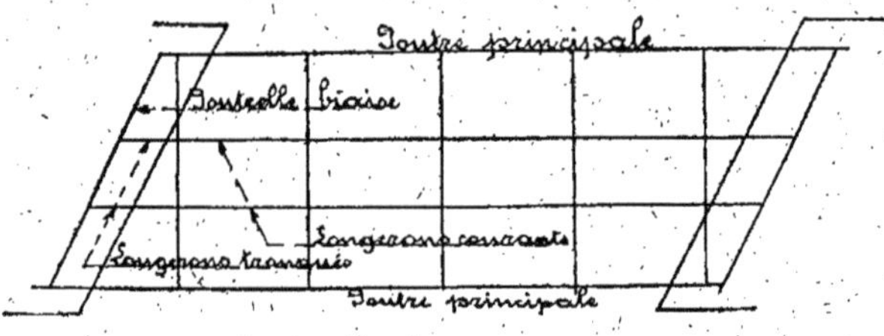

fig. 178

lées, et on les réunit par une poutrelle biaise à leurs extrémités (fig. 178).

Avec un biais encore plus important, les poutrelles des extrémités sont tronquées et s'assemblent d'un côté sur la poutre, de l'autre côté sur la poutrelle biaise d'about (fig. 179).

Les poutrelles tronquées s'appellent aussi quelquefois fausses poutrelles.

Poutrelle tronquée

fig. 179

Ces deux dispositions comportent un certain nombre d'assemblages biais. Dans la deuxième, il faut faire en sorte que tous les assemblages soient distincts pour en faciliter l'exécution.

La figure 180 représente, en plan, l'extrémité d'un pont-rail biais à 45°. La coupe transversale a été donnée sur la figure 23.

Quand le biais n'est pas excessif (cas de la figure 178), on fait l'assemblage des poutrelles biaises à l'aide de cornières ouvertes ou fermées à la forge.

Quand le biais est grand, on conserve les cornières ouvertes dans les angles obtus et on remplace les cornières fermées, dont le rivetage serait impossible, par des plats coudés qui permettent d'éloigner les rivets du fond des angles rentrants (fig. 180).

On peut employer la même disposition pour les longerons, mais on conserve bien souvent la cornière ouverte en supprimant le plat coudé. Comme l'assemblage ainsi obtenu est désaxé, on réunit le longeron et la poutrelle tronquée par un gousset horizontal (fig. 180). Il est nécessaire que ces deux pièces aient la même hauteur.

On peut éviter les cornières ouvertes et fermées par l'emploi de goussets verticaux coudés, prolongeant l'âme des longerons ou des fausses poutrelles (fig. 181).

Cet assemblage étant encore désaxé sera, autant que possible, complété par un gousset horizontal, comme précédemment.

Lorsque le pont a plusieurs poutres principales rapprochées, on ne fait pas d'assemblage biais. On met des poutrelles tronquées droites (fig. 182).

On dispose des plaques d'appui sous les extrémités de ces poutrelles tronquées. Lorsque le biais est très accentué, il est même prudent d'ancrer les extrémités de ces poutrelles dans la maçonnerie des culées, pour éviter les soulève-

ments au passage des trains.

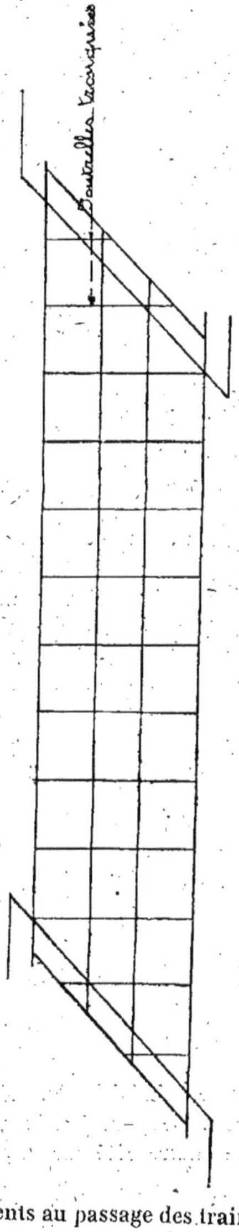

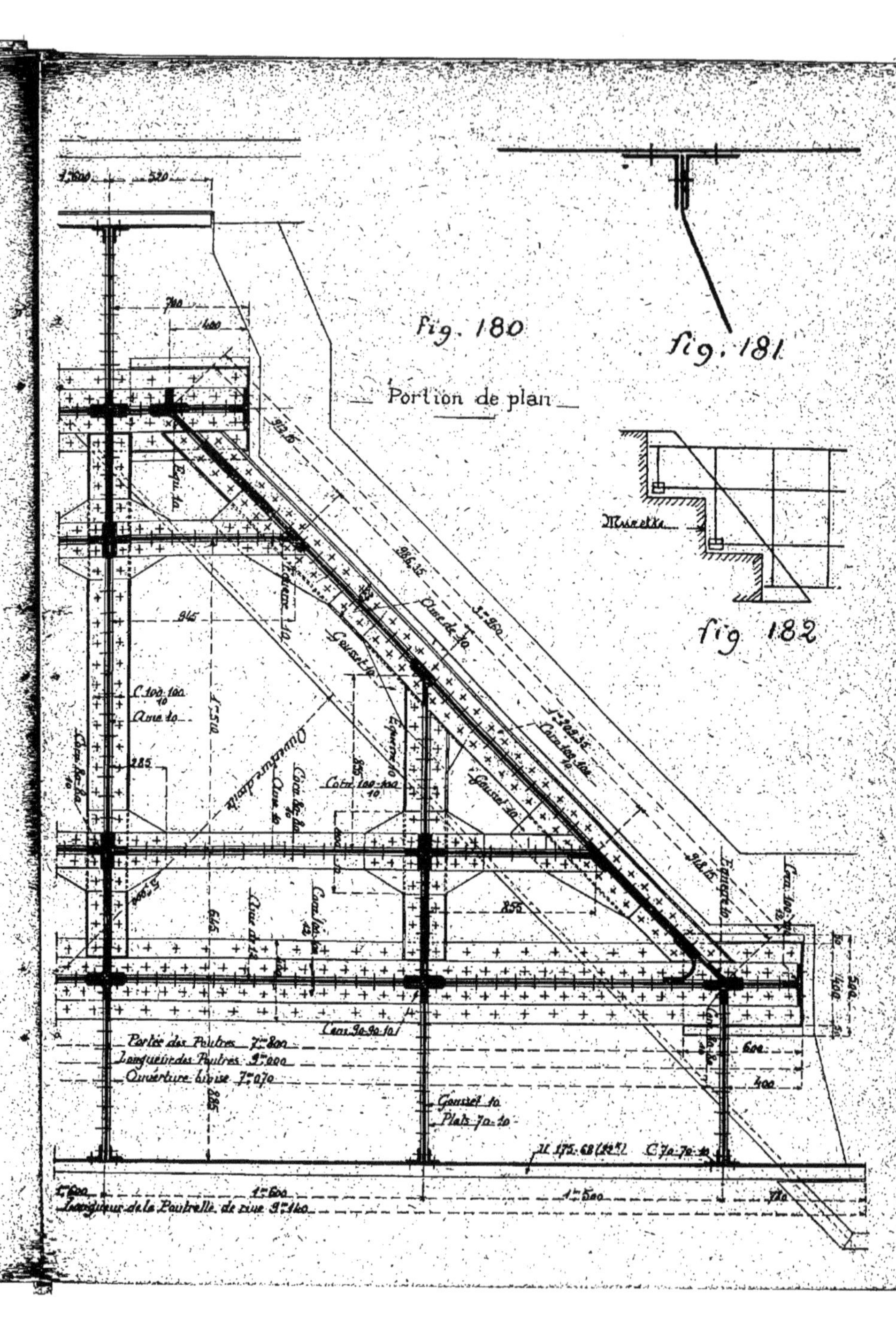

fig. 180
Portion de plan
fig. 181
Miinette
fig. 182

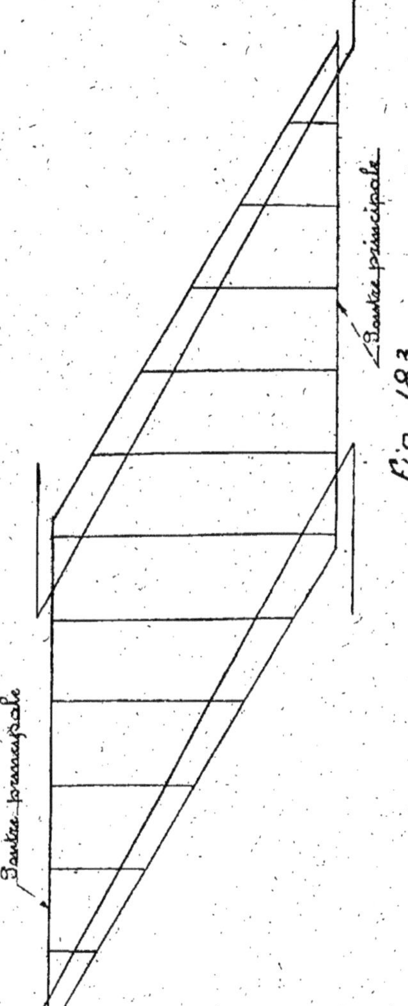

STABILITÉ TRANSVERSALE DES POUTRES

Lorsque le biais d'un pont est considérable, et que le pont est à voie inférieure, il importe de vérifier la stabilité transversale des poutres.

Dans l'exemple de la figure 183, une seule poutrelle s'assemble simultanément sur les deux poutres. L'efficacité des poutrelles, comme pièces d'entretoisement, est très réduite, et les poutres sont un peu abandonnées à elles-mêmes.

Pour améliorer leur stabilité, il faut augmenter leur largeur en adoptant des semelles larges.

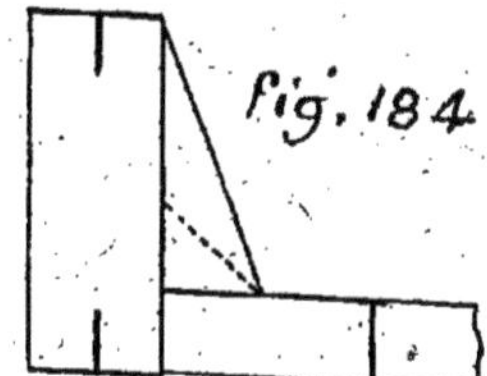

Le gousset d'attache des poutrelles sera élevé, et les poutrelles devront elles-mêmes avoir une section aussi rigide que possible (fig. 184).

Ponts-rails supportant des voies en courbe

Lorsque la voie est en courbe, son plan est incliné. La différence de niveau, entre les deux rails, ou dévers, peut atteindre 15 ou 16 c/m (fig. 185).

Lorsque la voie est posée sur longrines, le dévers est obtenu en donnant, à la longrine du rail extérieur, une surépaisseur égale aux dévers. Toutefois, dans les ponts à poutres caissons, les deux longrines conservent la même épaisseur, et le dévers est obtenu en augmentant la hauteur des entretoises, sous le rail haut.

Lorsque la voie est posée sur traverses et si le dévers est faible, les traverses sont trapé-zoïdales (fig. 185).

Lorsque le dévers est supérieur à 6 c/m, il vaut mieux prendre des traverses ordinaires et mettre un plateau sous le rail haut (fig. 185).

Exception faite pour de très petites portées, les ponts supportant les voies en courbe doivent être établis avec poutres latérales, poutrelles et longerons. Cette disposition donne une meilleure stabilité que les poutres sous rails. Cet avantage est important, car les efforts horizontaux sont augmentés quand la voie est en courbe et d'autant plus que la courbure de la voie est plus forte.

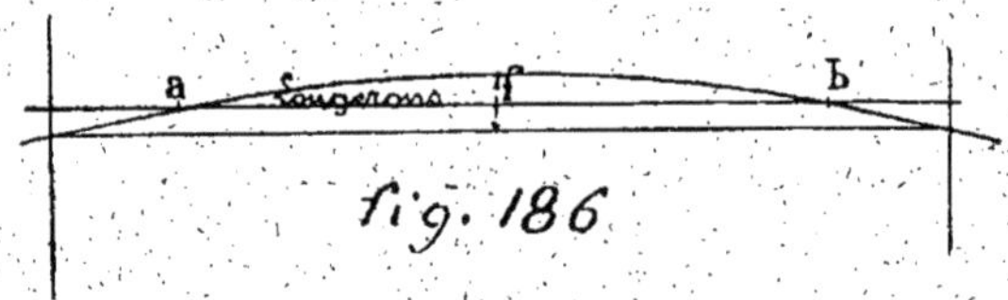

fig. 185

1° *La flèche de la courbe est faible.* — Considérons la corde de la courbe entre les deux culées (fig. 186). La flèche f est supposée assez faible: 10 à 12 c/m au maximum.

fig. 186

On place, sous chaque rail, une file de longerons disposée de façon à re-couper la flèche en deux parties égales.

On voit que la charge ne se trouvera à l'aplomb de l'âme des longerons qu'en deux points a et b.

Pour assurer la transmission de la charge aux longerons, on munit ceux-ci d'une semelle large, à la partie supérieure et de cornières à ailes épaisses. En outre, des renforts empêchent le voilement de la semelle (fig. 187);

2° *La flèche de la courbe est importante.* — Deux dispositions sont employées:

a) Les longerons sont établis suivant une ligne polygonale (fig. 188). Ils s'assemblent, par conséquent, en biais sur les poutrelles.

Pour éviter l'emploi de cornières ouvertes et fermées avec des angles différents à chaque assemblage, on se sert de cornières droites sous lesquelles on place des fourrures biaises, plus faciles à fabriquer (fig. 189);

b) Lorsque la courbure est très accentuée, on place les longerons per-

Coupe transversale. (Echelle $\frac{1}{20}$

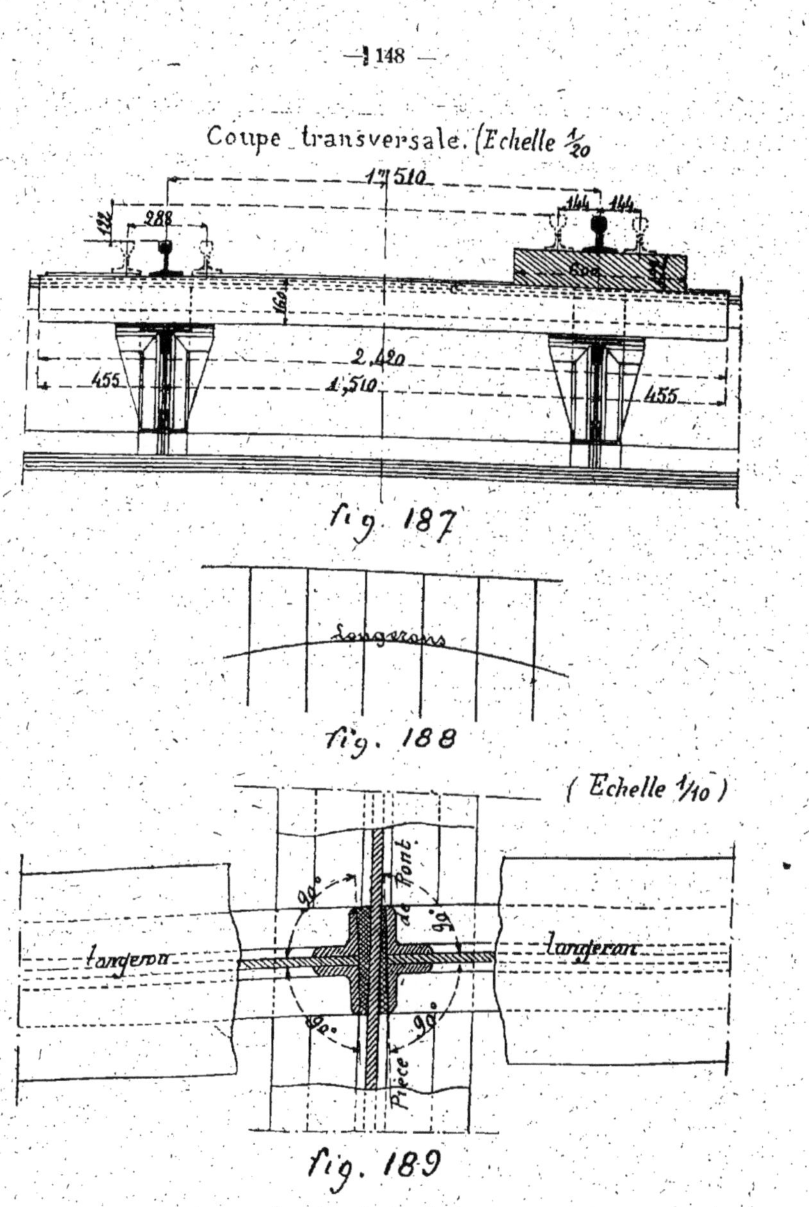

pendiculairement aux poutrelles, mais en les décalant les uns par rapport aux autres (fig. 190).

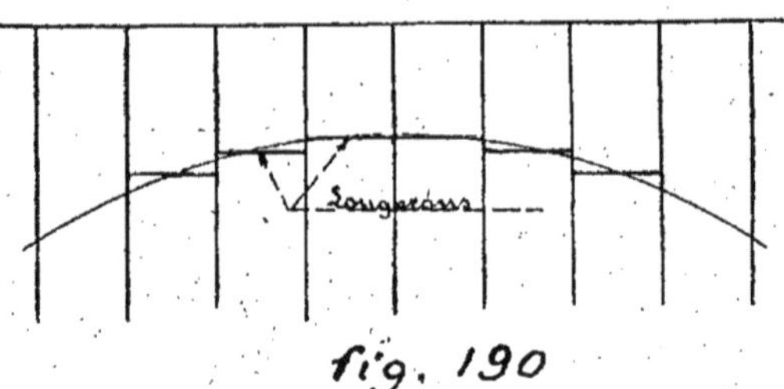

fig. 190

L'espacement des poutrelles doit être choisi de façon que le décalage de deux longerons successifs ne soit pas supérieur à 6 c/m environ, pour que les cornières d'attache puissent avoir une file de rivets commune.

Lorsqu'un pont supporte une voie en courbe, il faut évidemment donner aux poutres un surécartement correspondant à la flèche de la courbe, de façon que le contour du gabarit réglementaire puisse s'inscrire entre les poutres sur toute la longueur de l'ouvrage.

Ponts en pente

Lorsqu'un pont présente une déclivité suffisante pour que la composante de son poids, suivant son axe longitudinal, ne soit pas négligeable, il convient d'en tenir compte dans le calcul des poutres.

En outre, pour que l'ouvrage soit en équilibre, il faut que l'un de ses appuis fasse obstacle au déplacement longitudinal qui tend à être provoqué par cette composante.

On pourrait, théoriquement, soit ancrer le pont sur la maçonnerie de la culée la plus élevée, soit le buter sur la culée basse. C'est cette dernière solution qui est toujours adoptée, la maçonnerie résistant mieux à la compression qu'à la traction.

L'appareil de butée comprend deux plaques, dont l'une fixée sur l'about de la poutre et l'autre scellée dans la murette de la culée. Entre ces deux plaques sont introduites des clavettes de réglage (fig. 191).

L'appareil d'appui fixe est, bien entendu, placé sur la culée basse, et l'appareil à dilatation sur la culée haute.

Ponts spéciaux

PONTS AVEC POUTRES A BÉQUILLES

On donne le nom de poutres à béquilles à une poutre horizontale reposant sur des supports verticaux en acier, et assemblée avec des supports par des

Élevation

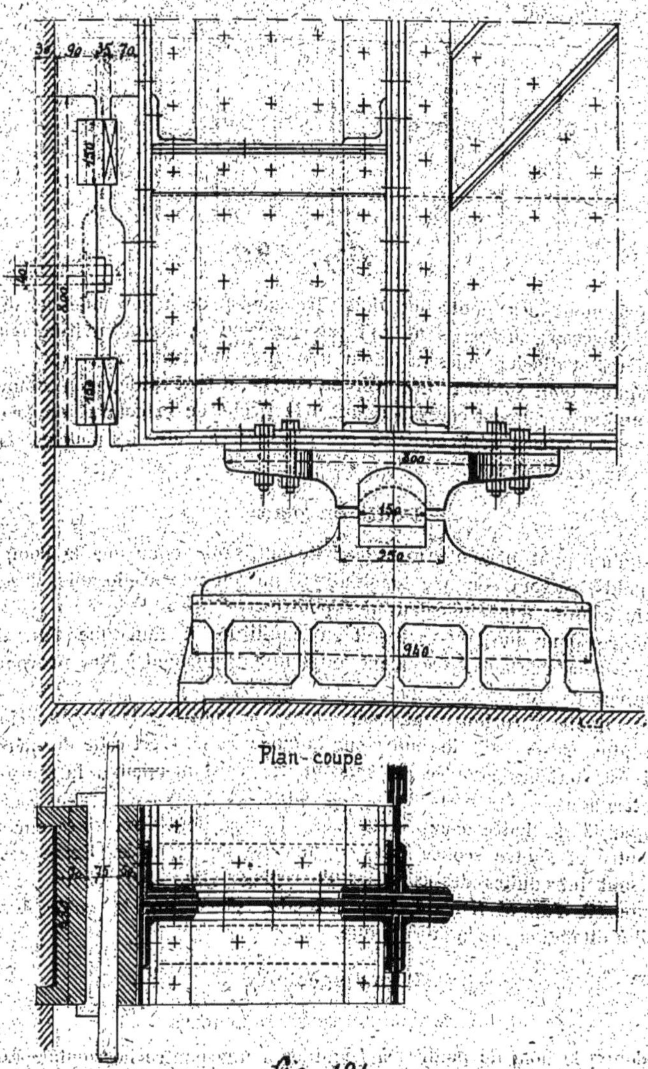

assemblages rivés qui réalisent en fait l'encastrement de la poutre sur les supports.

Ces poutres s'emploient pour une ou plusieurs travées (fig. 192 et 193). Elles permettent de réduire d'une façon appréciable le moment fléchissant maximum au milieu des travées, et, pour la travée indépendante, en particulier, elles procurent le même avantage que la poutre continue.

Ce type de pont convient pour des ouvertures de travées assez faibles et quand on manque de hauteur pour l'installation d'une poutre continue ordinaire.

Les supports verticaux sont soit encastrés, soit articulés à leur base.

fig. 192

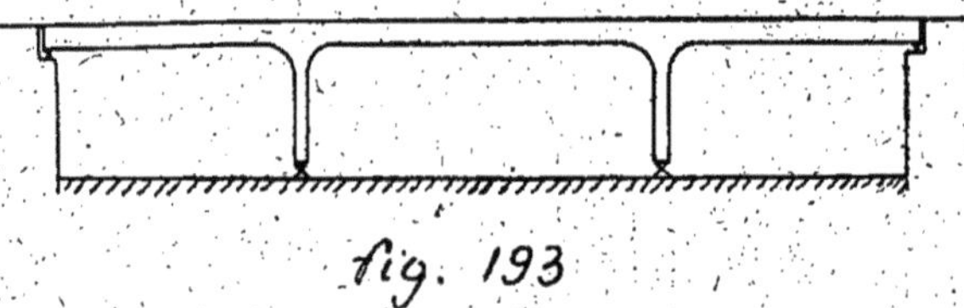

fig. 193

PONTS A POUTRES ENROBÉES DANS LE BÉTON

Pour les petits ouvrages, on emploie actuellement, assez fréquemment, des doubles T laminés très rapprochés, complètement noyés dans un enrobage en béton ordinaire.

Ce béton est tenu à la partie inférieure, d'une part par des fentons ou petits fers à section carrée posés sur les ailes des poutrelles, et d'autre part par un grillage placé immédiatement au-dessous de ces dernières.

Les doubles T sont entretoisés par des boulons qui les relient deux à deux et permettent de fixer leur position pendant le montage.

Les ponts ainsi obtenus sont assez coûteux, mais ne nécessitent pour ainsi dire aucun entretien. En outre, il est certain qu'ils seront de très longue durée, puisque le métal est complètement soustrait à l'oxydation.

Avec les doubles T de 0^m500 de hauteur, on peut, pour les ponts-routes, calculés avec les charges du règlement du 8 janvier 1915, franchir une ouverture de 18 mètres.

Nous donnons, sur la figure 194, un exemple de coupe transversale d'un pont-route établi suivant cette disposition.

L'appui sur les culées se fait directement sur la maçonnerie sans interposition d'appareil d'appui.

Coupe transversale

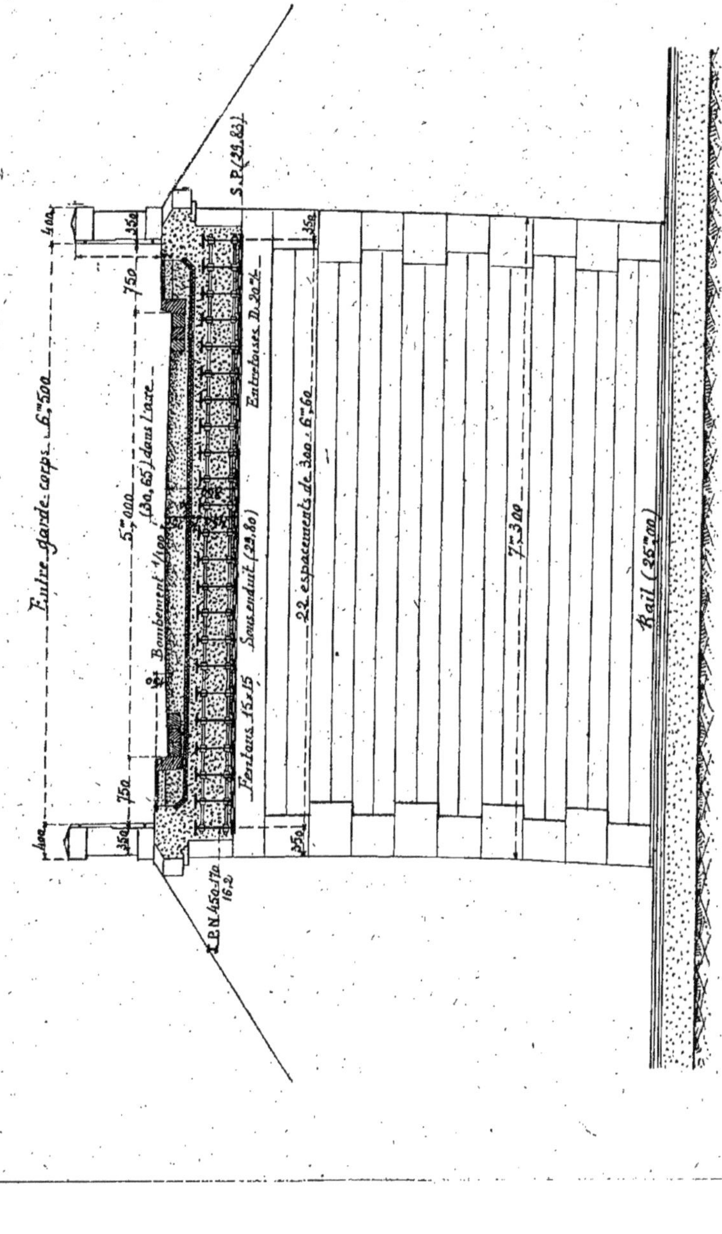

fig. 194

Stabilité transversale des ponts

Lorsqu'un pont est long et étroit, c'est-à-dire lorsque les deux poutres sont très rapprochées comparativement à leur hauteur, il y a lieu de vérifier si le pont est stable sur ses culées, lorsqu'il est soumis à l'action du vent.

On envisagera, à cet effet, l'hypothèse du vent de 250 kgs sans surcharge, ou le vent de 150 kgs pour les ponts-rails, avec surcharge de wagons vides pesant 1.250 kgs par mètre courant de voie, conformément aux prescriptions du règlement.

Soient :

F la résultante des actions du vent sur l'ouvrage,

P la réaction verticale (fig. 195).

Une première vérification consiste à s'assurer que, sous l'influence de l'effort F, le pont ne peut pas glisser sur ses appuis.

On pourra admettre que le coefficient de frottement est de 0,20. À la résistance du frottement vient s'ajouter la résistance au cisaillement des boulons de fixation des balanciers supérieurs des appareils d'appui.

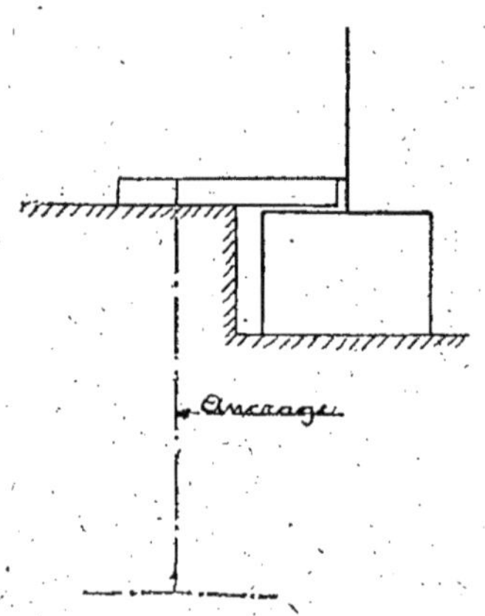

fig. 195

Cette vérification n'est d'ailleurs à faire que pour des cas tout à fait spéciaux. En général, la sécurité, de ce côté, est très grande.

En second lieu, il faut comparer le moment de renversement FH au moment de stabilité Pa.

Le coefficient de sécurité $\dfrac{Pa}{FH}$ doit être au moins égal à 2. S'il n'en est pas ainsi, divers moyens permettent d'arriver à ce résultat :

1° Diminuer la hauteur H en réduisant la hauteur des poutres ;

2° Augmenter l'écartement 2a des poutres principales ;

3° Ajouter un dispositif d'ancrage qui s'oppose au basculement.

Ce dispositif ne doit pas s'opposer au jeu des appareils à dilatation.

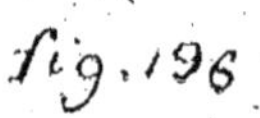

fig. 196

Il peut être constitué, comme il est indiqué schématiquement sur la figure 196, par une plaque d'acier moulé scellée dans la maçonnerie et n'appuyant pas sur la membrure.

— 154 —

Cet ancrage doit être réalisé à chaque about de poutre;

4° Elargissement local.

Au lieu d'augmenter a par un surécartement des poutres, on élargit le pont au droit des appuis par l'addition de consoles latérales prenant appui sur la maçonnerie des culées (fig. 197).

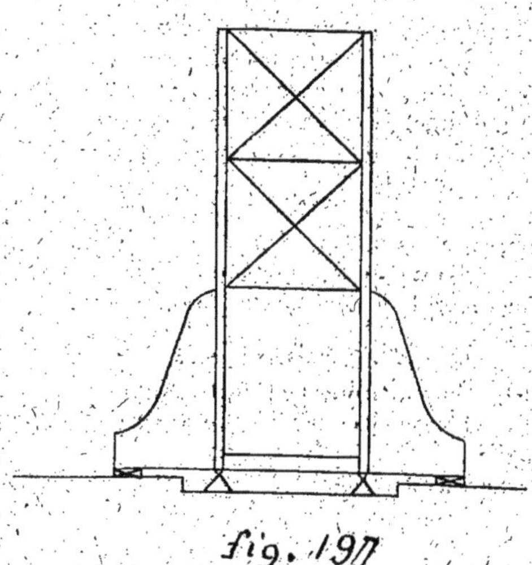

fig. 197

Ces moyens sont tous applicables aux poutres continues.

Au pont du Forth, on a eu recours à un autre procédé qui consiste à donner un fruit transversal aux poutres principales, de façon à augmenter considérablement la largeur de base sur les piles.

Ce procédé, théoriquement excellent, a l'inconvénient de compliquer beaucoup l'exécution.

Epreuve des ponts

Le règlement du 8 janvier 1915 fixe les conditions d'épreuve des ponts-rails pour voie normale, pour voie de 1 mètre, et celles des ponts-routes et des ponts-canaux.

En ce qui concerne les trois premières catégories d'ouvrages, les épreuves sont de deux sortes:

1° Epreuves par poids mort;

2° Epreuves par poids roulant.

Épreuves par poids mort

Les épreuves par poids mort sont effectuées, pour les ponts-rails, à l'aide de trains dont la composition doit se rapprocher autant que possible de celle du train-type, et, en tous cas, avec les trains les plus lourds appelés à circuler sur la voie considérée.

Le train, coupé à la longueur voulue, sera placé dans les positions correspondant aux plus grands efforts dans les poutres principales.

C'est ainsi que, dans les travées indépendantes, le train sera amené à couvrir successivement chaque travée, les machines étant placées en tête.

Pour les ponts à travées solidaires, chaque travée sera d'abord chargé isolément, puis on chargera simultanément les deux travées contiguës à chaque pile, à l'exclusion de toutes les autres.

Le train doit séjourner, dans chaque position, pendant 10 minutes au moins.

L'épreuve par poids mort, pour les ponts-routes, est effectuée dans les mêmes conditions avec une surcharge de 400 kgs par mètre carré de tablier, sur les trottoirs et la chaussée.

Cette surcharge est, en général, constituée sur les trottoirs par des sacs de sable et, sur la chaussée, par des véhicules au repos.

Épreuves par poids roulant

Pour les ponts à voie normale, on fait circuler le même train sur le pont d'abord à la vitesse de 20 kilomètres, puis à celle de 40 kilomètres à l'heure.

Pour les ponts à voie étroite, on fait une seule épreuve à la vitesse de 35 kilomètres à l'heure.

Pour les ponts-routes, on doit faire usage des véhicules les plus lourds à traction de chevaux ou à traction mécanique, dont la circulation sur les routes est autorisée.

Ils doivent être disposés en files, dont le nombre est autant que possible, égal au quotient de la chaussée par 2ᵐ25.

On procède à l'épreuve en faisant circuler, de bout en bout du pont, les files de véhicules à une vitesse comprise entre 4 et 8 kilomètres à l'heure.

On doit faire passer, en outre, sur le pont un véhicule comprenant un essieu aussi lourd que possible, avec maximum de 12 tonnes, à la vitesse autorisée pour la circulation sur route de ce véhicule.

Pour les ponts-routes importants, comprenant une grande largeur de tablier et des travées de grande ouverture, l'application des prescriptions du règlement soulève bien souvent des difficultés considérables; il est bien difficile et quelquefois même impossible de réunir le nombre des véhicules, de sacs de sable ou de gueuses de fonte nécessaires au chargement des travées.

On est alors conduit à n'exécuter les épreuves qu'avec surcharges réduites. On les complète alors par l'épreuve suivante:

On fait passer une troupe plus ou moins nombreuses sur l'ouvrage en la faisant marcher successivement au pas cadencé et au pas de gymnastique.

La répétition régulière des mouvements de la marche détermine dans les poutres des vibrations élastiques dont l'amplitude permet d'apprécier la flexibilité du pont.

Pour les ponts-canaux, l'épreuve consiste dans la mesure des flèches, avant et après le remplissage de la bâche.

MESURAGE DES FLÈCHES

Actuellement, on fait usage, pour mesurer les flèches, d'appareils enregistreurs chronométriques qui, pour l'épreuve par poids roulant, fournissent le relevé graphique des déplacements verticaux et permettent de contrôler la vitesse des trains.

L'essai d'un pont, lorsque les poutres sont à peu près d'égale résistance, permet d'évaluer immédiatement la valeur moyenne du travail élastique développé dans les poutres.

Soient:

R cette valeur,

f la flèche d'abaissement au milieu de la portée L,

H la hauteur des poutres,

E le coefficient d'élasticité.

On a
$$f = \frac{RL^2}{4EH},$$

d'où
$$R = \frac{4EH}{L^2} \cdot f.$$

UTILITÉ DES ÉPREUVES

Le but des épreuves est de s'assurer si la rivure des assemblages faits sur le chantier a été convenablement exécutée.

On sait, en effet, que les poutres composées d'éléments rivés entre eux sont plus flexibles que les poutres laminées d'une seule pièce.

A plus forte raison, cette flexibilité sera-t-elle encore plus grande si tout ou partie des rivets n'ont qu'un serrage insuffisant, ou remplissent mal les trous.

Aussi, le règlement dispense-t-il de toute épreuve les ponts dont les poutres principales auront été entièrement confectionnées à l'atelier, parce que la rivure d'atelier exécutée à la riveuse hydraulique offre beaucoup plus de garantie que celle exécutée au chantier.

Les cahiers des charges, pour la construction des ponts métalliques, imposent toujours une tolérance par excès pour la flèche mesurée par rapport à la flèche calculée.

En pratique, si l'ouvrage est bien conçu et bien exécuté, la première sera toujours inférieure à la seconde.

CHAPITRE IV

MONTAGE ET MISE EN PLACE DES PONTS

Matériel et outillage des chantiers

Les ponts métalliques sont exécutés à l'atelier en pièces isolées: pou-trelles, longerons, barres de treillis ou de contreventement, tronçons de mem-brures, dont les dimensions et les poids sont déterminés par la capacité des moyens de transport à pied d'œuvre, et par la puissance des engins de levage et de bardage sur le chantier.

En général, on peut compter que les pièces les plus longues ne dépas-sent pas 10 mètres, et le poids des pièces les plus lourdes 5.000 kgs.

Tous ces éléments portent des repères, lettres et chiffres, qui sont repor-tés sur les dessins et qui permettent, à leur arrivée au chantier, de les clas-ser au lieu de dépôt.

Le matériel de chantier comprend des engins de bardage et de levage, du matériel d'échafaudage, des organes de liaison provisoire, des outils d'ajus-tage et du matériel de rivetage.

ENGINS DE BARDAGE

Les engins de bardage qui servent au déchargement des pièces, à leur mise en dépôt et à leur mise en place, sont des portiques roulants désignés commu-nément sous le nom de grues.

Ces grues sont constituées par deux palées verticales reliées par une partie horizontale ou « chapeau », formant chemins de roulement d'un chariot por-tant un palan ou un treuil de levage.

Le mouvement de levage est commandé à la main ou électriquement.

Le mouvement **de direction** ou d'avancement du treuil, qui ne demande qu'un effort relativement faible, est obtenu par des chaînes et poulies de ren-voi.

Les grues circulent sur des rails établis sur la plate-forme de montage, de chaque côté du pont ou du lieu de dépôt des pièces, et leur mouvement de translation est commandé par un système d'engrenage actionné à bras et provoquant la rotation des galets de roulement.

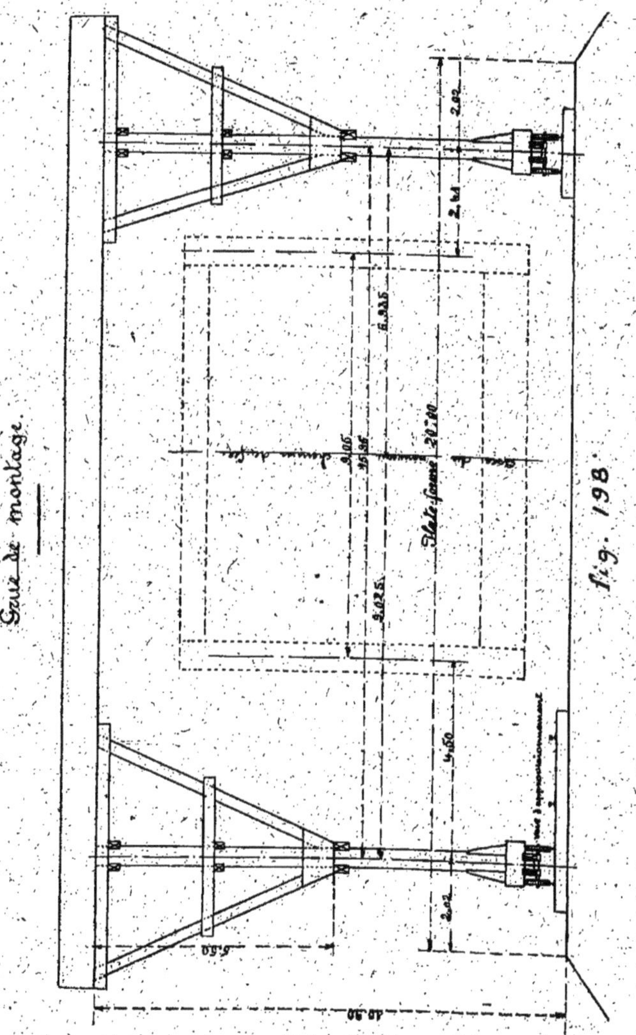

Ces grues sont souvent entièrement en bois (fig. 198).

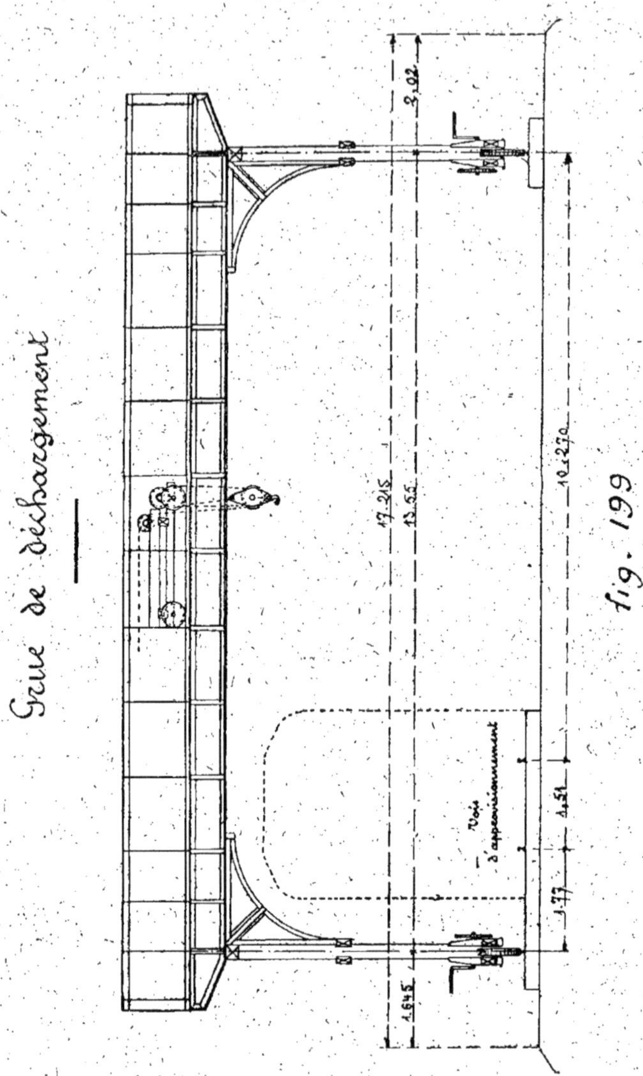

Quand leur portée est grande, le chapeau est métallique (fig. 199). Elles peuvent enfin être exécutées entièrement en acier.

Suivant la disposition de la plate-forme de montage, on pourra n'avoir qu'une seule grue pour le déchargement et le montage, ou une grue pour chacune de ces opérations.

La figure 200 représente le plan d'installation d'un chantier correspondant à cette dernière hypothèse.

Les autres engins de levage sont les crics qui s'emploient pour de faibles efforts, et les vérins pour les efforts de soulèvement plus importants.

Les vérins les moins puissants sont à vis (10 à 20 tonnes) ceux d'une force plus élevée sont hydrauliques; ces derniers ont couramment une puissance de 100 à 200 tonnes.

MATÉRIEL DE LEVAGE

Ce matériel comprend les chèvres, qui ont couramment de 6 à 15 mètres de hauteur, et les mâts qui ne dépassent guère 10 mètres. Ces engins doivent être haubanés. Ils comportent l'emploi de treuils à applique ou à patin, de moufles et de palans à chaîne dit triplex ou différentiels.

MATÉRIEL D'ÉCHAFAUDAGE

En dehors des échafaudages proprement dits, dont l'importance peut être considérable et pour lesquels une étude préalable est toujours nécessaire, le matériel de chantier doit comporter un petit approvisionnement de bois équarris, de madriers, et de planches permettant l'installation de petits échafaudages volants, la confection d'étais, de calages, ainsi qu'un jeu de boulons à bois permettant les assemblages.

ORGANES DE LIAISON PROVISOIRE

Ces organes sont les broches et les boulons, les serre-joints, les tendeurs, les violes ou crics de charpentier.

Les broches et les boulons permettent l'assemblage des éléments du pont, lorsqu'on vient les présenter à leur place respective, en attendant la pose des rivets.

Les boulons de montage sont des boulons bruts, c'est-à-dire dont le corps n'est pas tourné. Ils peuvent être calibrés à un diamètre inférieur de 1/2 m/m au plus au diamètre du trou. L'emploi de boulons calibrés s'impose dans le montage par encorbellement.

Les broches sont des tiges d'acier à section ronde légèrement coniques, qu'on passe dans les trous de rivets qui doivent se correspondre.

Les broches ne doivent jamais s'employer pour ramener la correspondance de trous qui ne coïncident pas exactement.

La pratique qui consiste à enfoncer une broche à coups de marteau, pour

Plate-forme de montage et chantier d'approvisionnement.

(Échelle 0,004 par m.)

Fig. 200

obtenir ce résultat, est à proscrire; elle abîme le métal, l'écrouit et provoque des amorces de fissures.

Les serre-joints, les tendeurs et les violes sont utilisés pour le rapprochement des joints croisés dont l'emmanchement est difficile.

OUTILS D'AJUSTAGE

Nous désignons sous ce nom les outils qui servent à réparer les petits défauts d'exécution d'atelier.

Ces outils comprennent:

L'alésoir, qui permet d'agrandir le diamètre d'un trou et de ramener la concordance de trous qui doivent recevoir le même rivet et qui ne sont pas exactement en regard; le burin, le bédâne, pour couper, ou rectifier certaines pièces mal ajustées; la perceuse à main, pour percer ou aléser des trous (on se sert également de perceuses électriques ou pneumatiques);

La tranche à froid et à chaud, pour couper les tôles;

Le dégorgeoir, pour rapprocher les tôles et obtenir un accostage parfait, dans les parties où les boulons ne permettent pas d'arriver à ce résultat;

Les matoirs, utilisés pour le refoulement des parties chanfreinées qui doivent être étanches (par exemple, les joints de tôles dans la bâche des ponts canaux);

La gouge, qui sert à enlever les bavures des têtes de rivets.

Matériel de rivetage

Ce matériel n'est pas le même suivant que le rivetage est effectué à la main ou mécaniquement.

Actuellement, le rivetage mécanique est le seul qui soit pratiqué sur les chantiers de quelque importance, mais il existe toujours certains rivets qu'il est impossible de poser mécaniquement et qu'on est obligé de poser à la main.

Par conséquent, le matériel de rivetage à la main est toujours nécessaire, même lorsque le chantier est pourvu d'un outillage mécanique.

Le chauffage des rivets s'opère le plus souvent avec la forge portative.

Quelquefois, lorsque le pont est important et comporte un nombre considérable de rivets à poser sur place, on emploie des petits fours à sole, chauffés à l'huile lourde et soufflés à l'air comprimé.

L'emploi de ces fours donne de meilleurs résultats parce que les rivets sont chauffés également, et sans crasse, sur toute leur longueur.

RIVETAGE A LA MAIN

Les rivets posés à la main doivent être chauffés au rouge cerise clair.

L'opération de pose d'un rivet se pratique de la façon suivante:

Un ouvrier saisit avec une tenaille un rivet chauffé, l'introduit dans le trou et maintient sa tête pressée contre la tôle avec le tas, tige cylindrique en acier portant en creux, à une extrémité, l'empreinte de la tête. Cet ouvrier s'appelle le teneur de tas.

Un second ouvrier appelé frappeur, frappe quelques coups sur la tige du rivet qui dépasse les tôles, de façon à commencer le refoulement du métal. L'outil de frappe est le marteau à frapper devant.

A ce moment, un troisième ouvrier, appelé riveur, place sur la tige, à demi-écrasée, une bouterolle, outil analogue au tas, mais plus court et en acier forgé. Le creux de la bouterolle est placé sur la tige du rivet.

Le frappeur achève alors de former la seconde tête du rivet en frappant sur la bouterolle.

L'ensemble de ces trois ouvriers et du chauffeur de rivets constitue une équipe de riveurs.

L'équipe est dirigée par l'ouvrier riveur.

Un équipe pose de 100 à 200 rivets par journée, suivant le diamètre et la facilité d'accès des assemblages.

Pour les rivets de gros diamètres (25 m/m), l'équipe comprend deux frappeurs qui frappent alternativement sur la tige des rivets ou sur la bouterolle.

Rivetage au marteau pneumatique

Le marteau pneumatique, très employé aujourd'hui, est un instrument à percussion actionné par l'air comprimé.

Celui dont on se sert actuellement est à simple effet.

Il se compose essentiellement d'un corps cylindrique en acier, dans lequel se déplace un piston appelé frappeur qui vient frapper sur une bouterolle emmanchée dans le corps du marteau.

L'air comprimé, admis sur la face arrière du frappeur, lance celui-ci sur la bouterolle. Le frappeur revient à sa position initiale grâce à la compression de la couche d'air entre la face avant et le fond du cylindre.

Le rivet doit être maintenu par un teneur de tas qui se comporte exactement comme dans le cas du rivetage à la main.

L'emploi du rivetage pneumatique nécessite sur le chantier une installation de compression d'air actionnée soit électriquement, si on se trouve à proximité d'une distribution qui puisse fournir le courant, soit par un moteur à vapeur ou à pétrole, une canalisation d'air comprimé avec réservoirs régulateurs de pression qui doit régner sur toute la longueur de la plate-forme de montage, et par des canalisations flexibles permettant de brancher les marteaux en service et les forges sur la canalisation distributrice.

A Paris, il est souvent possible d'utiliser la distribution d'air comprimé du secteur Popp.

L'emploi du marteau réduit l'équipe de riveurs à trois hommes.

Riveuse hydraulique

Force 50 Tonnes - Portée 900 ℀ - Ouverture 540 ℀ - Course 100 ℀.

Echelle ¹/₁₀

Arrivée de l'eau sous pression
Sortie de l'eau
Levier de manœuvre
Contrepoids d'équilibrage

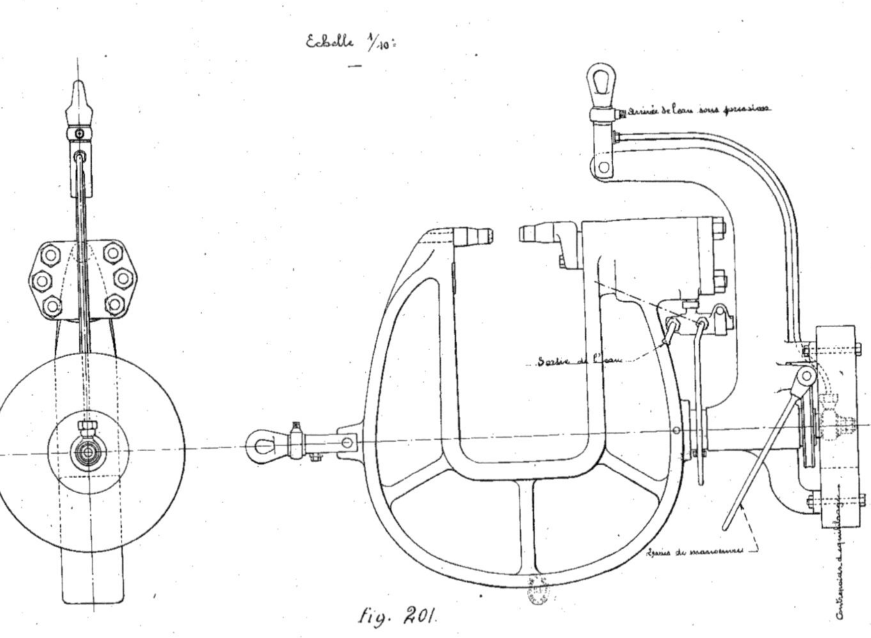

fig. 201.

Rivetage a la riveuse hydraulique

Avec la riveuse hydraulique, la main-d'œuvre n'intervient plus que pour diriger le travail de la machine.

Il existe de nombreux types de riveuses hydrauliques portatives.

Les plus employées sont analogues à celle représentée sur la figure 201.

Elles se composent d'un bâti en forme de C dont l'une des extrémités porte la bouterolle et l'autre le tas ou contre-bouterolle.

La bouterolle est fixée sur le piston d'une presse hydraulique.

La contre-bouterolle est appliquée contre la tête du rivet à poser; la pression exercée par la bouterolle forme la seconde tête.

L'eau arrive par le crochet qui sert à suspendre la riveuse et se rend, par une conduite rigide, dans le corps de presse.

Un levier commande l'admission de l'eau et l'échappement.

Les riveuses portent toujours plusieurs crochets permettant de les suspendre dans différentes positions.

L'emploi des riveuses hydrauliques nécessite sur le chantier l'installation d'un réservoir d'eau, d'une pompe de compression, d'accumulateurs, d'une canalisation de distribution et de canalisations de raccordement flexibles.

La force motrice est comme précédemment, électrique, ou fournie par un moteur à vapeur ou à pétrole.

Montage provisoire à l'atelier

Avant d'expédier au lieu de pose les éléments d'un pont, on procède à l'atelier à un montage provisoire à l'aide de broches et de boulons. On vérifie les assemblages et on fait au besoin les rectifications nécessaires.

Montage sur échafaudage

On exécute, sur l'emplacement du pont à construire, un pont provisoire en charpente sur lequel on construit le pont métallique.

Les échafaudages ou ponts de service se composent de poutres longitudinales disposées sous les poutres principales du pont métallique et sous les rails de roulement de la grue de montage.

Ces poutres longitudinales sont soutenues par des pieux battus en rivière ou par des poteaux reposant sur le sol résistant par l'intermédiaire de semelles qui répartissent la pression.

Des contrefiches soutiennent les poutres et assurent la rigidité de l'ensemble.

Dans ces échafaudages, on s'attache le plus possible à n'employer que les échantillons des bois du commerce:

Sciages: 40×40, 35×35, 30×30, 25×25, 20×20;

Bois courants: 25×12, 22×8 à 11 (madriers), $16 \times 6,5$ (bastaings).

Les cours de poutres longitudinales supportent un plancher en madriers reposant sur des traverses.

La plate-forme de l'échafaudage est limitée, de chaque côté, par un garde-corps en bois si elle est élevée au-dessus du sol.

Dans tous les cas, on place souvent sur chaque bord une pièce de bois longitudinale clouée sur le plancher pour prévenir la chute des outils et des rivets.

La figure 202 représente un échafaudage établi suivant ces principes, et entièrement en bois.

Lorsque le pont à construire est plus important et que l'ouverture des travées à laisser libre pour le passage des bateaux est grande, les poutres longitudinales ne peuvent plus être constituées par une simple pièce de bois. On emploie alors un des types de poutres américaines décrits précédemment, soit en bois, soit en métal, soit mixte.

Enfin, dans certains cas, on a employé des échafaudages complètement métalliques.

Dans le sens transversal, les différentes files de poutres et de poteaux doivent être convenablement entretoisées et contreventées, de façon à empêcher leur déversement et à assurer leur tenue sous l'action du vent.

Marche du montage

Supposons, par exemple, un pont à voie supérieure (fig. 203).

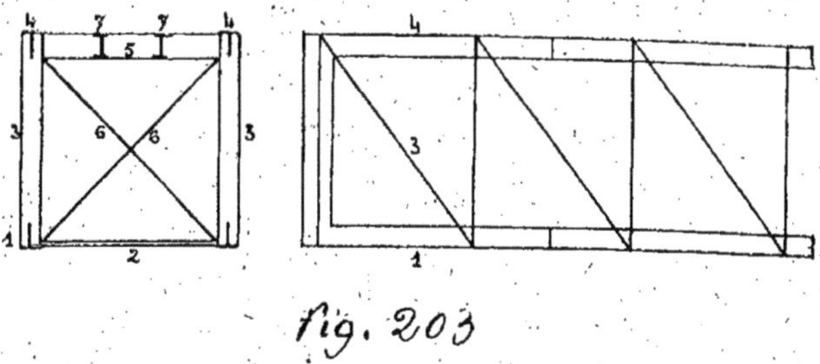

fig. 203

On commence par monter les membrures inférieures des poutres en posant les différents tronçons sur des calages constitués par des empilages de madriers ou de bois équarris élevés à 0m80 ou 1 mètre au-dessus du plancher de façon à ménager un espace qui permette de faire le rivetage de la partie basse.

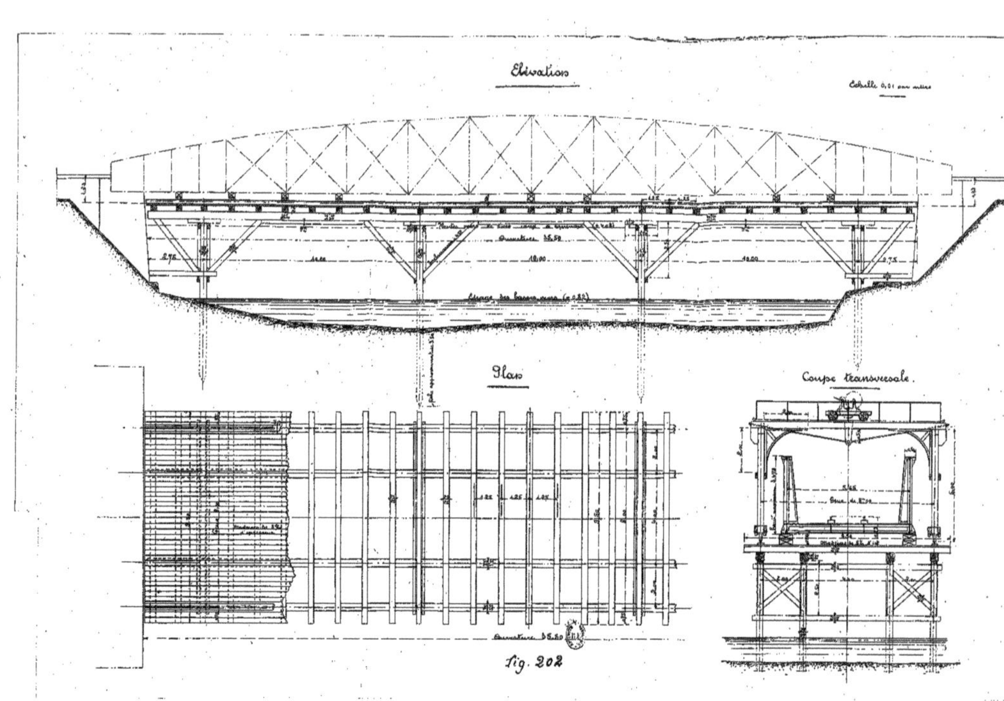

Élévation
Échelle 0,01 par mètre
Plan
Coupe transversale.
Fig. 202

Les différents tronçons sont mis bout à bout et réunis par leurs couvre-joints à l'aide de broches et de boulons. Le montage des tronçons est soigneusement réglé, de façon à réaliser l'alignement et la contreflèche prévue à l'usinage.

On établit, en même temps, les pièces du contreventement inférieur, puis les montants et diagonales, les tronçons des membrures supérieures, les poutrelles, les longerons et les barres d'entretoisement.

L'ordre du montage peut naturellement être modifié pour les dernières pièces, suivant leur mode d'assemblage mutuel.

Le montage sur échafaudage est le plus simple et comporte le minimum d'aléas. Il est en outre assez économique, lorsque le pont est peu élevé au-dessus du sol et du cours d'eau.

Si le terrain est profond au-dessous de l'ouvrage, l'établissement d'un échafaudage devient au contraire très coûteux.

Montage sur plate-forme et mise en place par lançage

Ce mode de mise en place s'emploie principalement pour les ponts à travées continues.

On aménage, en arrière d'une culée, une plate-forme située dans l'alignement de l'emplacement final du pont, sur laquelle celui-ci est monté.

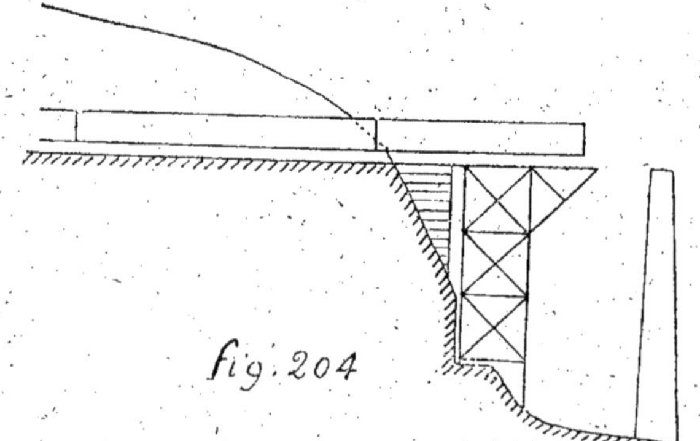

On le transporte ensuite au-dessus de cet emplacement, et à un niveau un peu supérieur à son niveau définitif, en le faisant rouler sur des appareils de roulement à galets.

La plate-forme est le plus souvent exécutée par terrassement, en remblai ou en tranchée.

Dans certains cas, on a utilisé la plate-forme supérieure d'un viaduc d'accès en maçonnerie.

On a également constitué la plate-forme par un échafaudage en charpente, lorsque la hauteur considérable au-dessus du sol aurait rendu l'établissement d'un remblai trop onéreux.

Le plus souvent, on ne dispose pas, quelque moyen qu'on emploie, d'une plate-forme de longueur suffisante pour monter la totalité du pont.

Le montage est alors effectué par fractions et on procède à des lançages partiels.

La longueur de la partie lancée, à chacun de ces lançages partiels, doit être autant que possible au moins égale à une fois ou deux fois la longueur d'une travée.

Si on ne dispose pas d'assez de place sur le terre-plein, on peut employer le moyen indiqué plus haut et construire un échafaudage en avant de la culée (fig. 204).

Appareils de roulement

Le diamètre des galets de roulement est de 0^{m}50 à 0^{m}60, la largeur de jante de 70 à 100 m/m.

Les galets sont placés à l'aplomb des âmes des poutres; la jante est, par conséquent, entre les deux files de rivets d'assemblage des cornières aux semelles.

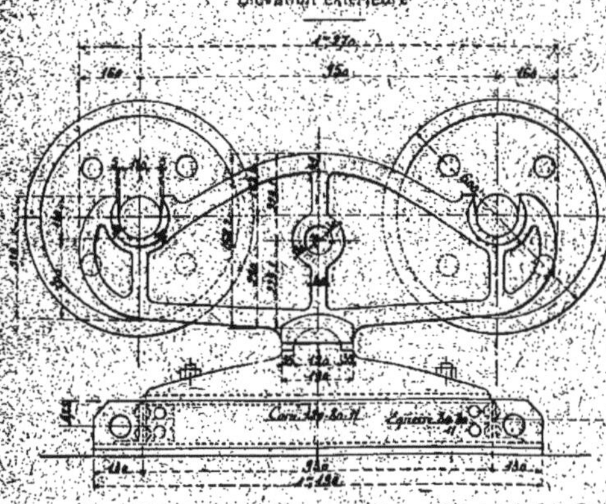

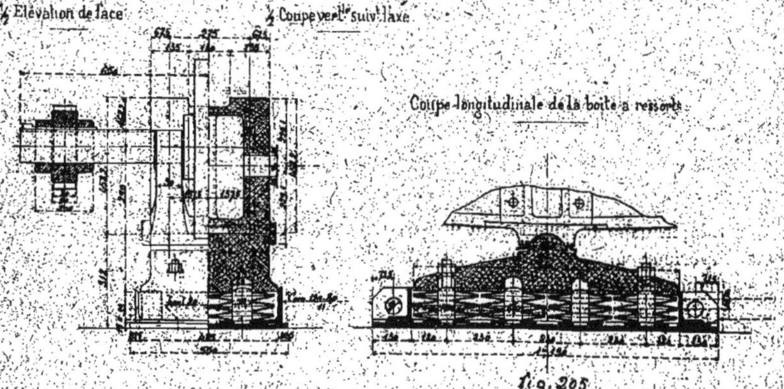

fig. 205.

Si les poutres sont à
âme double, il faut deux
files de galets : une file sous
chaque membrure.

La charge de sécurité
que peut porter un galet est
ordinairement de 30 à 60
tonnes.

Lorsque la charge est
plus élevée, on réunit les
galets deux à deux, ou quatre à quatre, ou en nombre
plus élevé.

Les galets ainsi couplés
sont montés sur des balanciers à bras égaux pouvant
osciller autour d'un axe.

Nous donnons les deux
types employés :

Figure 205. Appareil à
balancier à deux galets.

Cet appareil est en acier
moulé et posé sur une boîte
à ressorts constitués par des
empilages de rondelles Bel-
leville. Cette disposition est
employée seulement pour
deux galets.

Figure 206. Appareil en
tôle et cornières.

Cet appareil est à quatre
galets. En plaçant deux
appareils semblables côte
à côte, on obtient un appareil à huit galets. Chaque
balancier simple portant
deux galets peut être em-
ployé isolément.

Avec ce système, on
voit qu'on peut réaliser des
équipages de galets capables
de supporter des charges

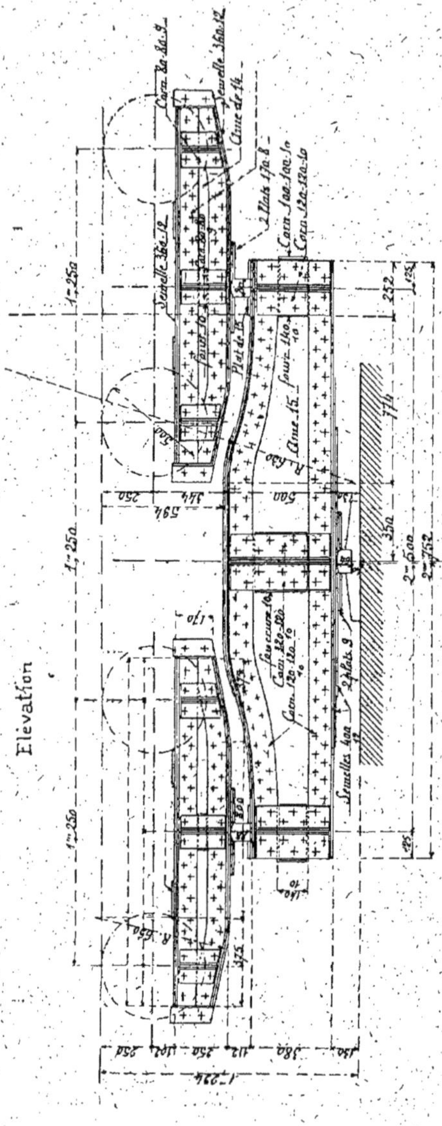

considérables. En même temps, la disposition à balanciers donne une répartition rigoureusement égale de la charge totale entre tous les galets de roulement, et la réaction du pont sur un support passe obligatoirement par l'axe de rotation du balancier inférieur.

Lorsqu'on effectue le lançage d'un pont, les appareils de roulement sont placés sur les piles et culées, à l'emplacement des appareils d'appui, et la partie du pont qui se trouve au-dessus de la plate-forme du montage est également supportée par un certain nombre d'appareils. Si le sol est très résistant, ces appareils reposent directement sur le terrain, avec interposition de deux couches de bois croisés pour répartir la pression.

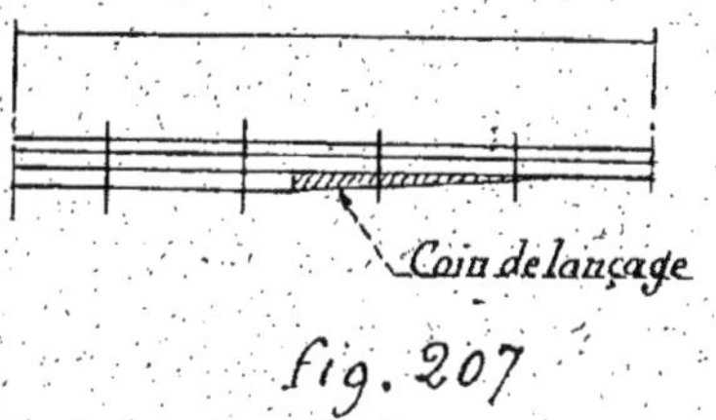

fig. 207

Mais il peut arriver que le sol de la plate-forme soit très peu résistant, particulièrement si on a affaire à du remblai neuf. On ne peut plus répartir la pression par des calages en bois, et on est alors obligé soit de battre des pieux dans le remblai, soit de pratiquer une fouille et de la combler avec des cailloux, soit dans certains cas, d'exécuter des massifs de maçonnerie.

On évite ainsi le tassement des appareils de roulement sur la plate-forme et les déformations qui pourraient en résulter dans l'ossature du pont.

Lorsqu'on prévoit qu'un pont sera mis en place par voie de lançage, on ajoute, contre chaque about de semelle ou de couvre-joint de semelle de la membrure inférieure, un coin de lançage (fig. 207) plat taillé en biseau, de la largeur des cornières et rivé sur la membrure : ces coins suppriment les ressauts des semelles et des couvre-joints, et facilitent le roulement.

Appareils de traction

On emploie soit des treuils, soit des leviers.

1° *Treuils*. — Le principe de l'emploi des treuils est le suivant :

Le câble du treuil passe sur des moufles amarrées d'un côté à une poutrelle du tablier, et de l'autre à un point fixe constitué par un ancrage dans le sol.

Au sortir des moufles, le garant (partie du câble entre le treuil et les moufles) passe sur une ou plusieurs poulies de renvoi, de façon à se présenter normalement au tambour du treuil.

La traction exercée sur le câble provoque l'avancement du pont.

Le treuil peut occuper différentes positions :

1º Il peut être sur le côté et à hauteur du tablier; il faut alors deux treuils ; un de chaque côté (fig. 208) ;

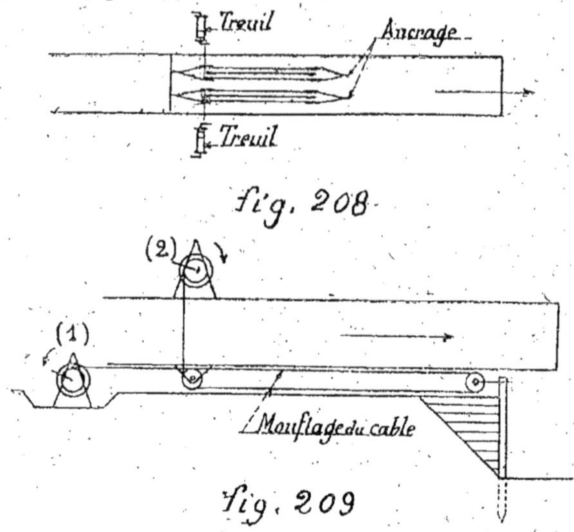

2º Il peut être dans le prolongement et en arrière du pont (fig. 209, disposition 1).

Le point fixe pour l'amarrage des moufles peut être constitué par un appareil de roulement dont la charge est suffisante pour que le frottement ne puisse être vaincu par l'effort de la traction.

On peut encore placer le treuil directement sous le pont, dans une entaille du remblai de la plate-forme;

3º Le treuil peut enfin être installé sur le pont lui-même (fig. 209, disposition 2). L'effort de traction à exercer par l'emploi des treuils est d'environ. 60 kgs par tonne de pont.

Il n'y a pas de limite à l'effort qu'on peut atteindre par ce procédé, puisqu'on peut à la fois augmenter la puissance des treuils et leur nombre.

Les câbles qu'on emploie actuellement sont toujours en acier. Les câbles en chanvre présentent l'inconvénient de se tendre très fortement et de se détendre dès que le pont a avancé, d'où une progression irrégulière et par à-coups.

Cet inconvénient est supprimé avec les câbles en acier;

2º *Leviers.* — Sur l'axe d'un des galets d'un appareil à deux galets est clavetée une roue à rochets et un levier qui est fou sur l'axe. Ce levier porte un cliquet qui s'engage dans les dents de la roue (fig. 210).

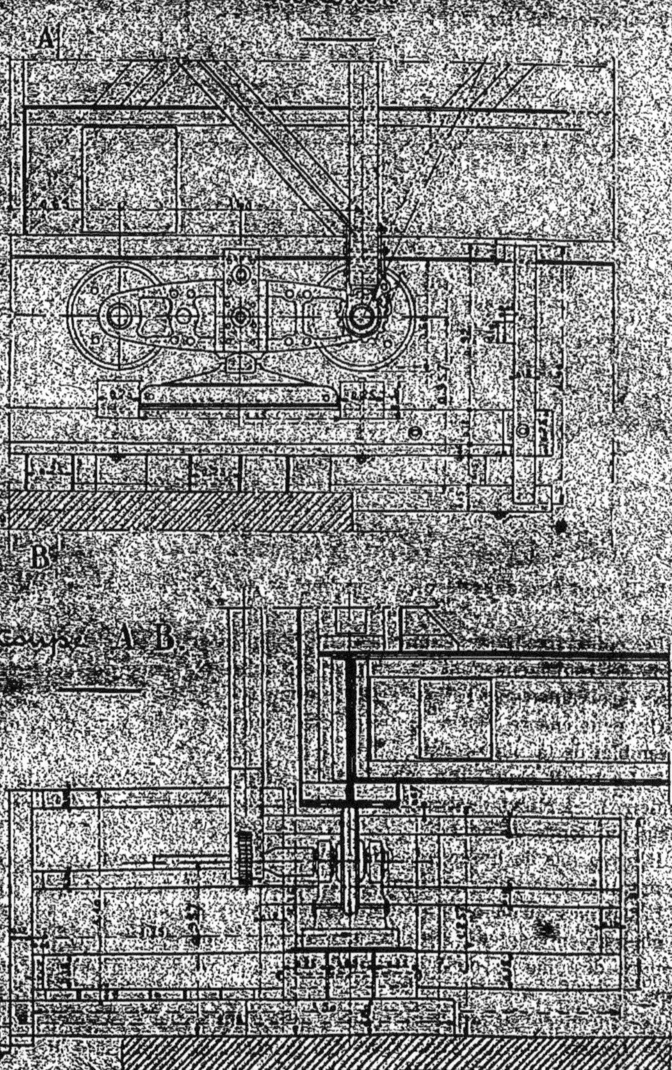
Élévation
A
B
coupe A B
Fig. 210

Les leviers de chaque appareil s'élèvent jusqu'au-dessus des poutres sur lesquelles est installée une plate-forme en bois qui peut rouler sur les membrures supérieures et qui est amarrée sur elles.

Deux leviers en regard sont réunis par une barre transversale, et deux leviers successifs sont également réunis par une tringle de jonction articulée sur les leviers.

Les ouvriers, montés sur la plate-forme, agissent sur les barres transversales. L'effort provoque la rotation des galets et l'avancement du pont.

La simultanéité des mouvements est assurée par les tringles de jonction.

Soient r le rayon d'un galet et f l'effort sur le levier (fig. 211).

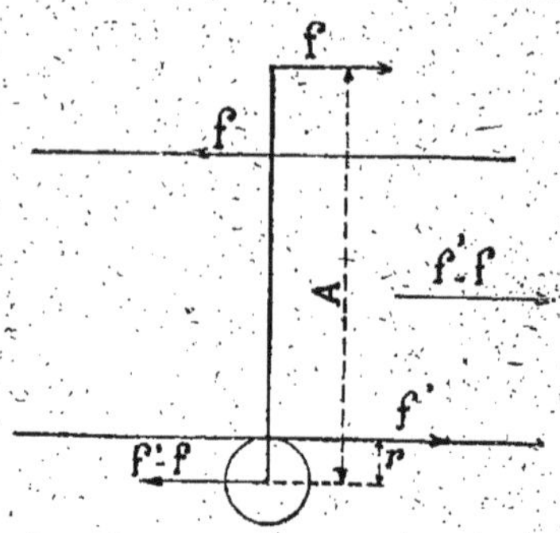

L'effort f' sur le galet a pour expression

$$f' = f\frac{h}{r}.$$

Fig. 211

La réaction du levier sur l'axe du galet est une force $f'-f$.

Par conséquent, l'effort d'avancement correspondant à un galet a pour valeur $f'-f$:

$$f'-f = f\left(\frac{h}{r}-1\right).$$

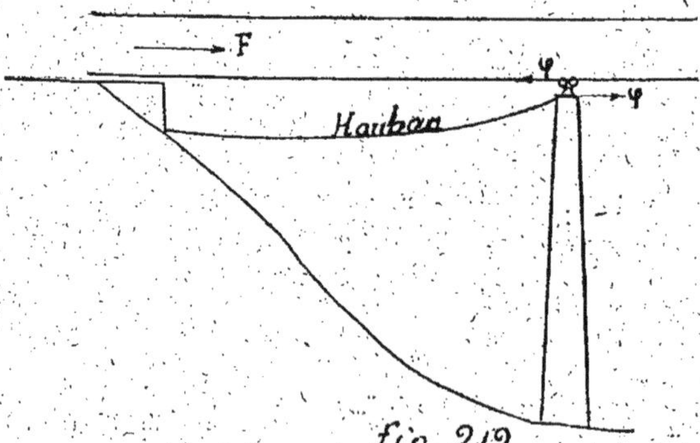

fig. 212

Cet effort a donc pour limite supérieure la valeur qui correspond au maximum de f.

Les leviers présentent un grand avantage par rapport au treuil, lorsqu'il s'agit de lancer un pont sur des piles hautes.

Soit F l'effort d'avancement produit par un treuil (fig. 212).

Les résistances à vaincre sont les forces de frottement sur les appareils de roulement. Ces résistances φ se produisent sur tous les supports, et on a

$$F = \Sigma\varphi.$$

Sur la pile, l'appareil de roulement exerce une action égale à φ et en sens inverse. Cette réaction tend à renverser la pile et peut donner, dans la maçonnerie de celle-ci, des efforts de tension auxquels il est prudent de s'opposer en haubanant les piles.

Avec les leviers, au contraire, on a un effort moteur $(f'-f)$ et une résistance φ (fig. 213) donc l'action de l'appareil de roulement sur la pile est

$$(f'-f)-\varphi.$$

La tendance au renversement est donc diminuée :

$$\Sigma\,(f'-f)=\Sigma\varphi.$$

Si on plaçait des leviers à chaque appareil de roulement, on aurait partout

$$f'-f=\varphi$$

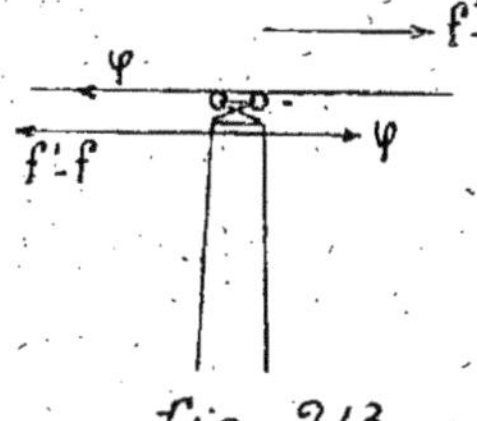

fig. 213

et il n'y aurait aucun effort de renversement.

En pratique, on réduit le plus possible le nombre des leviers, car la simultanéité des efforts est difficile à obtenir.

Quand on lance un pont de grande longueur et de poids élevé, on est toujours conduit à placer des leviers sur les appareils d'un grand nombre, sinon de tous les supports. Dans ce cas, tous les leviers d'une même file sont réunis par une tringle longitudinale.

On a même actionné ces leviers à l'aide d'un moteur, les tringles d'accouplement faisant l'office de bielles.

La vitesse d'avancement des ponts en lançage varie de 5 à 10 mètres à l'heure.

Résistance des poutres pendant le lançage

Pendant le lançage d, les poutres principales d'un pont se trouvent soumises à des efforts différents de ceux correspondant à l'ouvrage en service.

Si l'on considère l'instant où l'extrémité du pont arrive au-dessus d'une pile P_1, toute la partie P_1P_2 se trouve en porte-à-faux et la courbe des moments fléchissants affecte la forme indiquée sur la figure 214.

Il y a lieu de tracer cette courbe pour différentes positions du pont en cours de lançage, de façon à obtenir la courbe enveloppe des moments fléchissants maxima.

On superpose cette courbe enveloppe à la ligne représentative des moments de flexion dus à la charge permanente et aux surcharges.

On opère de même pour les efforts tranchants.

Toutefois, on peut admettre, pendant le lançage, un coefficient de travail plus élevé que celui dont on se sert pour déterminer les sections. Pour l'acier, on peut aller jusqu'à 10 kilogrammes par millimètre carré, à condition qu'on ait déterminé les efforts avec exactitude.

Il arrive très fréquemment que, malgré cela, la résistance des poutres est insuffisante en certains points, principalement dans la région de l'appui qui correspond au porte-à-faux maximum.

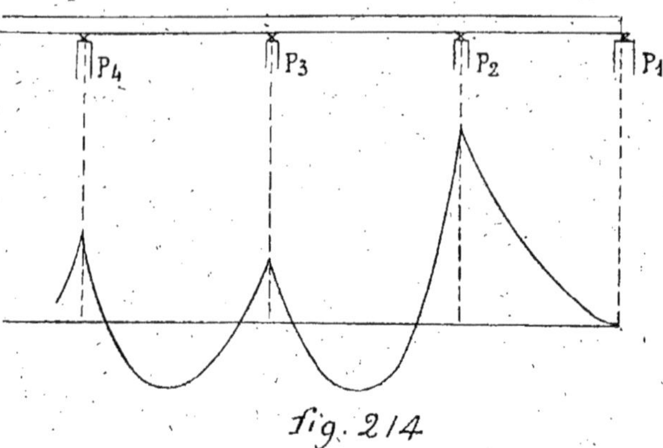

fig. 214

On peut y remédier de plusieurs façons :

a) Par renforcement ou modification des sections.

On peut ajouter des semelles supplémentaires aux membrures, renforcer les treillis. On peut encore augmenter la hauteur des poutres quand rien ne s'y oppose ;

b) Par addition de faux montants ou épontilles.

Ce sont des montants verticaux en bois que l'on cale avec des coins entre les membrures et qui facilitent la résistance à l'effort tranchant ;

c) Par l'emploi d'un avant-bec.

Un avant-bec est une poutre légère à treillis, que l'on ajoute dans le prolongement de chaque poutre principale du pont. Les avant-becs ont toujours une forme triangulaire, la membrure inférieure est légèrement relevée à son extrémité pour faciliter la montée sur les galets des appareils de roulements (fig. 215).

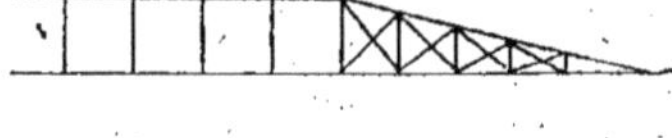

fig. 215

Le porte-à-faux des poutres du pont, par ce procédé, est diminué de toute la longueur de l'avant-bec, et les efforts produits par celui-ci sont relativement faibles, parce qu'il est constitué par une charpente de faible poids.

Les avant-becs de petite longueur se font assez souvent en bois. L'avant-bec doit être solidement attaché sur les poutres. Dans la section d'attache, il faut réaliser la résistance au moment de flexion et à l'effort tranchant. Les membrures des poutres et de l'avant-bec sont éclissées par des couvre-joints de semelles, autant que possible rivés et qu'on coupe au ras des poutres lorsqu'on démonte l'avant-bec, en fin de lançage.

Les cornières verticales d'attache sur l'extrémité des poutres sont assemblées à l'aide de boulons, qui résistent à l'effort tranchant.

La longueur à attribuer à l'avant-bec doit être au moins égale à la différence de portée entre la plus grande travée intermédiaire et la travée de rive, de façon que la longueur de la travée de rive du pont qui se trouve en tête pendant le lançage, augmentée de celle de l'avant-bec, soit suffisante pour franchir la plus grande travée.

La longueur des avant-becs peut atteindre 40 mètres;

d) Par l'emploi de haubans.

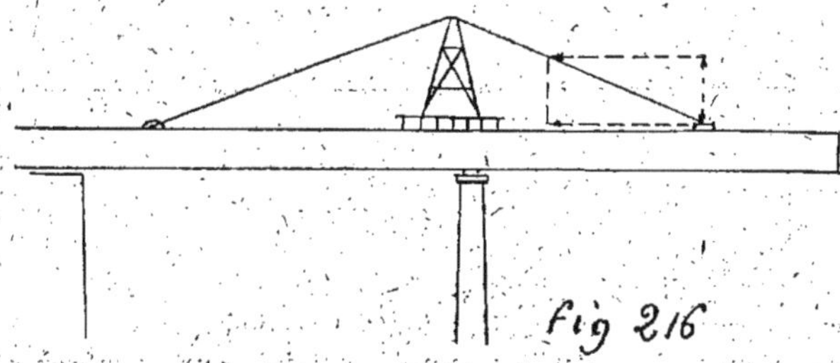

On soutient l'extrémité du porte-à-faux du pont à l'aide de haubans ou câbles métalliques, amarrés sur les membrures supérieures et passant sur un chevalet en charpente (fig. 216);

e) Lorsque le pont franchit un cours d'eau, on a quelquefois soutenu

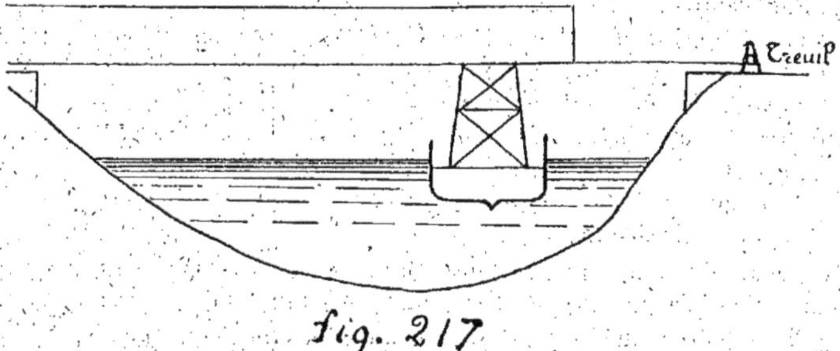

l'extrémité du pont, pendant le lançage, a l'aide d'un échafaudage élevé sur un bateau. Les treuils sont placés sur la rive opposée à celle de la plate-forme du montage, et permettent d'exercer une traction sur le pont (fig. 217). Cet effort détermine l'avancement de l'ouvrage et du bateau. Ce dispositif convient à peu près uniquement aux ponts à une travée.

Une pareille opération n'offre de sécurité que si les eaux du cours d'eau sont toujours calmes et si l'on ne craint pas de brusques sautes de vent, qui pourraient imprimer au bateau des mouvements de balancement dangereux.

Efforts de flexion locale

Pendant le cours du lançage d'un pont, tous les points de la membrure inférieure deviennent successivement des appuis du pont.

Considérons un panneau AB de membrure inférieure, reposant sur un appareil de lançage (fig. 218).

La réaction V sur cet appareil, se partage par moitié entre les deux galets.

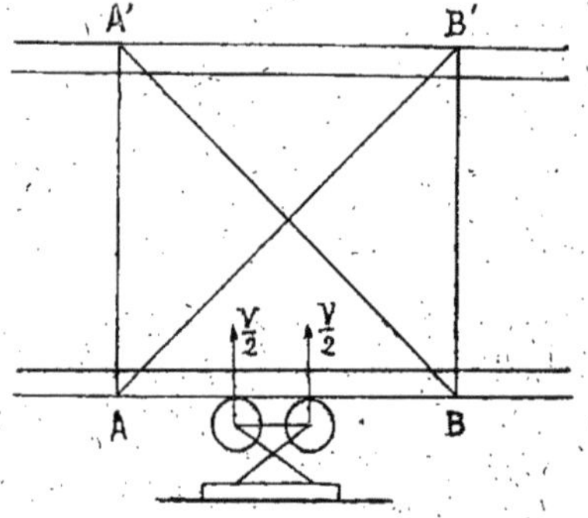

fig. 218

Cette réaction doit être reportée sur les montants AA' et BB'.

L'élément de membrure inférieure AB subit donc, de ce chef, une flexion locale et se comporte comme une poutre ayant les montants AA' et BB' comme points d'appui.

Pour le calcul des efforts élastiques dus à cette flexion locale, on suppose la membrure AB encastrée entre A et B. Le montant fléchissant est ordinairement maximum dans les sections d'encastrement. On cherche la position des galets qui détermine ce maximum et on en déduit le travail de flexion locale.

Ce travail s'ajoute dans les fibres extrêmes soit supérieures, soit inférieures de la membrure, au travail de flexion générale, et on vérifie que le total ne dépasse pas la limite admise.

Quand la longueur AB est grande, il n'en est généralement pas ainsi. Pour y remédier, deux moyens peuvent être employés:

1o Renforcer la membrure, de façon à augmenter la valeur de $\frac{I}{V}$. On ajoutera, par exemple, des cornières à la partie supérieure de l'âme;

2o Ajouter des faux montants en bois de façon à réduire la portée libre de la membrure. Ces faux montants devront avoir la section nécessaire pour résister à la réaction $\frac{V}{2}$.

Stabilité transversale pendant le lançage

Considérons un pont à lancer au-dessus d'une vallée profonde (fig. 219).

Après un lançage partiel, si on laisse le pont sur les appareils de roulement, le vent, soufflant suivant la direction de la vallée, imprimera à la partie en porte-à-faux des vibrations horizontales d'amplitude croissante et qui pourront, à un moment donné, avoir pour effet de faire glisser le pont en dehors des galets qui le supportent et de le précipiter dans la vallée.

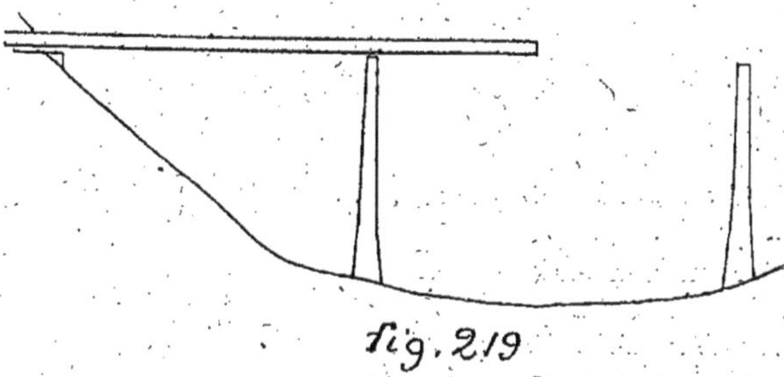

fig. 219

Lorsqu'un lançage partiel est terminé, il est donc indispensable de faire reposer le pont sur des appuis plus importants que les appareils de roulement, qui n'offrent qu'une faible surface d'appui et dont la stabilité transversale propre est très faible.

On constitue ces appuis par des empilages de madriers ou de bois équarris.

Si les poutres sont très hautes, il est même prudent de les contrebuter sur les piles par des contrefiches en bois prenant appui sur la maçonnerie et calées contre les membrures supérieures.

Descente des ponts sur leurs appuis

Un pont est toujours lancé à un niveau notablement supérieur à son niveau définitif. Le niveau de la plate-forme de montage est, en effet, généralement surélevé par rapport à la face supérieure des piles et culées sur lesquelles reposent les appareils d'appui. D'autre part, la hauteur des appareils de roulement, augmentée de celle de leurs calages, est supérieure à celle des appareils d'appui.

Enfin, pendant le lançage, les appareils de roulement occupent la place des appareils d'appui.

En fin de lançage, lorsque le pont est arrivé au-dessus de l'emplacement de ses appuis définitifs, il est donc nécessaire de procéder aux opérations suivantes:

1º Faire reposer le pont sur des calages par l'intermédiaire de vérins. On place, sous les vérins, une plaque de tôle de forte épaisseur qui répartit la pression sur les bois.

Par mesure de sécurité, à côté de chaque calage portant un vérin, on place un calage n'en portant pas; ce dernier sera toujours bloqué contre le dessous du pont, pour parer aux conséquences de la rupture d'un **vérin et de** son affaissement brusque;

2º Soulever le pont à l'aide des vérins de la quantité juste suffisante

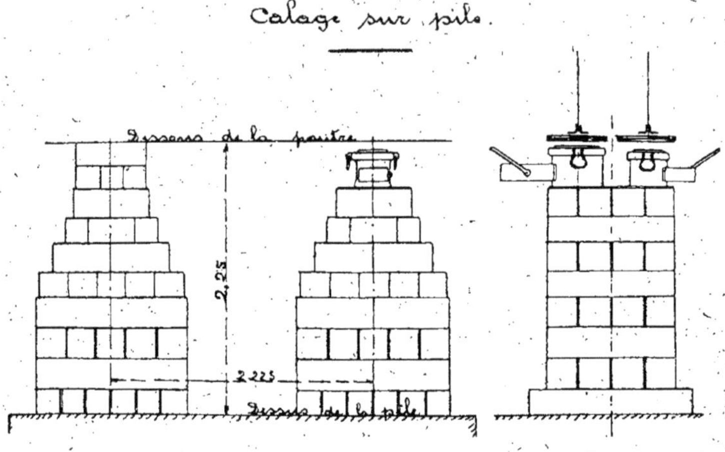

fig. 220

pour dégager les appareils de roulement et les enlever. On procède à cette opération simultanément pour les appareils d'un même support;

3º Ramener les vérins à fond de course, installer les appareils d'appuis, les balanciers supérieurs de ceux-ci étant boulonnés sur les membrures inférieures des poutres;

4º Abaisser le pont progressivement par soulèvement sur un appui à l'aide des vérins, de façon à enlever un rang de madriers sur les calages de cet appui.

On calcule d'avance quelle dénivellation on peut donner entre deux appuis successifs pour ne pas élever le travail élastique au-delà d'une valeur admissible, et on donne aux bois des calages une épaisseur à peu près égale à cette dénivellation.

On continue ainsi, par soulèvements et abaissements successifs jusqu'à ce que les balanciers supérieurs des appareils d'appuis viennent reposer sur les rotules.

Les figures 220 et 221 représentent des exemples d'installation de calages sur une pile et sur une culée.

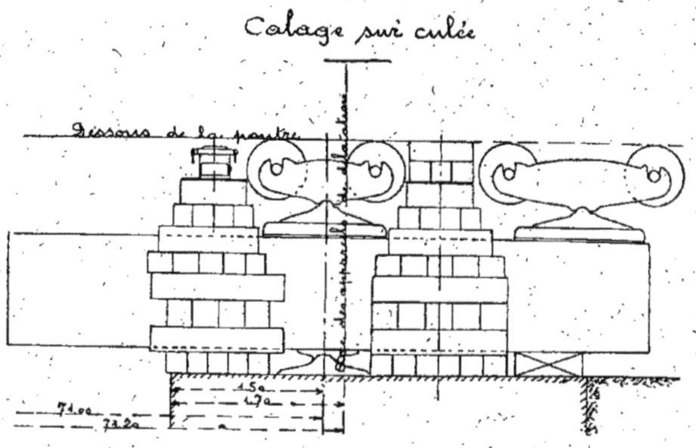

fig. 221

Lorsque les épaisseurs de calages deviennent très importantes la compression des bois devient telle qu'on est obligé de remplacer les bois tendres par des bois durs.

Il est alors bon d'examiner s'il n'est pas plus économique de remplacer les bois par des calages métalliques, constitués par des poutres assemblées de hauteur convenable.

Types de ponts qui se prêtent au lançage

Ce sont les ponts à poutres continues de hauteur constante, ou de hauteur variable à membrure inférieure rectiligne.

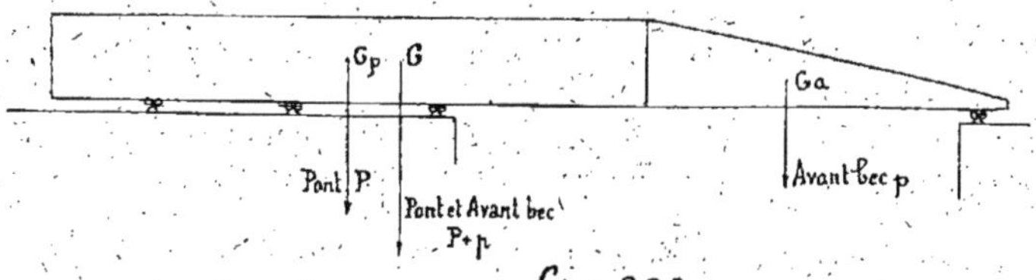

fig. 222

Généralement, les ponts à poutres continues se lancent d'un seul côté, quelle que soit leur longueur. Il est en effet avantageux de n'avoir qu'un seul chantier de montage.

Cependant, certains ponts ont été lancés en partant de chaque rive et en raccordant les deux abouts opposés. On éprouve toujours une certaine difficulté à faire la jonction de deux sections à raccorder.

Actuellement, le lançage des ponts à une seule travée est une opération qui se pratique couramment. Il faut alors munir le pont d'un avant-bec de longueur au moins égale à la moitié de la portée (fig. 222).

Si l'avant-bec est plus court, il faut placer un contrepoids à la partie arrière pour ramener le centre de gravité de l'ensemble dans la partie soutenue.

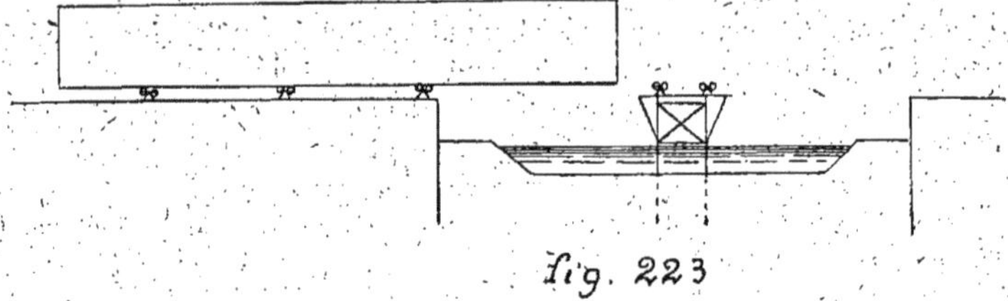

On peut enfin réduire la largeur à franchir en construisant une palée en bois portant des appareils de roulement (fig. 223).

Mise en place par ripage ou par roulement transversal

Ce procédé s'emploie dans les chemins de fer, lorsqu'on veut remplacer un pont en service par un nouveau pont sans interrompre la circulation.

Le pont neuf est construit sur un échafaudage à côté du pont à remplacer.

On établit, de l'autre côté de ce dernier, un second échafaudage.

Les deux échafaudages sont réunis par des poutres métalliques supportant des chemins de roulement.

Le pont en service peut être calé sur ces poutres en le soulevant à l'aide de vérins et en le laissant ensuite reposer sur des empilages de madriers. On peut alors lui enlever ses appareils d'appui.

Au moment du remplacement, chaque extrémité de chacun des deux tabliers est placé sur une poutre, en bois ou en acier, montée sur des galets pouvant rouler sur les rails de roulement précédents.

On déplace alors l'ancien tablier en le faisant rouler jusque sur l'échafaudage préparé pour le recevoir, et on roule le tablier neuf à sa place.

Pour faire cette opération, on a soin de monter la voie sur le tablier neuf, de façon qu'une fois ce tablier arrivé au-dessus de son emplacement, il n'y ait plus qu'à le descendre sur les calages et à raccorder la voie aux extrémités.

On arrive ainsi souvent à faire la substitution dans l'intervalle de deux trains.

Les différentes vues de la figure 224 donnent un exemple des dispositions employées.

Les poutres qui supportent le chemin de roulement entre les deux échafaudages sont des poutres jumelées.

On peut également remplacer le roulement par le glissement en mettant des rails légèrement en pente et faisant glisser le pont dessus.

Mise en place par flottage

On construit le pont sur un échafaudage établi sur la rive. Lorsque le montage est terminé, on place sous le pont deux bateaux lestés qu'on déleste de façon à soulever le pont. On arrime solidement le pont sur les bateaux. On remorque alors l'ensemble à l'emplacement du pont. On leste à nouveau les bateaux jusqu'à ce que le tablier repose sur ses appuis.

Ce procédé est très économique, à condition que les eaux soient relativement calmes.

Montage en porte-à-faux ou par encorbellement

Ce procédé de montage s'applique surtout aux ponts du genre Cantilever ancrés sur leurs supports.

Le pont du Forth, par exemple, a été monté de cette façon.

On a d'abord mis en place chaque panneau de pile, ancré dans la maçonnerie de cette dernière, puis ces panneaux ont servi de support pour monter simultanément en porte-à-faux les deux consoles attenantes, de façon que l'avancement soit le même des deux côtés. Tous les petits échafaudages de montage étaient accrochés après l'ossature déjà montée; en outre, sur le tablier, une voie ferrée était établie et permettait d'amener les pièces à pied d'œuvre. Une grue roulant sur la membrure supérieure et suivant l'avancement prenait les pièces sur le train de service et les présentait à la place qu'elles devaient occuper.

Après l'achèvement des consoles partant des piles, on a ancré les extrémités des travées de rive dans la maçonnerie des culées.

Les travées indépendantes des deux grandes travées ont été montées également par encorbellement, en encastrant provisoirement chaque extrémité des poutres sur l'about de la console correspondant. Ces encastrements ont été supprimés après la jonction des deux moitiés de chaque travée indépendante.

Quand les poutres ne sont pas ancrées sur leurs supports, on peut encore avoir recours au montage en porte-à-faux, mais il faut alors limiter l'emploi du procédé aux consoles et monter sur échafaudage les travées elles-mêmes, à moins qu'on ne réalise un ancrage provisoire, soit en multipliant le nombre des appuis sur une pile, soit par tout autre procédé.

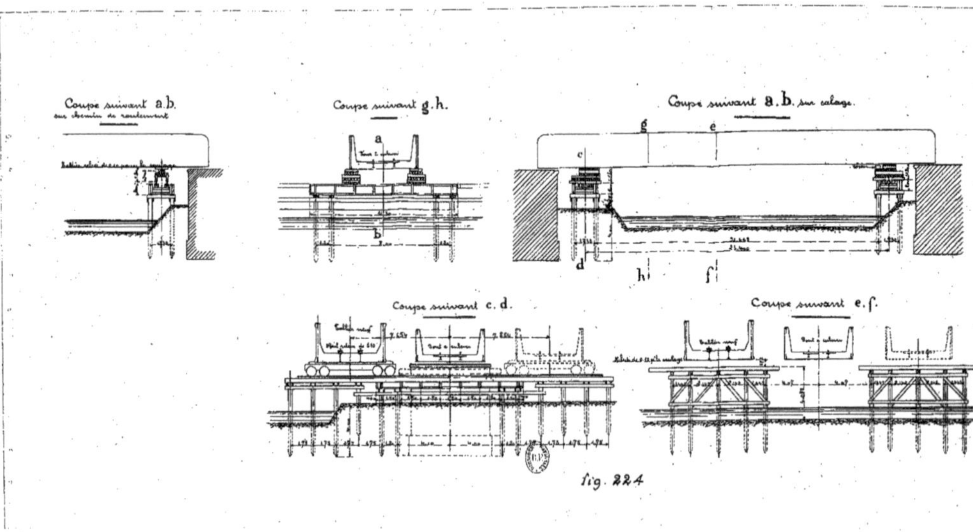

Coupe suivant a.b.
sur chemin de roulement
Coupe suivant g.h.
Coupe suivant a.b. sur calage.
Coupe suivant c.d.
Coupe suivant e.f.
fig. 224

CHAPITRE V

PILES MÉTALLIQUES

Dispositions générales

Les supports intermédiaires d'un pont peuvent être exécutés en maçonnerie ou en métal.

Les piles métalliques sont ordinairement plus coûteuses que les piles en maçonnerie.

L'emploi du métal se limite, en général, au cas où les matériaux de construction nécessaires à l'exécution de piles en maçonnerie doivent être apportés d'un endroit très éloigné du lieu d'emploi.

Pour les ponts à plusieurs travées nous avons vu que la solution la plus économique correspond au cas où le prix moyen d'une poutre d'une travée est égal au prix moyen d'une pile.

Par conséquent, plus les piles sont hautes et plus les travées doivent être longues.

Ce rapport entre la longueur des travées et la hauteur des piles doit être surtout observé pour les piles métalliques, qui subissent les effets de la dilatation. Celle-ci a pour effet de créer des dénivellations entre les différents appuis, et il en résulte des efforts supplémentaires dans les poutres, d'autant plus élevés que les travées sont plus courtes.

EFFORTS S'EXERÇANT SUR LES PILES MÉTALLIQUES

Les efforts s'exerçant sur une pile métallique sont les suivants :

1° Un effort vertical provenant du tablier reposant sur la pile, soit P la résultante ;

2° Un effort horizontal également transmis par le tablier, dû à plusieurs causes : action du vent, dilatation, mouvement de lacet des véhicules, freinage d'un train sur le pont.

fig. 225

Soit:

F_1 la composante parallèle à l'axe longitudinal du tablier;

F_2 la composante perpendiculaire à cet axe.

La composante F_2 est toujours très supérieure à la composante F_1;

3° Le poids propre de la pile P';

4° Un effort horizontal provenant de l'action du vent sur la pile et dont F'_1 et F'_2 sont les deux composantes rectangulaires (fig. 225).

TABLIER SUPÉRIEUR A DEUX POUTRES

1° *Piles de faible hauteur.* — Les piles sont construites pour résister aux efforts principaux P et F_2. On les constitue par une poutre à treillis dont les membrures sont verticales et à l'aplomb des poutres du tablier (fig. 226).

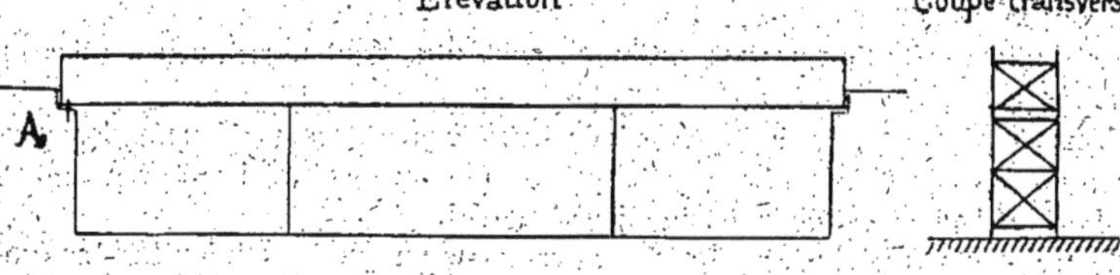

fig. 226

Pour résister à l'effort F_1, il suffit de fixer un point du tablier, une extrémité A, par exemple, sera ancrée sur la maçonnerie de la culée, ou assemblée d'une façon rigide sur une double pile métallique dont les membrures correspondantes seront elles-mêmes réunies par une triangulation (fig. 227).

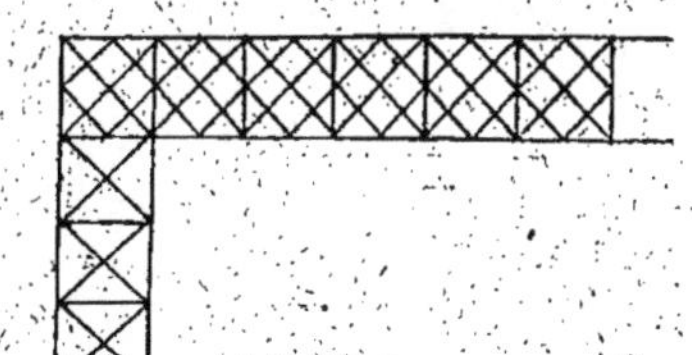

fig. 227

Les piles sont généralement assemblées avec le tablier. Quand celui-ci se dilate, elles s'infléchissent. Elles doivent donc être assez flexibles, dans le sens de la longueur du pont, pour ne pas s'opposer à la dilatation ou à la contraction de ce dernier.

C'est suivant ces principes que sont construites les passerelles pour piétons qui franchissent les voies ferrées;

2° *Piles de hauteur moyenne.* — Les piles sont distinctes du tablier. Entre les deux sont interposés des appareils d'appui.

La largeur des piles à la partie supérieure doit donc être suffisante pour recevoir ces appareils d'appui.

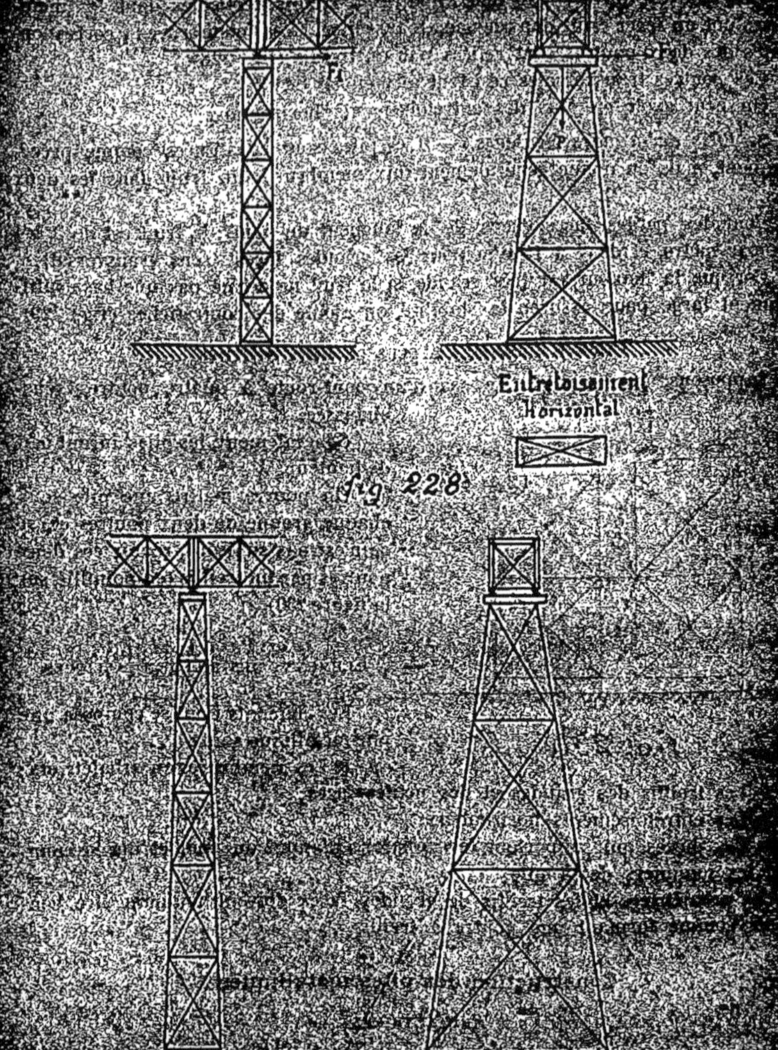

Elévation
Fi
F
Entretoisement
Horizontal
fig 228
fig 229

Une pile est formée par deux poutres à treillis verticales dont les membrures ont un léger fruit dans le sens transversal. Les membrures correspondantes des deux poutres sont reliées par un treillis (fig. 228).

Les poutres transversales résistent aux efforts P, P', F_2 et F'_2.

On peut avoir en plus des entretoisements horizontaux;

3° *Piles de grandes hauteurs.* — Les piles sont constituées comme précédemment, mais on donne généralement aux membrures un fruit dans les deux sens.

Pour les petites faces (sens de la longueur du pont), le fruit est de 3 à 4 c/m par mètre, et de 7 à 15 c/m pour les grandes faces (sens transversal).

Lorsque la hauteur est très grande, si le fruit ne donne pas une base suffisamment large pour assurer la stabilité, on ajoute des contrefiches (fig. 229).

TABLIER SUPÉRIEUR A PLUS DE DEUX POUTRES

Supposons, par exemple, le cas d'un pont-route à quatre poutres sous-chaussée.

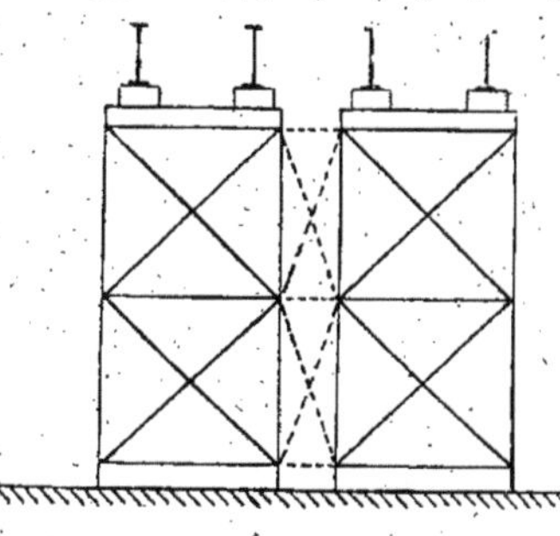

Généralement, les piles auront peu de hauteur.

On pourra mettre une pile sous chaque groupe de deux poutres et, si ce n'est pas suffisant, réunir ces deux poutres par un treillis (en pointillé sur la figure 230).

fig. 230

ÉLÉMENTS DES PILES MÉTALLIQUES

Les éléments dont se compose une pile métallique sont :

1° Les membrures ou arbalétriers ;

2° Les treillis des grandes et des petites faces ;

3° Les entretoisements horizontaux ;

4° Les pièces qui supportent les appareils d'appui du pont et qui se nomment les sommiers de la pile.

Les arbalétriers et les treillis de grandes faces doivent toujours être considérés comme formant une poutre à treillis.

Construction des piles métalliques

ARBALÉTRIERS

On employait autrefois la fonte pour constituer les arbalétriers.

Les arbalétriers en fonte étaient à section annulaire avec des oreilles pour l'attache des treillis (fig. 231).

Ces oreilles se sont toujours fissurées, à leur raccordement avec le corps des arbalétriers. En outre, l'attache des treillis, se faisant à l'aide de boulons, était peu satisfaisante.

On a ensuite employé des arbalétriers sans oreilles. Celles-ci étaient remplacées par des goussets en tôle encastrés dans la fonte, qu'on plaçait au moment de la coulée (fig. 232).

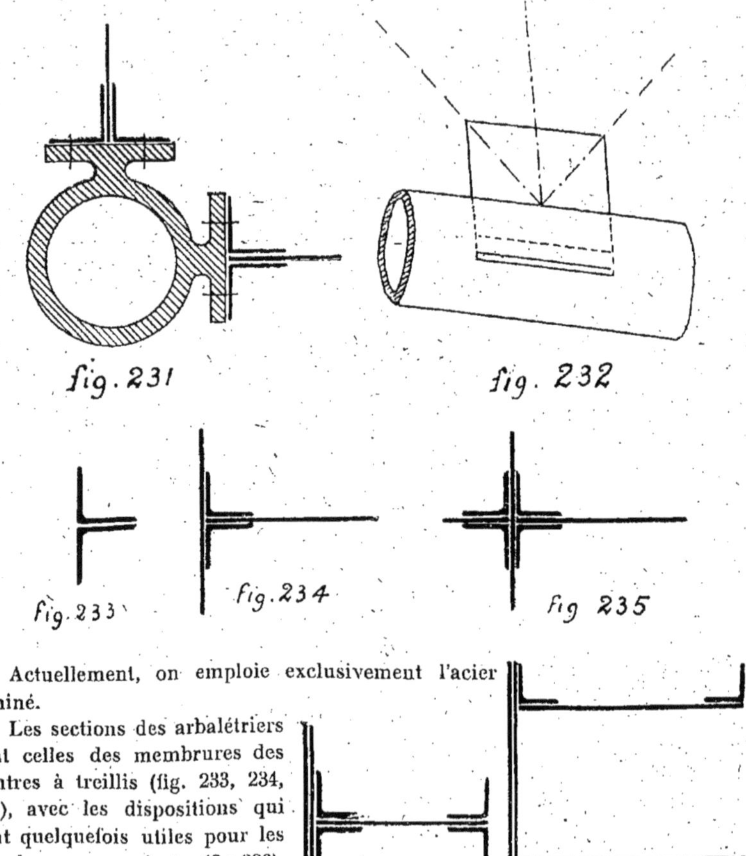

fig. 231   fig. 232

fig. 233   fig. 234   fig. 235

Actuellement, on emploie exclusivement l'acier laminé.

Les sections des arbalétriers sont celles des membrures des poutres à treillis (fig. 233, 234, 235), avec les dispositions qui sont quelquefois utiles pour les membrures comprimées (fig. 236).

La section en caisse (fig. 237) est la plus employée par les piles de grande hauteur.

fig. 236   fig. 237

TREILLIS ET ENTRETOISEMENTS

Les barres sont constituées comme celles des poutres à treillis des ponts, mais on n'emploie jamais de plats. Les assemblages avec les arbalétriers sont également les mêmes que les assemblages sur les membrures des ponts.

L'assemblage des treillis des petites faces présente cependant une particularité.

Considérons, en plan, les faces d'une pile (fig. 238) et une barre de treillis d'une petite face s'assemblant sur les arbalétriers à l'aide de goussets.

Le gousset de gauche est perpendiculaire à la face ABCD et le gousset de droite à la face A'B'C'D'. Par conséquent, les goussets ne sont pas parallèles.

Pour ramener le parallélisme de leurs faces, on les tord légèrement.

SOMMIERS SUPÉRIEURS

Lorsque les arbalétriers sont verticaux, les sommiers sont constitués par des poutres verticales à âme pleine

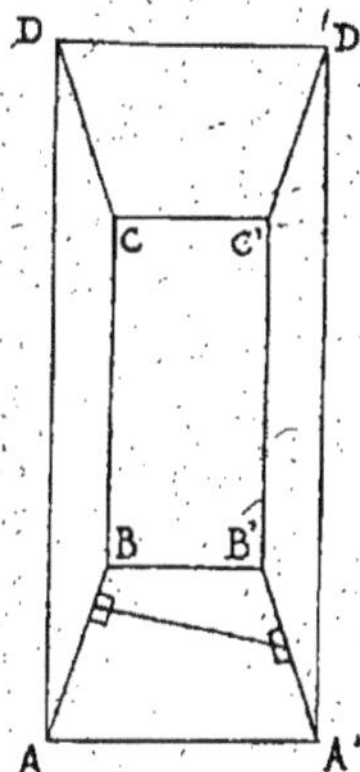

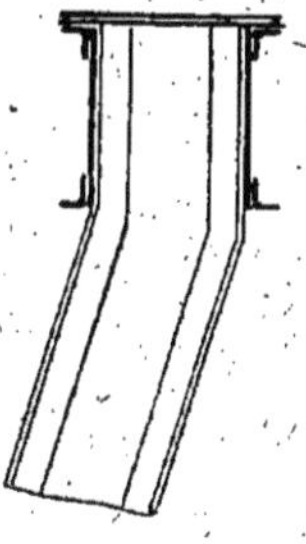

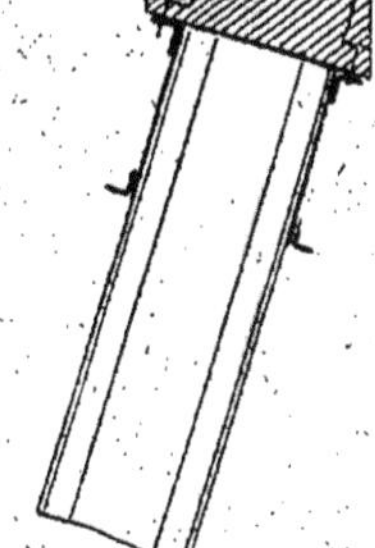

Fig. 238   Fig. 239   Fig. 240

présentant la résistance nécessaire pour transmettre aux arbalétriers la charge du pont.

Lorsque les arbalétriers présentent un fruit dans les deux sens, la disposition des sommiers est particulière.

On donne au sommier la forme d'une poutre à âme double.

Mais pour ramener cette poutre à être verticale, il faudrait couder les arbalétriers (fig. 239). Ceux-ci étant des pièces massives, cette disposition serait compliquée à exécuter.

On laisse les extrémités des arbalétriers inclinées. Les parois des sommiers sont également inclinées et on dispose par dessus, sous chaque appareil d'appui, une plaque en fonte dont la face supérieure est horizontale (fig. 240).

Stabilité des piles métalliques

Soit une pile métallique supportant un pont (fig. 241).

Désignons par f l'effort horizontal appliqué à la portion du tablier comprise entre les axes des deux travées adjacentes à la pile;

f' la résultante des efforts horizontaux appliqués à la pile;

P la résultante des efforts verticaux.

f et f' proviennent de l'action du vent, P comprend le poids du pont et de la surcharge, s'il y a lieu, transmis à la pile, ainsi que le poids de cette pile.

Les efforts f et f' déterminent un couple de renversement dont le moment a pour expression

$$Fh + F'h'$$

Le moment du couple de stabilité est Pa.

Avec les proportions habituelles des piles, on trouve

$$fh + f'h' > Pa$$

Il est donc nécessaire de rétablir la stabilité en ancrant les pieds des arbalétriers dans des massifs de maçonnerie.

Ces ancrages sont constitués par des tiges verticales articulées sur les arbalétriers et traversant la maçonnerie du massif sur une certaine hauteur. La partie inférieure de ces tiges est filetée et porte un écrou qu'on peut serrer contre une plaque en fonte ou de préférence en acier moulé.

Sur chacune de ces plaques, on dispose un quadrillage de poutres noyées dans la maçonnerie.

fig. 241.

Le couple de renversement détermine, dans les tiges d'ancrage, un effort de traction qui tend à soulever un certain cube de maçonnerie. On admet habituellement que le volume intéressé est réduit à un cylindre ou à un prisme vertical ayant pour base la plaque inférieure de la tige d'ancrage.

Soit P' le poids de ce cylindre pour un arbalétrier.

Le moment du couple de stabilité se trouve augmenté de 2P'a et devient

$$Pa + 2P'a$$

On s'impose toujours un coefficient de sécurité au moins égal à 2.

On devra donc avoir

$$(P + 2P').a \geqq 2(fh + f'h)$$

Il faut arriver à trouver une disposition d'ancrage donnant un poids P' qui satisfasse à cette condition.

Pour augmenter P' on peut augmenter la hauteur de chaque ancrage ou sa base.

Mais la hauteur doit être modérée par la hauteur du socle et ne doit pas être trop considérable par rapport à la hauteur de la pile. Il est donc préférable d'augmenter la base du cylindre.

Les pieds des arbalétriers reposent sur la maçonnerie par l'intermédiaire de plaques d'appui en fonte ou en acier moulé analogues aux plaques d'appui des poutres des ponts.

Les faces supérieures sont inclinées de façon à être perpendiculaires à la direction des arbalétriers. Ces plaques sont munies de rebords. On ménage un jeu entre ces rebords et les arbalétriers pour permettre la dilatation.

Nous donnons sur la planche ci-contre (fig. 242) l'ensemble d'une pile métallique du viaduc du Guadahortuna, ainsi que les détails des ancrages et du soubassement en maçonnerie (fig. 243).

Piles métalliques des ponts américains

Les piles métalliques des ponts américains ne sont jamais ancrées.

Ceci tient à ce que les longueurs des travées sont faibles. Par suite, les efforts f et f' sont beaucoup moins considérables que pour les ponts européens.

En outre, le fruit n'existe la plupart du temps que dans le sens transversal, et les faces longitudinales sont aussi larges que les faces transversales.

Les figures 244 et 245 représentent deux exemples de viaducs américains avec piles métalliques.

Montages des piles métalliques

Lorsque tous les matériaux de construction de la pile peuvent être amenés à l'emplacement de celle-ci, on commence par construire le soubassement en maçonnerie, puis on établit la grue de montage sur la plate-forme de ce soubassement.

La grue établie dans cette position doit être assez haute pour permettre de monter entièrement le premier étage de la pile.

Lorsque le premier étage est monté, on établit une seconde plate-forme de montage à sa partie supérieure, et on y place à nouveau la grue de montage. On monte le deuxième étage, et ainsi de suite, jusqu'à la partie supérieure.

Lorsque les arbalétriers sont inclinés dans les deux sens, il est difficile de repérer exactement cette inclinaison, surtout si les piles sont de grande hauteur.

On place alors un arbalétrier vertical dans l'axe de la pile relié par des entretoisements horizontaux, avec les arbalétriers inclinés. Il est alors

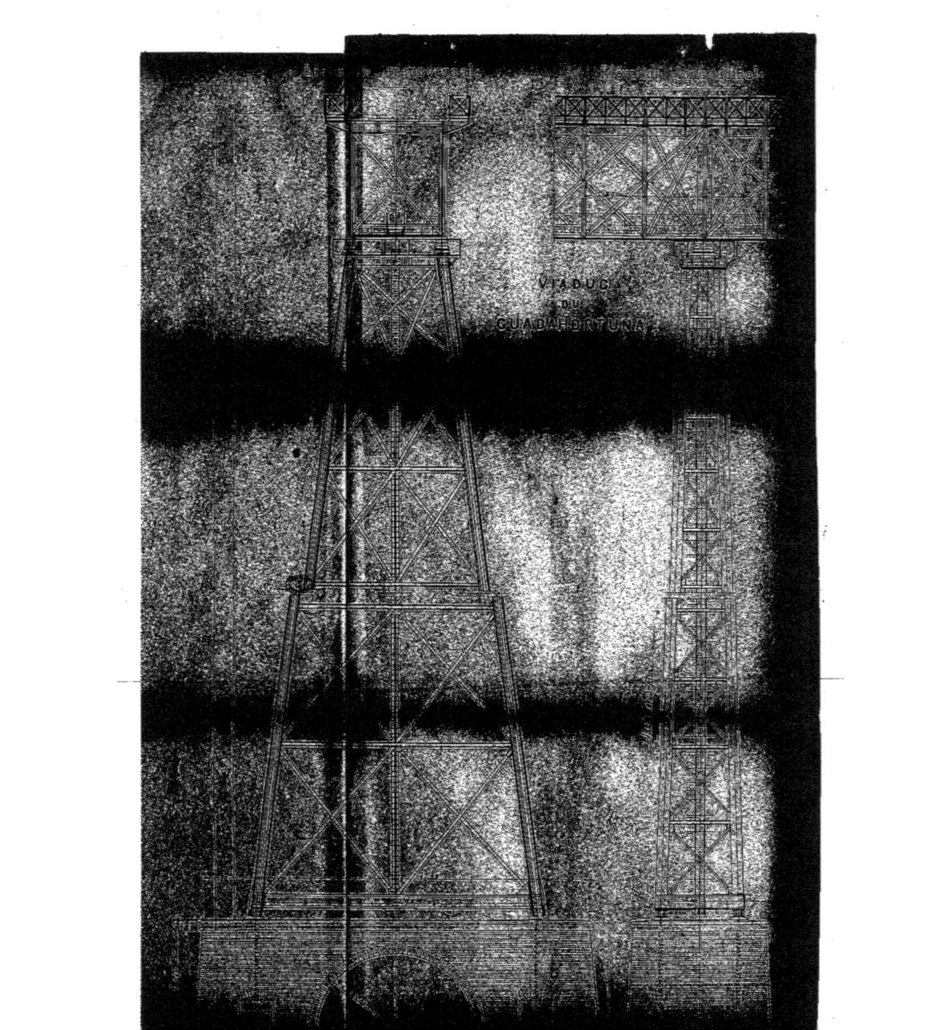

VIADUC
DU
GUADAHORTUNA

Coupe longitudinale
Coupe transversale
A
B
Coupe suivant A B
VIADUC
DU
GUADAHORTUNA
Piles métalliques
Détail des maçonneries
du soubassement et
de l'ancrage des piles
Echelle 0,02 p.m.

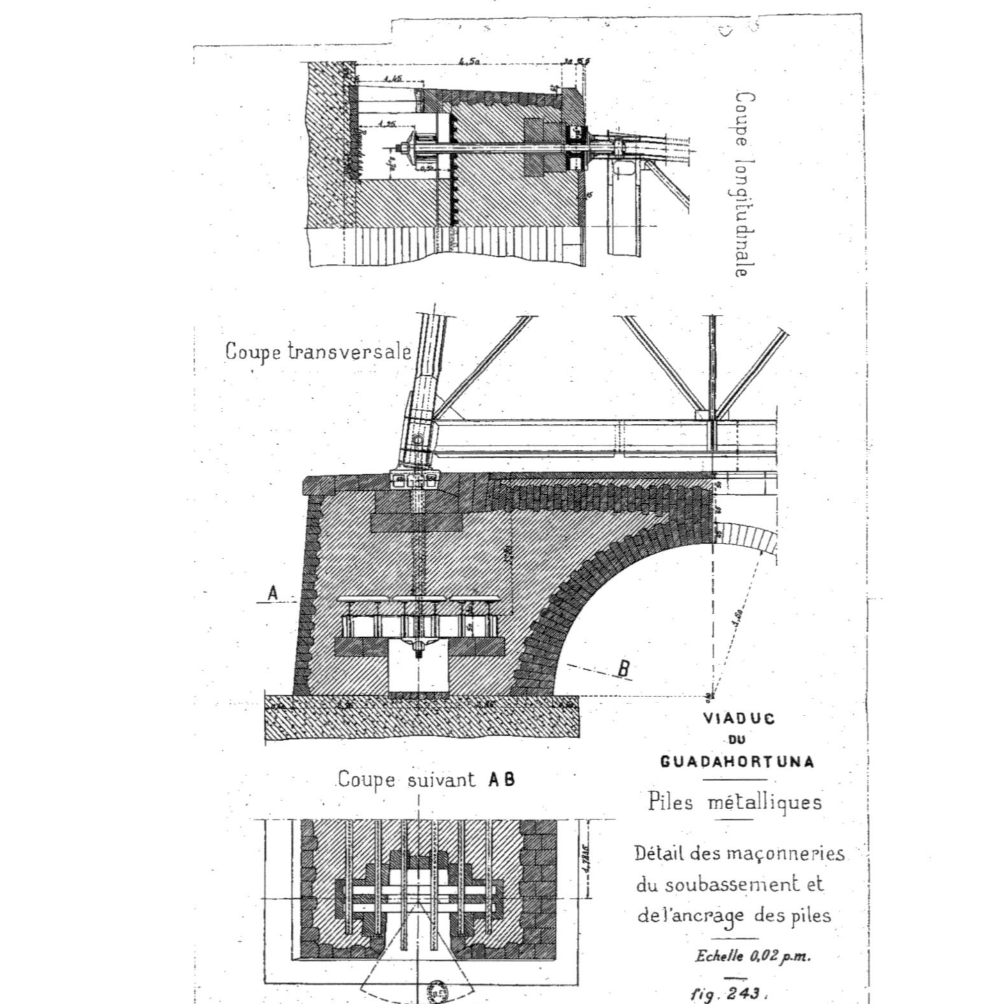

fig. 243.

Viaduc de Portage
Élévation

Coupe
transversale

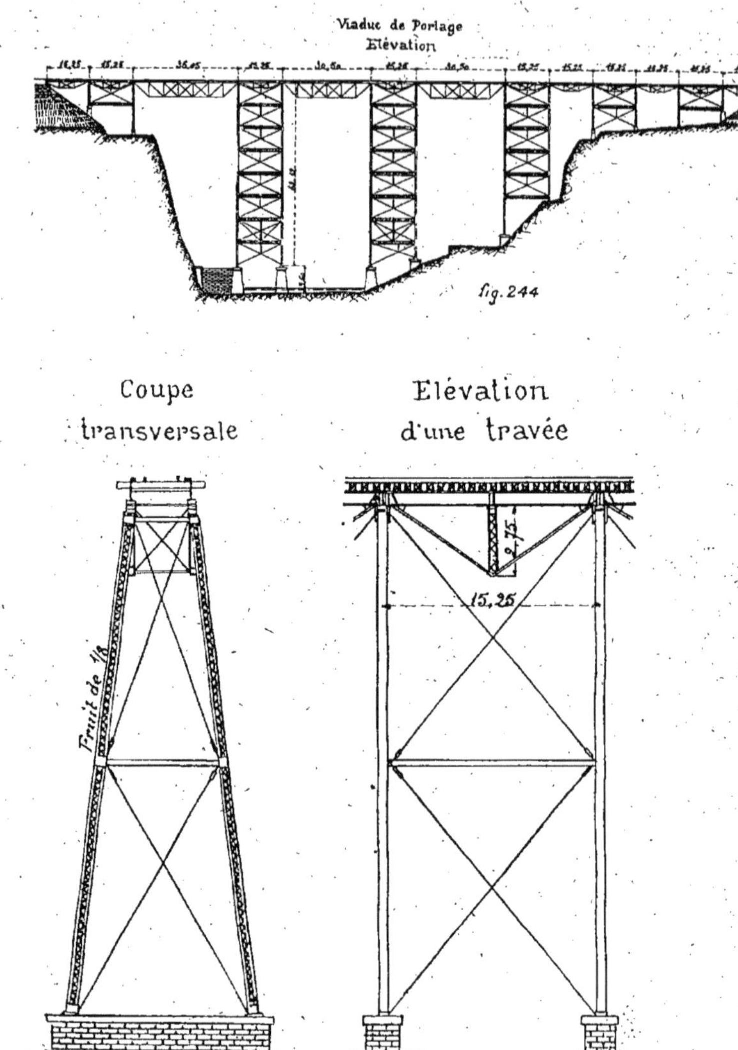

Coupe
transversale

Elévation
d'une travée

fig. 245

facile de vérifier la verticalité de l'arbalétrier central, et la présence des barres d'entretoisement fixe exactement la position des autres.

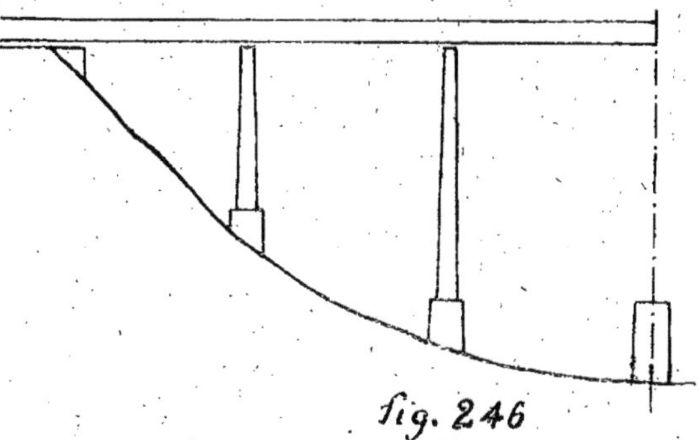

fig. 246

Il arrive assez fréquemment qu'on ne puisse facilement transporter commodément les éléments des piles à côté de leurs soubassements.

Dans ce cas, le pont est lancé successivement jusqu'au-dessus de l'emplacement de chaque pile, et on descend les matériaux par l'extrémité du tablier, qui fait l'office de la volée d'une grue (fig. 246).

CHAPITRE VI

PONTS EN ARC

Les ponts en arc sont des ponts dont les poutres principales sont en forme d'arc.

Les autres éléments sont les mêmes que dans les ponts à poutres droites.

Les poutres en arc peuvent être à tablier supérieur, inférieur ou intermédiaire.

Ponts en arc à tablier supérieur.

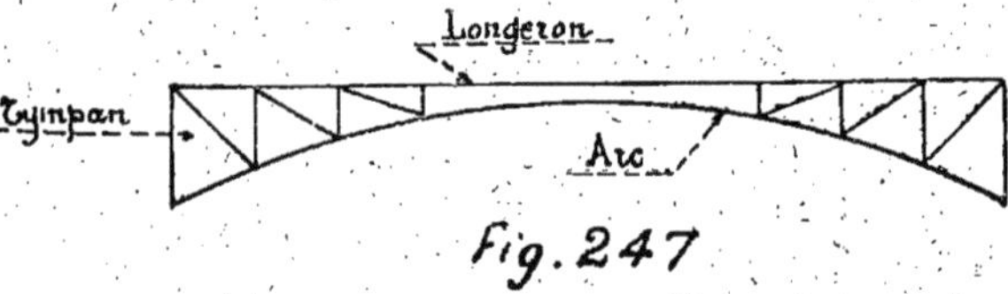

Fig. 247

Les poutres comprennent trois éléments principaux (fig. 247) ;

L'arc proprement dit ;

Le longeron d'arc ou longeron de tête dans le plan vertical de l'arc ;

Les pièces des tympans qui relient l'arc au longeron.

Les tympans sont les espaces compris entre l'arc proprement dit et le longeron de tête. Le tablier se trouve dans le plan des longerons de tête des poutres.

Ponts en arc à tablier inférieur

Les poutres se réduisent à l'arc proprement dit (fig. 248).

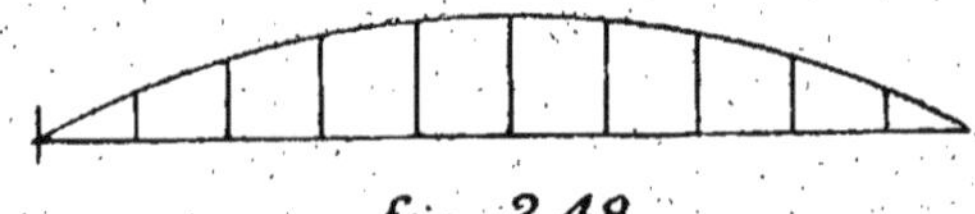

fig. 248

Le tablier établi au niveau de la corde des arcs est suspendu à ceux-ci par des pièces tendues ou aiguilles.

Ponts en arc à tablier intermédiaire

Les poutres comportent l'arc proprement dit, un longeron d'arc et des tympans partiels aux extrémités (fig. 249).

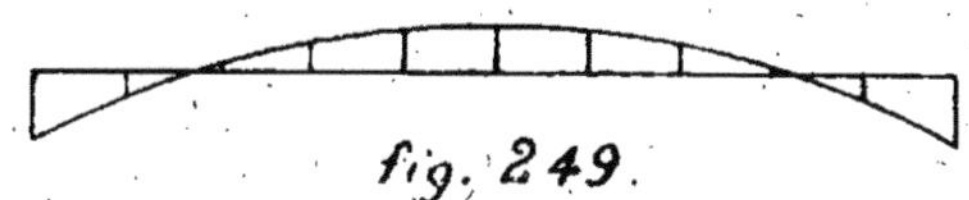

fig. 249.

Le tablier est suspendu aux arcs dans la région médiane, par des aiguilles et supporté par des pièces comprimées aux extrémités.

Formes et dispositions des arcs

Les arcs les plus employés sont les arcs à trois rotules: une à chaque retombée et une au sommet (fig. 250).

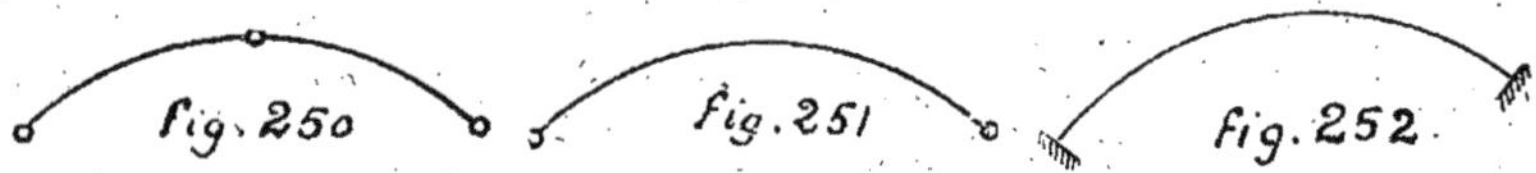

fig. 250 *fig. 251* *fig. 252*

Les arcs à deux rotules: une à chaque retombée (fig. 251), les arcs encastrés aux retombées (fig. 252).

Comparons ces trois systèmes:

Un arc exerce sur ses supports une action oblique dont la composante horizontale est la même pour chaque appui et s'appelle la poussée de l'arc.

Si l'on trace un polygone funiculaire des charges appliquées à l'arc, avec une distance polaire égale à la poussée, ce polygone, appelé polygone des pressions, permet de déterminer le moment fléchissant dans chaque section de l'arc. En outre, la projection de la poussée sur la normale à la section donne la compression normale agissant dans cette section.

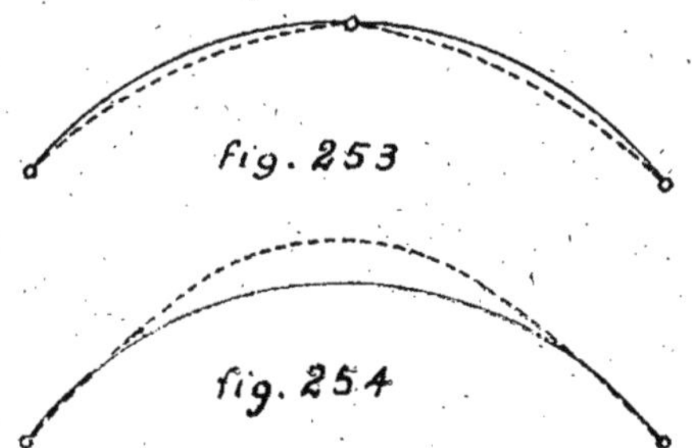

fig. 253

fig. 254

Dans l'arc à trois rotules, le polygone des pressions passe par les trois rotules. Il passe par les deux rotules de l'arc à deux rotules (fig. 253, 254).

Enfin, pour l'arc encastré, on ne connaît *à priori* aucun point du polygone des pressions (fig. 255).

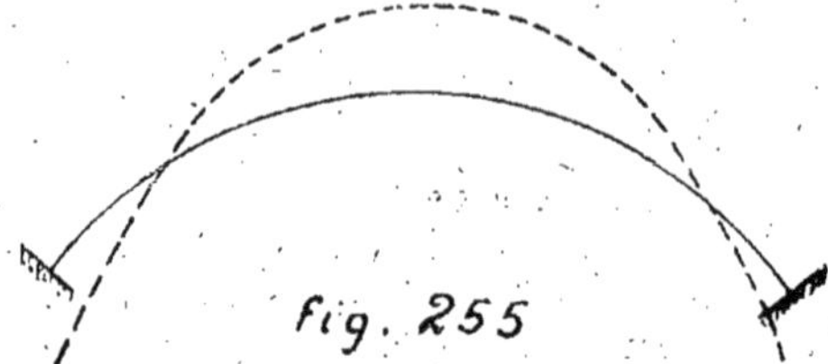

Si les lignes moyennes de ces trois types d'arcs sont bien étudiées, le premier supporte des efforts moindres, parce que sa ligne moyenne a trois points communs avec la ligne des pressions.

Ensuite vient l'arc à deux rotules et l'arc encastré qui supporte les plus grands efforts.

Il en est de même pour les efforts élastiques engendrés par les variations de température. Ces efforts sont nuls dans l'arc à trois rotules.

Considérons un arc à trois rotules ABC, et supposons que la température s'élève.

Les deux demi-arcs AC et BC s'allongent et la clef vient en C' (fig. 256).

Les cordes AC et BC sont devenues AC' et BC' et l'on peut considérer que les longueurs DC' = AC' — AC et FC' = BC' — BC représentent les dilatations des cordes des deux demi-arcs. En raison de la faible amplitude des déplacements, CD et CF peuvent être regardés comme respectivement perpendiculaires à AC' et BC'.

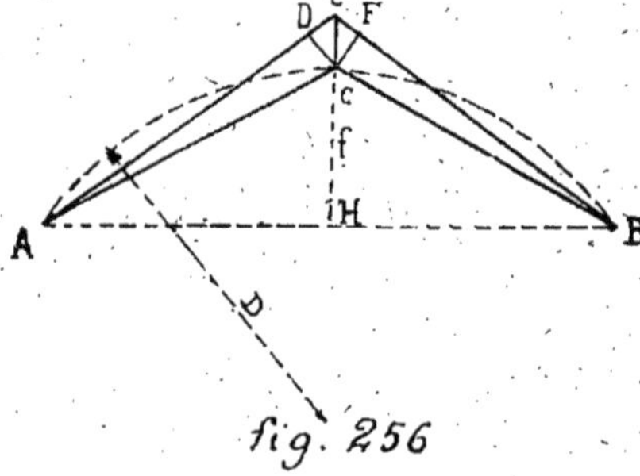

On a donc
$$\frac{CC'}{\overline{AC}} = \frac{DC'}{\overline{CH}}.$$

Posons
$$CC' = \Delta f,$$

f étant la hauteur CH ou flèche de l'arc.

Si α est le coefficient de dilatation du métal de l'arc, et t la variation de température, l'égalité précédente s'écrit

$$\frac{\Delta f}{\overline{AC}} = \frac{\overline{AC} . \alpha . t}{f}.$$

d'où :
$$\Delta f = \frac{\overline{AC}^2 . \alpha t}{f}.$$

Considérons le cercle passant par les trois rotules ABC. Soit D son diamètre.

On a
$$\overline{AC}^2 = Df$$

d'où
$$\Delta f = D\alpha t.$$

Par conséquent, dans un arc à trois rotules, la variation de flèche due à une variation de température est égale à la dilatation du diamètre du cercle passant par les trois rotules.

Il en résulte que plus D est grand, c'est-à-dire plus l'arc est surbaissé, plus les variations de flèche sont importantes.

Exemple: le surbaissement, ou rapport de la flèche à la portée des arcs du pont Alexandre III, à Paris, est de 1/18. La variation de flèche due aux variations de température, est de 0m25.

Cette valeur est évidemment inadmissible pour un pont-rail, parce qu'elle entraînerait des changements exagérés dans le profil de la voie, et provoquerait même des jeux entre les abouts des tronçons de rails, de nature à compromettre la sécurité.

On ne peut donc prendre, pour les ponts-rails, des arcs aussi surbaissés que pour les ponts-routes.

STABILITÉ TRANSVERSALE

Les efforts du vent agissant sur l'arc à trois rotules tendent à ouvrir l'arc aux articulations du sommet (fig. 257).

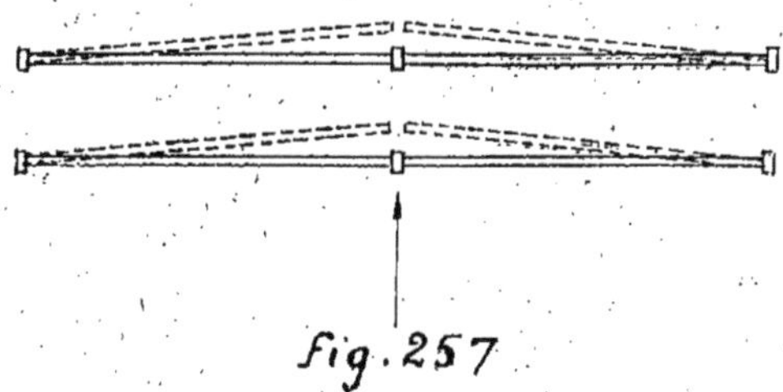

fig. 257

La stabilité d'un arc à deux rotules est déjà meilleure, parce que l'arc est continu entre les articulations des retombées.

Enfin, la stabilité de l'arc encastré est encore meilleure, parce que l'arc est en plus retenu par les maçonneries des culées.

TRACÉ ET FORME DES ARCS

Lorsque la ligne moyenne, c'est-à-dire la ligne joignant les centres de gravité des sections transversales est une courbe funiculaire des charges, cette ligne moyenne est la ligne des pressions elle-même.

Par exemple, pour l'arc à trois rotules, si la charge est uniformément répartie sur toute la longueur de l'arc, la ligne des pressions est une parabole.

Si la ligne moyenne est également une parabole, ces deux paraboles coïncident, puisqu'elles passent toutes deux par les trois rotules et ont leur axe vertical.

Lorsque cette condition est réalisée, les efforts dans une section transversale quelconque se réduisent à une compression normale. Le moment de flexion et l'effort tranchant sont nuls.

Mais cette condition n'est jamais réalisée pour plusieurs raisons:

1° La charge n'est jamais uniformément répartie. Elle est transmise par les montants ou les aiguilles.

La ligne des pressions est donc toujours un polygone, et la ligne moyenne de l'arc devrait être polygonale. Or, pour des considérations d'aspect, les arcs ont toujours une courbure continue;

2° Si les charges transmises par les montants ou les aiguilles sont sensiblement égales pour la charge permanente, il n'en est pas de même pour la surcharge, qui peut régner sur une fraction quelconque de la portée, et qui donne par conséquent des lignes de pressions variables et non symétriques par rapport à l'axe de l'arc.

Les arcs de faible et moyenne portée s'exécutent à âme pleine. Les arcs de grande portée se font ordinairement à treillis, sauf si le pont est à tablier supérieur et si les arcs sont très surbaissés.

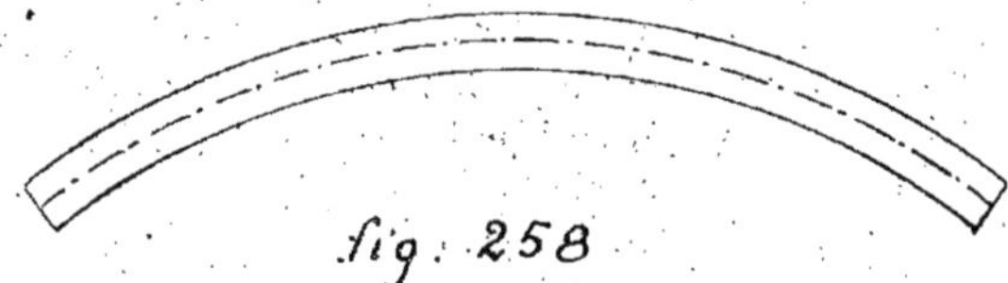

fig. 258

Les arcs à âme pleine de faible et moyenne portée s'exécutent presque toujours suivant un profil circulaire, pour en simplifier l'exécution. La hauteur est constante (fig. 258).

Pour les arcs à âme pleine et à treillis de grande portée, il y a intérêt à se rapprocher de la condition théorique, de façon à réduire les efforts de flexion.

ARC A TROIS ROTULES

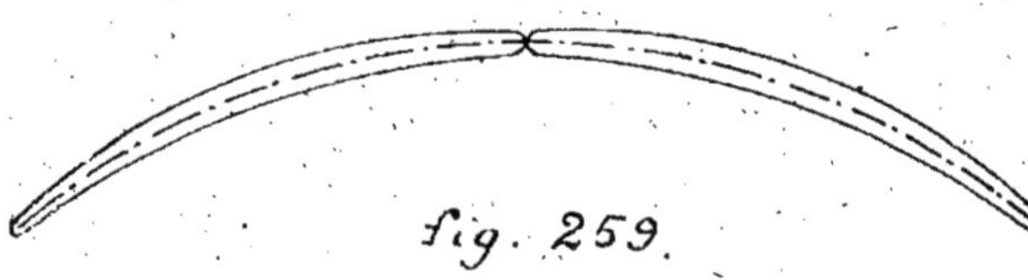

fig. 259.

Les deux demi-arcs ont une forme en croissant pour que la ligne de pression se maintienne dans l'épaisseur de l'arc (fig. 259).

ARC A DEUX ROTULES

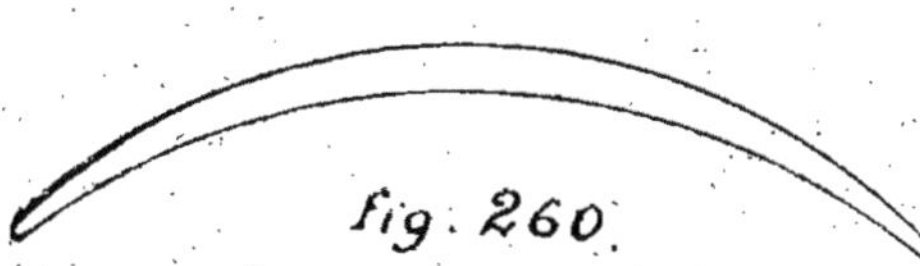

fig. 260.

L'arc est renflé vers le milieu pour la même raison (fig. 260).

ARC ENCASTRÉ

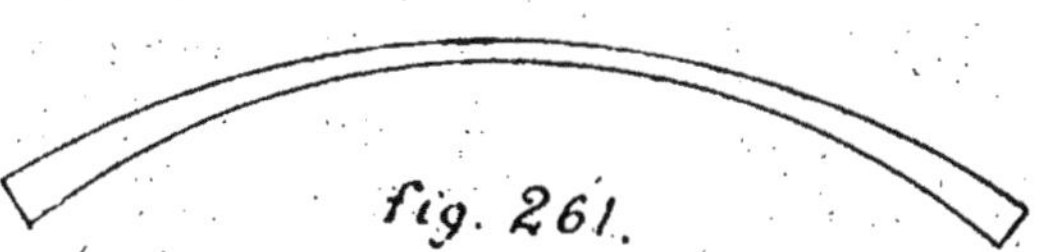

fig. 261.

L'arc est épanoui vers les appuis, parce que la ligne des pressions s'éloigne davantage de la ligne moyenne vers les appuis (fig. 261).

TYMPANS

Autrefois, on faisait les tympans rigides, c'est-à-dire constitués par des pièces : montants ou montants et treillis, reliant complètement l'arc et le longeron de tête (fig. 262).

Cette disposition présente un inconvénient :

Considérons, en effet, un montant mm_1. Lorsque l'arc est chargé, il fléchit. Le déplacement du point m''_1 est à la fois vertical et horizontal, et ce point prend la position m'_1 (fig. 263).

Le longeron de tête fléchit également, mais le déplacement horizontal du point m sera beaucoup moindre que celui du point m_1.

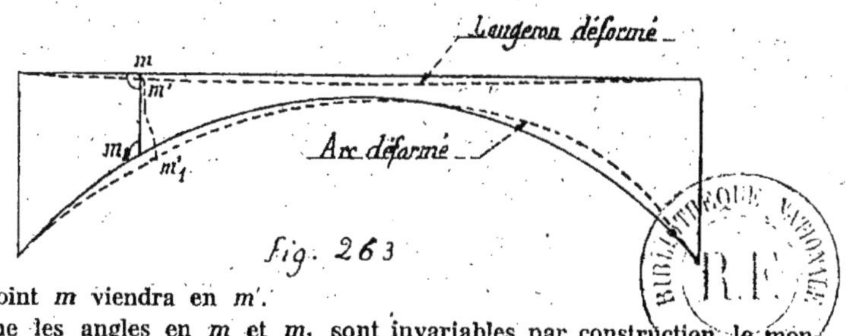

Le point m viendra en m'.

Comme les angles en m et m_1 sont invariables par construction, le mon-

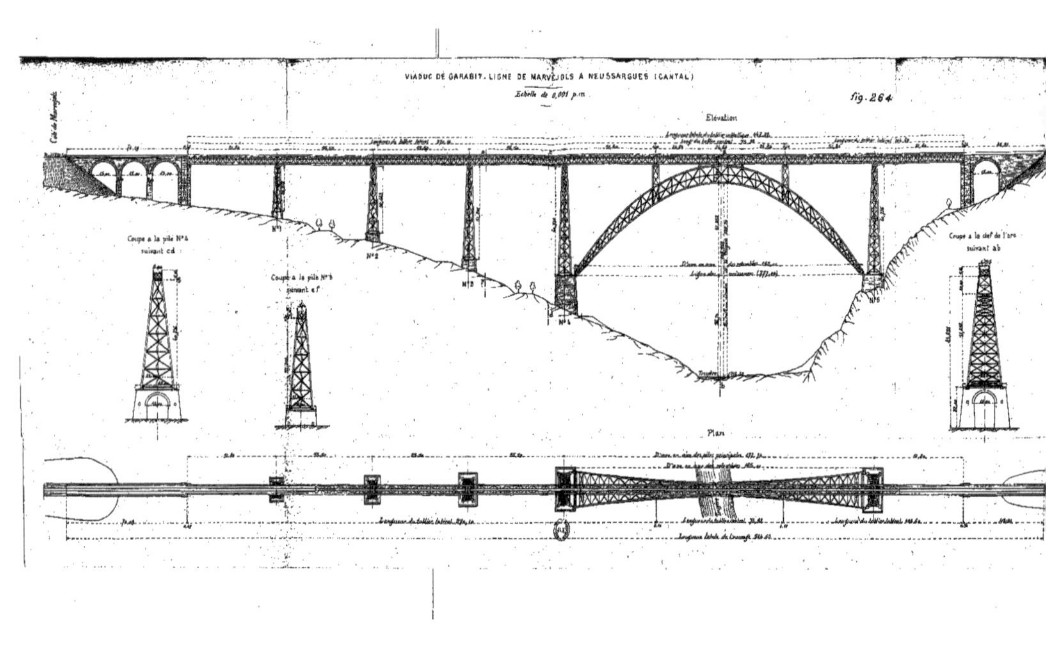

VIADUC DE GARABIT. LIGNE DE MARVEJOLS À NEUSSARGUES (CANTAL)
Echelle de 0,001 p.m
fig. 264
Côté de Marvejols
Elevation
Coupe a la pile N°4
suivant cd
Coupe a la pile N°5
suivant ef
Coupe a la clef de l'arc
suivant ab
Plan

tant fléchira, et les efforts élastiques qui résultent de cette flexion sont d'autant plus élevés que le montant est plus court.

Aussi, dans les anciens ponts en arc en fonte, avec tympans également en fonte, beaucoup de montants se sont brisés.

Actuellement, les pièces des tympans sont réduites à de simples montants assemblés sur l'arc par des assemblages ne réalisant pas l'encastrement. On donne à ces montants le moins de rigidité possible dans le sens longitudinal, tout en constituant une section capable de résister au voilement.

On a même réalisé l'articulation des montants, ou de certains d'entre eux, soit sur l'arc, soit sur l'arc et le longeron.

Pour les arcs à grande portée et à grande flèche, les pièces des tympans sont très peu nombreuses; ce sont des palées, sortes de piles métalliques très espacées.

Nous donnons, sur la figure 264, l'ensemble du viaduc de Garabit. La grande travée de ce viaduc est franchie par un arc à deux rotules de 165 mètres de portée. Le tablier, dans cette grande travée, à quatre points d'appui sur l'arc.

LONGERON DE TÊTE

Nous avons vu que le longeron de tête peut occuper différentes positions par rapport à l'arc, suivant que le pont soit à tablier supérieur, inférieur ou intermédiaire.

Le longeron de tête reçoit l'attache des poutrelles du tablier et des montants.

Pour les arcs de faible et moyenne portée, la disposition la plus usitée est celle où le longeron est placée au-dessus de l'arc.

Lorsque le longeron coupe l'arc (fig. 249), il faut qu'aux points de rencontre le longeron et l'arc soient complètement indépendants, parce que les déformations, dues aux charges d'une part et aux variations de température d'autre part, ne sont pas concordantes.

Le longeron se calcule comme une poutre librement appuyée dont les points d'appui sont constitués par les montants des tympans ou les aiguilles.

Dans le cas des arcs de grande portée, on peut considérer le longeron comme une poutre continue reposant sur les piles et les palées de l'arc.

Mais si le longeron est continu sur toute la longueur, les déformations angulaires de l'arc se font sentir dans les montants d'une part, et les déformations verticales de l'arc entraînent des dénivellations des appuis du longeron.

Il est préférable de faire le longeron discontinu en l'interrompant au droit des palées.

C'est cette solution qui a été adoptée au viaduc de Garabit.

Poutres en arc de différents systèmes

POUTRES À BÉQUILLES

Nous avons déjà décrit sommairement les poutres à béquilles, qui ne sont autre chose que des poutres en arc dont l'axe longitudinal s'écarte peu d'une ligne brisée comportant une partie horizontale comprise entre deux côtés verticaux.

Les poutres à béquilles à une travée s'exécutent ordinairement avec articulations au pied des montants.

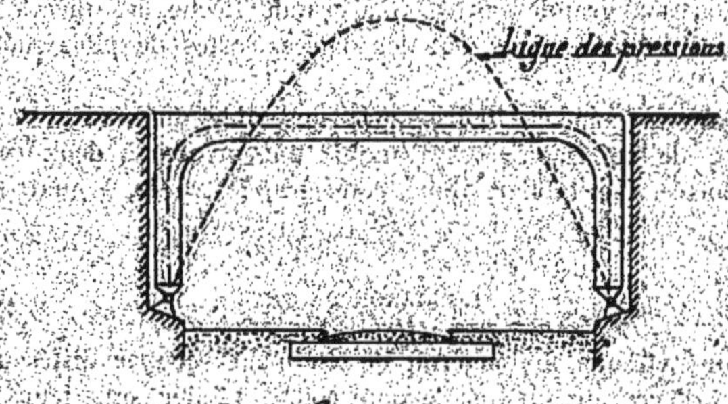

fig. 265

Dans ce cas, la ligne des pressions affecte une allure analogue à celle représentée sur la figure 265. Comparativement à la poutre droite de même portée, elle permet de réduire les efforts au milieu de la portée.

POUTRES RIGIDES EN ARC

Ce sont des poutres en arc avec tympans rigides en treillis et articulations aux retombées (fig. 266).

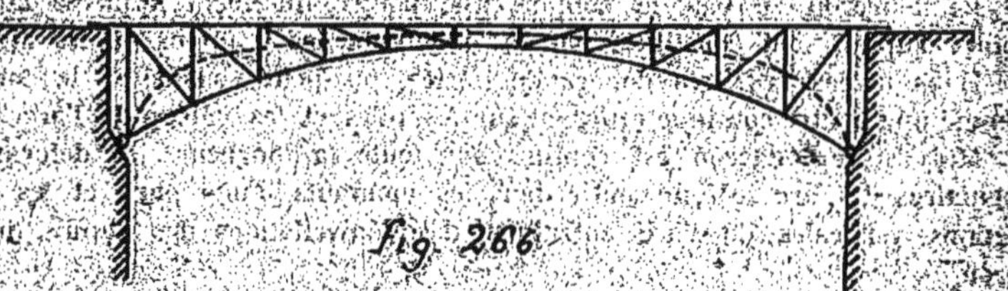

fig. 266

La ligne moyenne, dans la région du sommet, passe entre les deux membrures et aux retombées par les articulations. Mais la plus grande incertilude règne sur la forme de cette courbe dans les régions intermédiaires, c'est-à-dire vers les reins. Il en résulte une pareille indétermination des efforts qu'on ne peut déterminer avec exactitude.

POUTRE CADIAT

La poutre Cadiat est une poutre rigide en arc dont le longeron est encastré à ses extrémités dans la maçonnerie des culées (fig. 267).

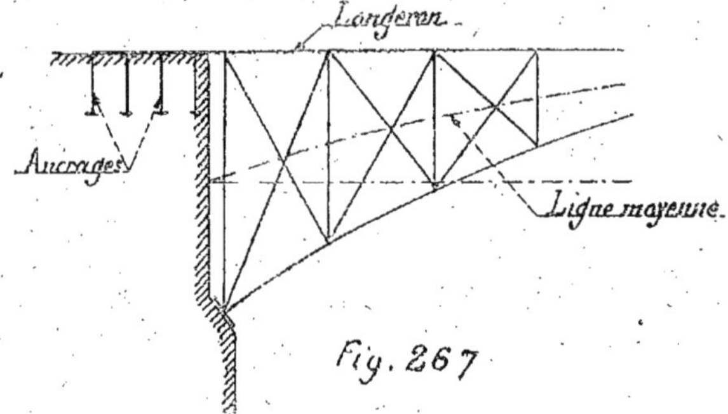

Fig. 267

La poutre repose aux retombées sur des appareils d'appui.

Pour le calcul d'une pareille poutre, on considère la ligne moyenne du longeron et de l'arc, et on traite l'ensemble comme un arc encastré.

La ligne moyenne est beaucoup plus surbaissée que l'intrados. Il en résulte que les moments de flexion dans les sections d'encastrement sont considérables, surtout sous l'action des variations de température. Les maçonneries ne sont pas capables de réaliser des encastrements sur lesquels on puisse compter avec certitude, parce qu'un léger défaut de pose ou de petits tassements, quand l'ouvrage est en service, suffisent à modifier la valeur de l'encastrement.

Ce dispositif, aujourd'hui complètement abandonné, a été appliqué au pont d'Arcole, à Paris. Les poutres de ce pont se sont déformées au sommet.

ARCS PARTIELLEMENT ÉQUILIBRÉS

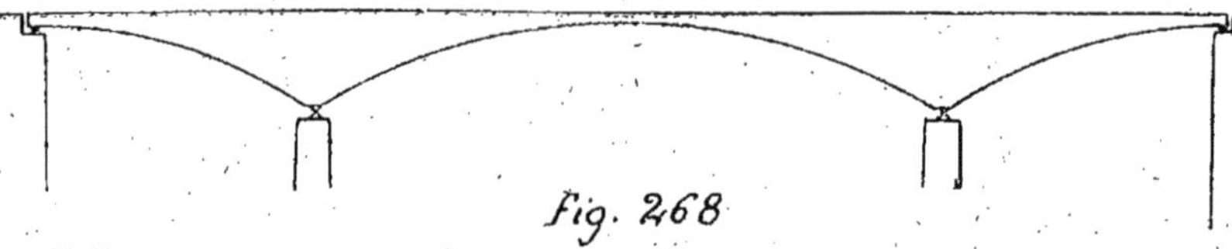
Fig. 268

Si l'on considère une poutre en arc, prolongée de part et d'autre de ses appuis par des consoles s'appuyant sur des culées (fig. 268), on conçoit que le poids des travées de rive équilibre en partie le poids de chaque moitié de la partie centrale et diminue, par conséquent, les efforts dans la partie médiane.

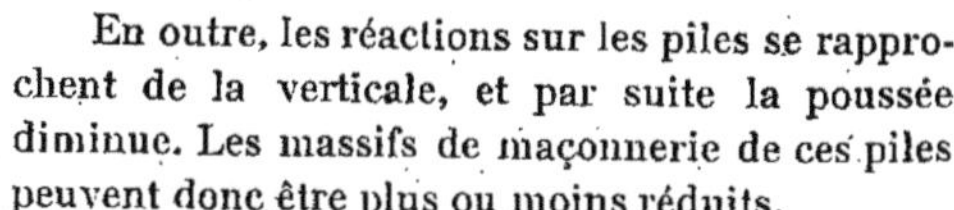

En outre, les réactions sur les piles se rapprochent de la verticale, et par suite la poussée diminue. Les massifs de maçonnerie de ces piles peuvent donc être plus ou moins réduits.

Si l'arc central est à trois rotules, et si une des consoles de rive est identique à chacune des moitiées de la travée centrale et pèse le même poids, la poussée horizontale sur les piles, due au poids permanent de la construction, sera même complètement supprimée et il ne subsistera que la poussée due aux surcharges partielles.

Cette disposition permet de réaliser des arcs très surbaissés, tout en ayant des piles d'une importance relativement faibles. Les arcs du pont Mirabeau, sur la Seine, à Paris, et ceux du viaduc du Viaur, sur lequel passe la ligne de Carmaux à Rodez, sont des arcs équilibrés à trois rotules.

ARCS A TIRANT

Ce système d'arc a pour but de supprimer complètement la poussée de l'arc sur les maçonneries des supports. Ceux-ci n'ont donc pas plus d'importance que ceux d'une travée indépendante qui exercerait sur eux les mêmes efforts verticaux.

A cet effet, le longeron de l'arc est disposé suivant la corde et articulé sur l'arc.

Le longeron doit être calculé pour résister à la poussée de l'arc, qui donne un effort de traction de même valeur dans le longeron.

Les poutrelles du tablier s'attachent sur le longeron au droit des tiges de suspension, de façon que la charge de ces poutrelles soit reportée directement sur l'arc et ne donne aucun effort de flexion dans le longeron.

Nous donnons sur la figure 269 l'ensemble d'un pont-rail sur le Song-Ma (Tonkin), dont les poutres sont constituées par des arcs à treillis à trois rotules, avec tirants horizontaux.

Les articulations des arcs aux retombées sont des appareils d'appui à rotule identique à ceux d'un pont droit.

Construction des poutres en arc

ARCS EN FONTE

La fonte a été exclusivement employée pendant longtemps pour la construction des ponts en arc.

L'arc proprement dit était divisé en voussoirs à section en double T, portant à chaque extrémité des nervures permettant de boulonner entre eux les voussoirs successifs (fig. 270).

Les pièces des tympans étaient toujours rigides et affectaient les formes les plus diverses, visant souvent un but décoratif.

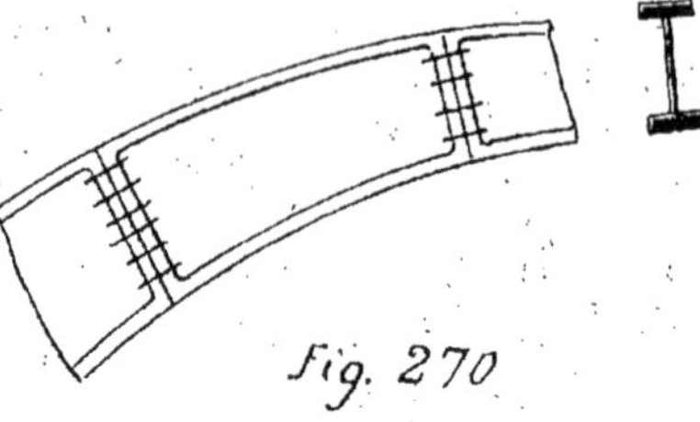

Fig. 270

Actuellement, l'emploi de la fonte est complètement abandonné.

ARCS EN FER OU EN ACIER LAMINÉ

Pour les faibles portées et pour des ponts de moyenne portée peu chargés, les arcs se font à âme pleine et à simple paroi.

La forme de la section est la même que celle d'une poutre droite de hauteur constante.

Lorsque l'emploi de la simple paroi conduirait à donner à l'arc une hauteur trop grande, on choisit une section à âme double, soit en caisson, soit formée de deux parois simples en double T ou en U (fig. 271, 272, 273).

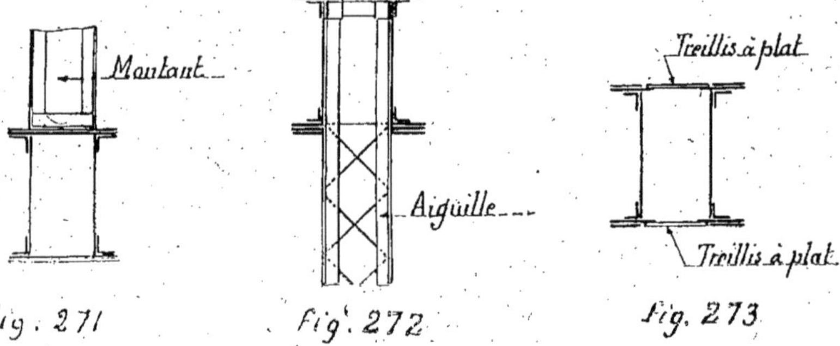

Fig. 271   Fig. 272   Fig. 273

Les deux parois simples doivent être réunies par un treillis mis à plat ou par un plat de liaison, sur chacune de leurs faces, de façon à leur permettre de résister au voilement.

Tympans. — Montants. — Aiguilles

Ces pièces ont toujours une section en forme de double T, dont la plus faible largeur est dans le sens longitudinal, de façon à donner de la flexibilité et à éviter des efforts secondaires de flexion trop élevés.

Lorsque les pièces des tympans sont tendues, on remplace l'âme pleine de la section par un treillis en plats, pour donner un aspect de légèreté.

Lorsque les aiguilles ne concourent pas à la résistance transversale sous l'influence des efforts horizontaux dus au vent, ce qui arrive lorsque les arcs possèdent un contreventement horizontal buté aux extrémités sur des portiques, ces aiguilles peuvent être constituées par une section complètement dépourvue de rigidité; un rond, par exemple. On adopte, de préférence, une section en croix, formée par quatre cornières.

Contreventement et entretoisement des poutres en arc

Les contreventements et entretoisements s'établissent exactement comme pour les poutres droites.

On place un contreventement horizontal dans le plan des longerons et un contreventement entre les arcs. Ce dernier est cylindrique, ou plus exactement prismatique. Pour être efficace, il doit être appuyé à ses extrémités sur des portiques de butée.

Lorsque les arcs sont très surbaissés, on supprime le contreventement dans le cylindre des arcs et on conserve seulement les entretoisements transversaux.

Ceux-ci reportent la pression du vent sur les arcs dans le plan du contreventement des longerons, qui supporte par conséquent tous les efforts horizontaux.

Appareils d'appui des arcs

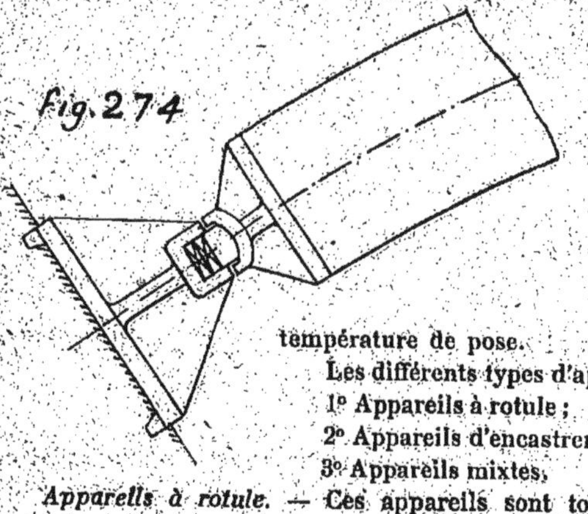

Les appareils d'appui des arcs doivent être étudiés de façon à réaliser le mieux possible les hypothèses faites pour les calculs de résistance.

Ils doivent en outre permettre le réglage des arcs, c'est-à-dire de donner aux arcs la flèche correspondante à la température de pose.

Les différents types d'appuis sont les suivants :

1° Appareils à rotule ;

2° Appareils d'encastrement ;

3° Appareils mixtes.

Appareils à rotule. — Ces appareils sont tout à fait analogues aux appuis fixes des ponts. Ils se composent d'un balancier supérieur, d'un balancier inférieur, avec interposition d'une rotule entre les deux. Sous cette rotule sont placées des clavettes permettant le réglage des arcs (fig. 274).

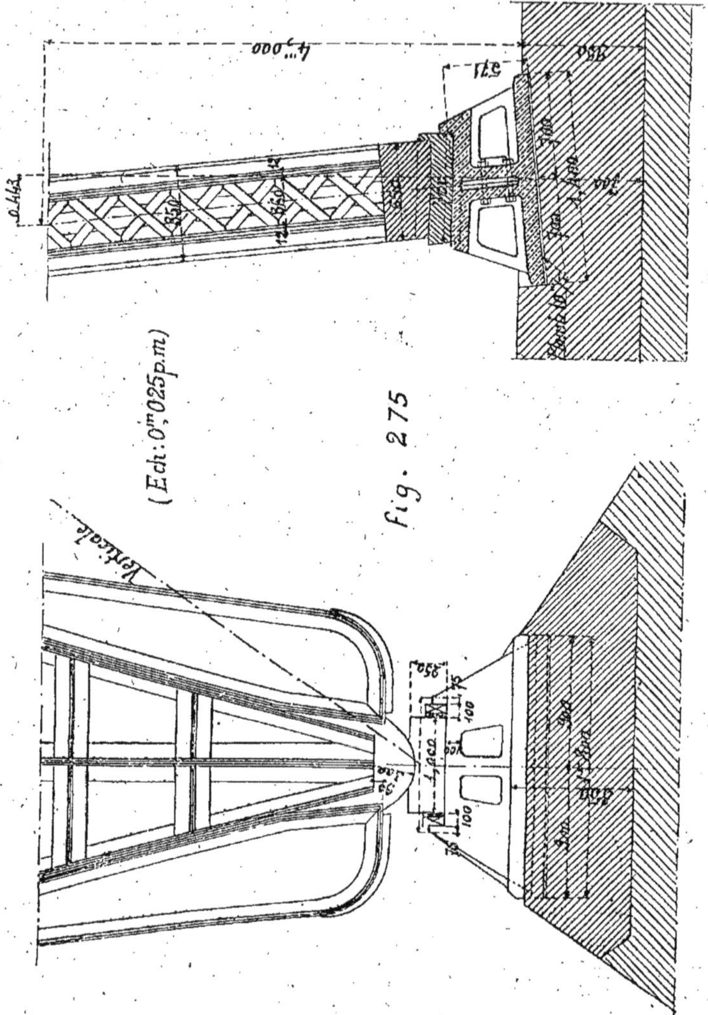

Pour les arcs à grande portée, les clavettes sont inutiles et peuvent être supprimées. La figure 275 représente l'appui d'une retombée de l'arc du viaduc de Garabit.

Appareils d'encastrement. — L'encastrement est réalisé lorsque les sections aux naissances de l'arc ne peuvent prendre aucun déplacement angulaire.

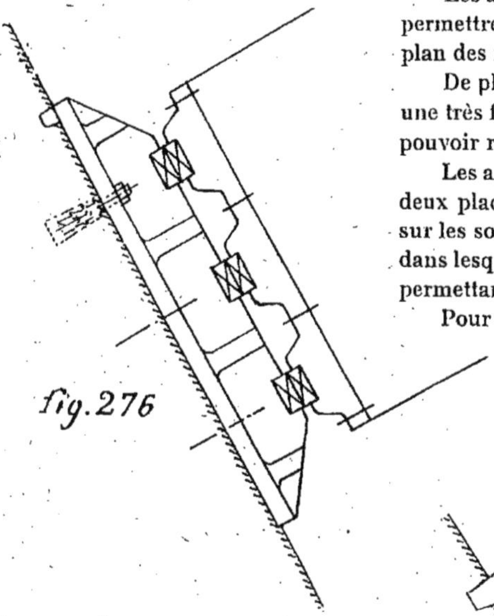

Les appareils d'encastrement doivent donc permettre de fixer d'une façon invariable le plan des naissances.

De plus, les arcs encastrés ont, en général, une très faible flèche. Il est donc nécessaire de pouvoir régler la flèche.

Les appareils d'encastrement comprennent deux plaques : l'une fixée à l'arc, l'autre posée sur les sommiers des culées, munies de portées dans lesquelles on peut introduire des clavettes permettant le réglage (fig. 276).

Pour qu'il y ait réellement encastrement, il faut que la réaction d'appui, calculée dans l'hypothèse où l'arc est encastré, passe entre les deux groupes extrêmes des clavettes.

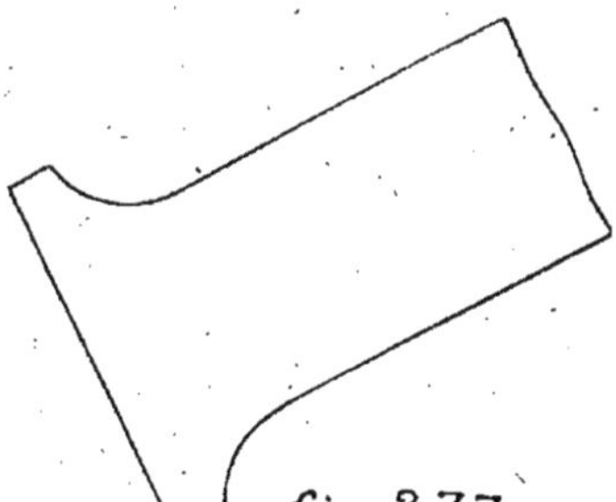

fig. 276

fig. 277

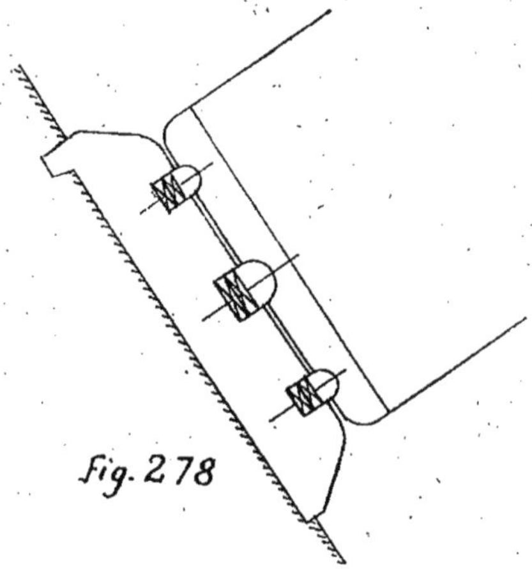

fig. 278

Dans ces conditions, il y a compression sur tous les groupes de clavettes.

Dans la pratique, pour arriver à ce résultat, il faut des plaques de très grande largeur et, pour les ponts de grande portée, on est conduit à épanouir les arcs à leur retombée (fig. 277).

Appareils mixtes. — Ce sont des appareils qui sont à la fois à rotule et à encastrement (fig. 278).

Le pont est monté complètement sur la rotule centrale.

La réaction d'appui due à la charge permanente passe par conséquent par cette rotule, et l'arc se comporte, sous l'action de la charge permanente, comme un arc à deux rotules.

On place ensuite les petites rotules latérales, dont on assure le contact à l'aide des clavettes de réglage.

L'arc fonctionne donc comme encastré sous la surcharge et sous l'action des variations de température.

La rotule principale est également munie de clavettes, de façon à permettre le réglage de la flèche.

Ce dispositif est à recommander pour les ponts-routes en arc à tablier supérieur.

Il est plus facile à réaliser que l'encastrement complet et donne des ponts moins flexibles au passage des surcharges que les arcs à deux rotules.

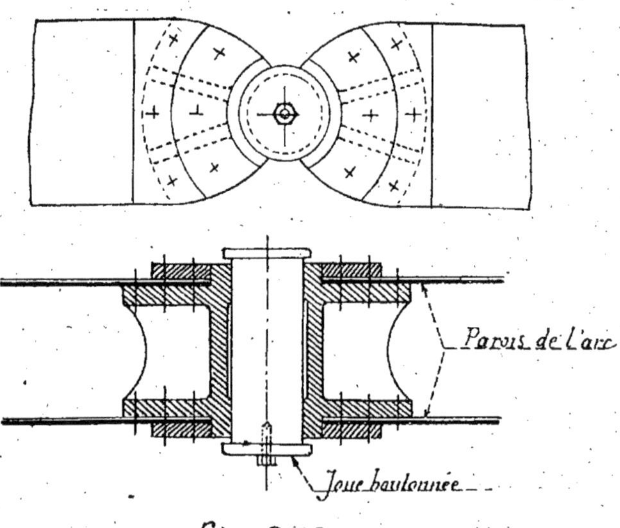

ARTICULATION A LA CLEF DES ARCS A TROIS ROTULES

L'appareil d'articulation à la clef des arcs à trois rotules comprend un axe d'articulation et deux sabots d'appui boulonnés respectivement sur chacun des demi-arcs (fig. 279).

NATURE DU MÉTAL DES APPAREILS D'APPUI

Actuellement, les appuis des arcs s'exécutent en acier : moulé pour les plaques et balanciers, forgé pour les rotules.

Les surfaces en contact doivent être soigneusement dressées. On diminue autant que possible ce travail d'ajustage en réduisant les surfaces de portage à la valeur strictement nécessaire pour que la pression sur les rotules ne dépasse pas la limite admissible (exemple de la figure 279).

RENFORTS DES ARCS PRÈS DES APPUIS

Lorsque les arcs sont à treillis, on les termine par une paroi pleine près des appuis. Cette paroi se trouve dans les mêmes conditions que les montants d'appui des poutres droites ; elle reçoit un effort très élevé, concentré sur une petite largeur. L'âme doit donc être renforcée pour éviter qu'elle ne se déforme sous l'effet de la compression.

En outre, les tranches en contact avec les plaques des appareils d'appui doivent être soigneusement ajustées, de façon à porter effectivement sur ces plaques.

Les renforts sont les renforts ordinaires des poutres : doublures d'âme et nervures en cornières.

Quand l'appui est à rotule, les nervures doivent concourir vers la rotule (fig. 275).

Les retombées des arcs sont boulonnées sur les plaques des appuis. Les boulons doivent être calculés pour résister à la composante de cisaillement de la réaction d'appui maximum.

Il en est de même pour les boulons de scellement dans la maçonnerie des plaques inférieures.

STABILITÉ DES ARCS

L'étude de la stabilité d'un pont en arc se fait de la même façon que pour une pile métallique.

Cette stabilité n'est à vérifier que pour les arcs de grande portée et à grande flèche.

Lorsque la stabilité n'est pas réalisée, on ajoute des ancrages aux retombées de l'arc. Ces ancrages sont analogues à ceux des piles métalliques.

On peut également placer les arcs dans les plans symétriquement inclinés sur le plan vertical passant par l'axe longitudinal du pont (viaduc de Garabit), de façon à obtenir une plus grande largeur à la base.

Les deux moyens sont généralement combinés.

Montage des ponts en arc

Le montage des ponts en arcs s'exécute soit sur échafaudage, soit en en-corbellement.

MONTAGE SUR ÉCHAFAUDAGE

Les échafaudages sont le plus souvent en bois.

Ils sont établis suivant les mêmes principes que ceux des ponts droits, mais la partie supérieure est cintrée et suit la courbure de l'intrados des arcs (fig. 280).

Lorsque le pont est établi au-dessus d'une rivière navigable, il faut réserver une passe libre pour la navigation. La disposition de la charpente doit, dans ce cas, être étudiée de très près.

Au pont Alexandre III, le cintre au-dessus de la passe

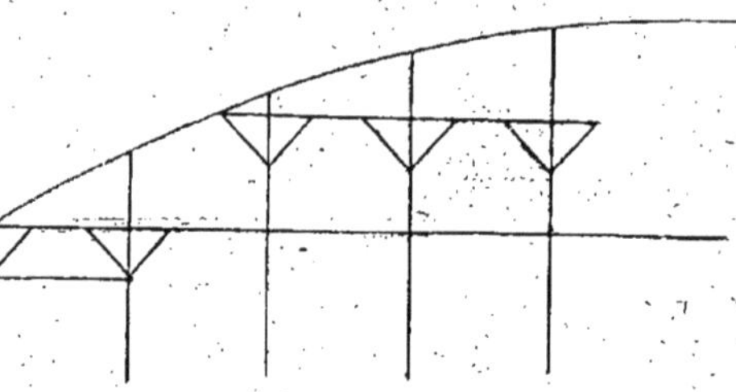

fig. 280

navigable était suspendu à un pont roulant en acier de 120 mètres de portée. Les chemins de roulement de ce pont roulant étaient établis sur les massifs de maçonnerie des culées.

On montait deux arcs à la fois et, pendant ce montage, le pont roulant était soutenu par deux pylônes en charpente placés de chaque côté de la passe navigable (fig. 281).

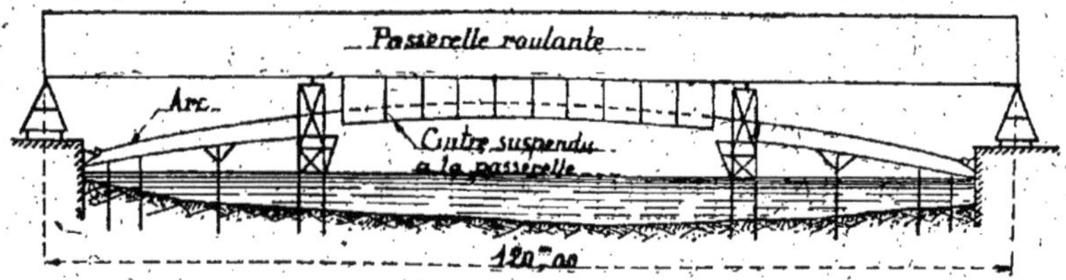

fig. 281

On décalait ensuite le pont de ses appuis sur les pylônes, et on le faisait rouler au-dessus de l'emplacement des arcs voisins. On commençait le montage de ceux-ci après avoir de nouveau calé le pont roulant sur les pylônes et rétabli le cintre.

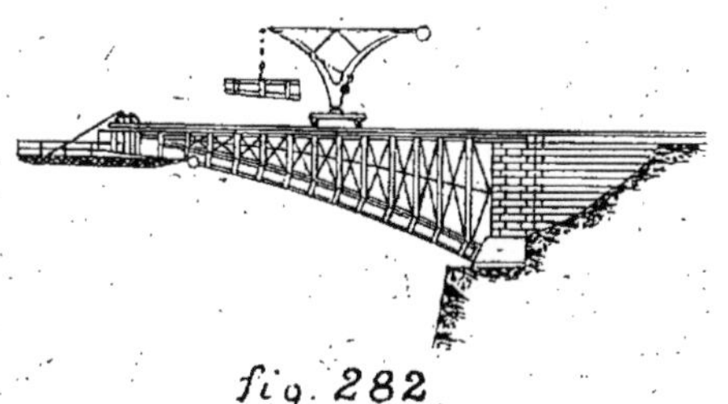

fig. 282

MONTAGE EN ENCORBELLEMENT

C'est pour les ponts en arc que ce procédé de mise en place a été imaginé.

On l'a employé au début pour des ponts en arc à tablier supérieur, tel que le pont d'El Cinca, en Espagne, à poutre Cadiat de 68 mètres de portée (fig. 282).

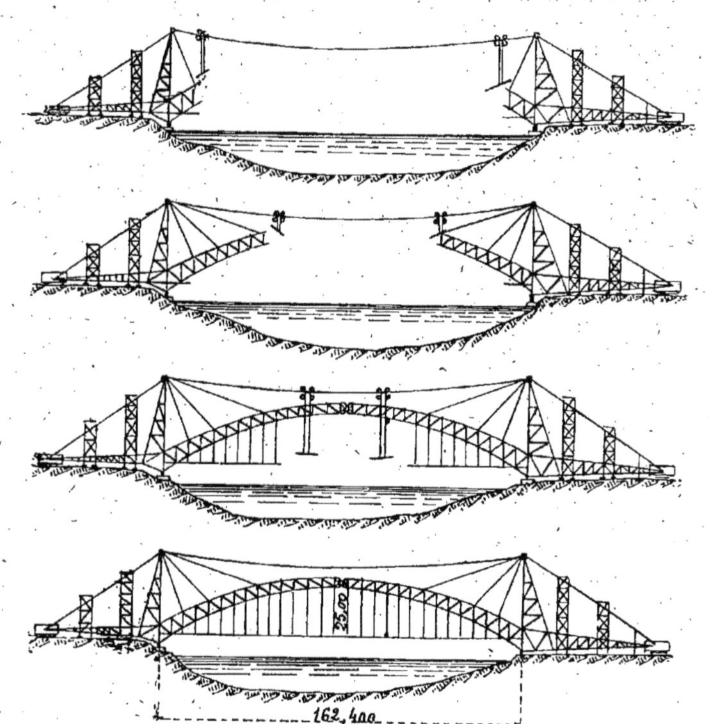

fig. 283

Actuellement, on ne l'emploie plus que pour des ponts en arcs de grande portée, et dont le tablier est placé suivant la corde de l'arc, ou dans une position intermédiaire.

La partie en porte-à-faux est ordinairement soutenue par des câbles en fils d'acier passant sur des pylônes en bois ou métalliques, établis sur les piles et amarrés sur les rives à des ancrages.

Sur un autre câble, appelé câble de roulement, peut rouler un chariot portant l'appareil de levage des éléments de l'ossature.

Le trueil de levage est actionné par un câble spécial appelé câble de levage.

La figure 283 représente le dispositif du montage du pont sur le Song-Ma.

CHAPITRE VII

ETABLISSEMENT D'UN PROJET DE PONT

Nous supposerons que l'ouverture, c'est-à-dire la position des culées, a été préalablement déterminée d'après les considérations que nous avons exposées au début du chapitre premier.

L'ouverture étant déterminée, on peut en déduire immédiatement la portée approximative des poutres.

A cet effet, on calcul la valeur approchée de la charge maximum des appuis et on examine quelles sont les dimensions à donner aux appareils d'appui pour transmettre cette charge aux culées.

Ayant les dimensions probables des sabots d'appui, on place ceux-ci sur les culées, de façon que leur arête soit à une distance convenable du bord du couronnement.

Ayant la portée l des poutres, on détermine leur écartement d.

Celui-ci est fonction de la largeur libre à réserver pour la circulation: c'est la largeur du gabarit pour un pont de chemin de fer et pour un pont-route; c'est la largeur de la chaussée, augmentée de celle des trottoirs, si ceux-ci ne sont pas à encorbellement.

Cette largeur libre, augmentée de la largeur des montants ou de celles des membrures supérieures, donne l'écartement des poutres d'axe en axe.

Cet écartement est aussi la portée des poutrelles.

Il reste à arrêter l'espacement de ces dernières.

Pour cela, on détermine l'épaisseur totale e dont on dispose pour le tablier (distance entre les dessus du rail ou de la chaussée et le dessous des poutres). Nous avons vu que cette hauteur est le plus souvent limitée.

En déduisant de cette épaisseur celle de la voie ou du remplissage de la chaussée, l'épaisseur probable des semelles des membrures inférieures des poutres de leur couvre-joints, au milieu de la portée et des têtes de rivets, on obtient la hauteur maximum des poutrelles.

On compare cette hauteur h à leur portée d et, suivant que le rapport $\frac{h}{d}$ s'éloigne plus ou moins de sa valeur moyenne, qui est de 1/10, on en conclut qu'il faut rapprocher plus ou moins les poutrelles.

En réalité, cette considération est surtout valable pour les ponts-rails, plutôt que pour les ponts-routes.

Pour les ponts de chemin de fer, en effet, la charge permanente pour les longerons et poutrelles est très peu importante en regard de la surcharge. D'autre part, les essieux de la machine du train-type ont un faible écartement. Il en résulte que la charge transmise par les longerons aux poutrelles croît rapidement avec la portée des longerons.

Au contraire, pour les ponts-routes, la charge permanente est souvent aussi importante que la surcharge.

D'autre part, les essieux du convoi-type sont écartés de 5 mètres. Par conséquent, pour des espacements de poutrelles allant jusqu'à 5 mètres, la surcharge maximum sur une poutrelle s'obtient en plaçant les essieux de 12,6 T (voir convoi-type du Règlement) à l'aplomb de la poutrelle.

Aussi, jusqu'à 5 mètres d'espacement les charges maxima qui sont transmises aux poutrelles varient relativement peu, et l'influence de ces variations sur la section des poutrelles est assez faible.

Quel que soit le cas concret devant lequel on se trouve placé, on peut toujours, par un calcul rapide, évaluer les charges portées par les poutrelles ou qui leur sont transmises par les longerons, et déterminer leur section maximum.

Après deux ou trois essais, on arrive facilement à déterminer quel est l'espacement maximum qu'on peut admettre pour réaliser une section convenable.

Il reste enfin à faire choix du type des poutres principales.

Suivant la grandeur de l'ouverture et le profil du terrain, on pourra avoir à choisir entre les poutres simples et les poutres continues, ou du type Cantilever, à hauteur constante ou variable, à âme pleine ou à treillis.

Si l'ouvrage est de très grande portée, on ne peut pas avoir la prétention de découvrir au premier examen la solution la plus économique. Il est nécessaire de faire plusieurs études et de les comparer.

Si l'ouvrage est de faible ou de moyenne portée, l'emploi des poutres droites simples ou continues est seul à envisager.

On détermine alors l'espacement a des poutrelles, de façon que cet espacement soit un sous-multiple de la portée:

$$l = na,$$

et que a soit au plus égal au maximum trouvé précédemment.

Il ne reste plus qu'à déterminer la hauteur H des poutres, et si elles sont à treillis, la disposition du treillis.

On évalue approximativement la charge permanente et la surcharge qui sont portées par chaque poutre. On en déduit les moments fléchissants, maxima correspondants, et l'on peut ainsi déterminer la hauteur maximum H qui permet d'obtenir une section pratique suivant les règles que nous avons indiquées.

La disposition du treillis dépendra à la fois de l'écartement a des poutrelles et de la hauteur H des poutres, si celles-ci sont à hauteur constante.

Si a est faible, par rapport à H, l'emploi des treillis multiples est préférable, parce qu'avec le treillis simple les diagonales seraient trop redressées.

Soit en effet α l'angle d'inclinaison des diagonales sur la verticale. L'écartement de deux nœuds de treillis consécutifs étant a, on a

$$\operatorname{tg} \alpha = \frac{a}{h};$$

donc, si

$$a < H, \qquad \alpha < 45°;$$
$$a = H, \qquad \alpha = 45°;$$
$$a > H, \qquad \alpha > 45°.$$

Dans le dernier cas, on peut diminuer a de façon à obtenir pour α une valeur voisine de 45°.

On s'inquiétera enfin de l'action du vent sur l'ouvrage et de la façon dont on pourra placer les contreventements.

Si le pont est à tablier inférieur, on pourra être conduit à augmenter la hauteur H des poutres, de façon à pouvoir placer un contreventement longitudinal supérieur.

Ayant ainsi arrêté les dispositions générales de l'ouvrage, on complètera les données qui serviront au calcul des efforts dans les différentes pièces, en étudiant la disposition du plancher du tablier (platelage et mode de fixation de la voie sur les ponts-rails, disposition des longerons, des tôles embouties ou cintrées, des voûtes en briques pour les ponts-routes).

APPLICATIONS

Nous allons appliquer ce qui précède à quelques exemples.

Exemple I. — Pont-rail de faible portée

Données. — Soit à étudier un pont de 18 mètres d'ouverture entre culées, à une seule travée, destiné à donner passage à une voie normale de 1m50.

Le pont doit satisfaire aux prescriptions du Règlement du 8 janvier 1915.

Le tablier doit être recouvert par un platelage en tôle lisse de 0,007 m/m d'épaisseur (55 kgs le mètre carré), sous la voie et sur les accotements.

La voie est posée sur traverses.

La distance verticale entre le sous-poutre et le dessus des rails doit être de 1m07 au maximum.

1° Portée des poutres

Le poids de la voie, rails et traverses, par mètre courant, est environ de 180 kgs. Le poids de l'ossature métallique du pont (platelage non compris), déterminé d'après le diagramme dont il sera question plus loin, est de 2.250 kgs par mètre courant. Le poids du platelage en tôle est de

$$55 \text{ kgs}, \times 4 \text{ m}. 50 = 438 \text{ kgs},$$

soit 450 kgs par mètre courant.

4ᵐ50 est la largeur intérieure entre les poutres, c'est donc également la largeur approximative du platelage.

Le poids total de 1 mètre de pont, évalué ainsi, est donc de

$$2p_1 = 180 \text{ kgs} + 2.250 \text{ kgs} + 450 \text{ kgs} = 2.880 \text{ kgs}.$$

Pour simplifier, nous prendrons

$$2p_1 = 3.000 \text{ kgs}.$$

La réaction maximum d'un appui sur une poutre, pour la charge permanente, a pour valeur

$$V_1 = \frac{1}{2} p_1 l,$$

l étant la portée non déterminée.

Mais l est un peu supérieur à l'ouverture, 18 mètres; nous supposons

$$l = 19 \text{ mètres},$$

d'où

$$V_1 = 1.500 \text{ kgs} \times \frac{19 \text{ mètres}}{2} = 14.250 \text{ kgs}.$$

La réaction maximum d'un appui, due à la surcharge du train-type, a pour valeur (pour une file de rails) :

$$V_2 = 51.580 \text{ kgs},$$

d'où, pour la réaction totale, la valeur suivante:

$$V = V_1 + V_2 = 14.250 \text{ kgs} + 51.580 \text{ kgs} = 65 \cdot 830,$$

En admettant comme pression, sur les sommiers d'appui des culées, 30 kgs par c/m² et en réservant une marge de 20 0/0 pour le supplément de pression dû à l'effet de renversement produit par l'action du vent, les appareils d'appui devront présenter une surface de base de

$$S = \frac{65.830 \text{ kgs}}{0,8 \times 30 \text{ kgs}} = 2.743 \text{ c/m}^2$$

Pour déterminer leur dimension, il faut se donner:

1° La disposition des poutres;
2° La largeur de leurs semelles;
3° Le type des appareils d'appui.

1º *Disposition des poutres*. — L'épaisseur totale du tablier étant de 1^m07 seulement, est trop faible pour permettre de disposer les poutres sous les rails de la voie.

On pourrait à la rigueur employer les poutres jumelées sous rails, mais leur hauteur ne serait guère que le vingtième de la portée, ce qui est faible.

Il est donc préférable d'adopter les poutres latérales avec poutrelles et longerons pour le tablier;

2º *Largeur des semelles*. — Il suffit de faire une hypothèse sur l'échantillon des cornières membrures. Supposons-les en 90×90 qui est un échantillon moyen, ni trop fort ni trop faible. Les semelles débordantes auront donc environ $4 \times 0^m09 = 0^m36$ de largeur (règle indiquée pour les poutres à âme pleine) ;

3º *Type des appareils d'appui*. — Pour la portée de l'ouvrage, il faut avoir d'un côté des appareils à dilatation sans rotule, la disposition à poutres latérales permettant de réaliser des poutres hautes et par conséquent peu flexibles.

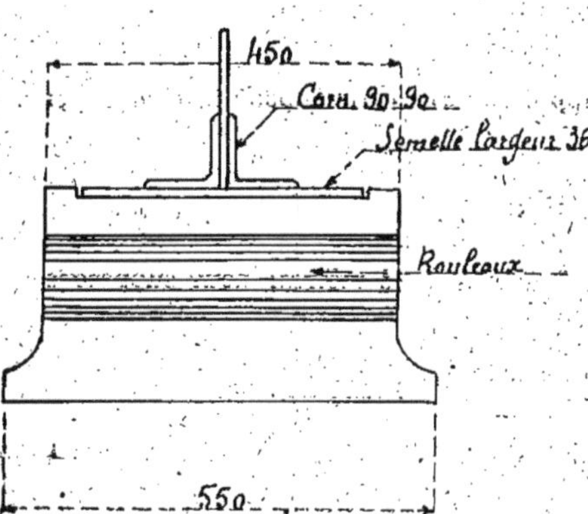

Fig. 284

La plaque extérieure des appareils portera des rebords de chaque côté des semelles des poutres. Elle aura environ 0^m45 de largeur.

Un appareil d'appui, vu transversalement pourra donc avoir la forme représentée sur la figure 284.

Les rouleaux en acier peuvent subir une compression de 0,40 kg. à 0,50 kg. par m/m² de section diamétrale.

Admettons le chiffre le plus faible pour tenir compte de la pression supplémentaire due au vent.

La section totale diamétrale nécessaire est de:

$$\frac{55.830 \text{ kgs}}{0,4 \text{ kg}} = 164.575 \text{ m/m}^2.$$

Les rouleaux ayant 460 m/m de largeur utile, il en résulte que leur nombre n et leur diamètre D doivent être tels qu'on ait:

$$nD \times 460 = 164.575,$$

d'où

$$nD = \frac{164.575}{460} = 358.$$

On peut prendre

$$n = 3, \qquad D = 120 \text{ m/m}, \qquad nD = 3 \times 120 = 360.$$

On peut alors tracer le schéma de l'appareil d'appui en élévation (fig. 285).

En écartant les rouleaux de 160 m/m et en laissant 90 m/m au-delà de chaque rouleau extrême, la longueur de la plaque inférieure est de

$$2 \times 160 + 2 \times 90 = 500 \text{ m/m}.$$

Sa largeur doit être au moins égale à

$$\frac{2.743}{50} = 549 \text{ m/m}, \qquad \text{soit } 550 \text{ m/m}.$$

Valeur admissible qui ne conduit pas à un élargissement excessif à la base.

On peut alors fixer la portée des poutres en admettant une revanche de 0m20 entre le bord des plaques d'appui et le parement des culées, ce qui donne :

$$l = 18 \text{ mètres} + 0 \text{ m}. 50 + 2 \times 0 \text{ m}. 20 = 18 \text{ m}. 90$$

d'axe en axe des appareils d'appui ;

fig. 285

2° ÉCARTEMENT DES POUTRES

Les semelles étant supposées avoir 0m360 de largeur, la largeur libre de 4m50 (largeur du gabarit de la voie normale) devra être comprise entre ces semelles.

L'écartement des poutres d'axe en axe sera donc d'environ

$$d = 4 \text{ m}. 50 + 0 \text{ m}. 36 = 4 \text{ m}. 86 ;$$

3° ESPACEMENT DES POUTRELLES

Pour obtenir la hauteur maximum qu'on peut donner aux poutrelles, il faut déduire, de l'épaisseur totale du tablier, $e = 1^m07$, les éléments suivants :

Têtes de rivets, semelles inférieures des poutres et
couvre-joints, épaisseur supposée . . . . 0.070 m/m.
Gousset horizontal d'attache des poutrelles sur la
membrure inférieure 0.010
Rail et traverse. 0.300
                                              $= \overline{0.380}$ m/m.

Il reste donc une hauteur de

$$h = 1 \text{ m}. 070 - 0 \text{ m}. 380 = 0 \text{ m}. 690$$

Le rapport

$$h = \frac{0\text{ m.}690}{4\text{ m. }86} = 0,142$$

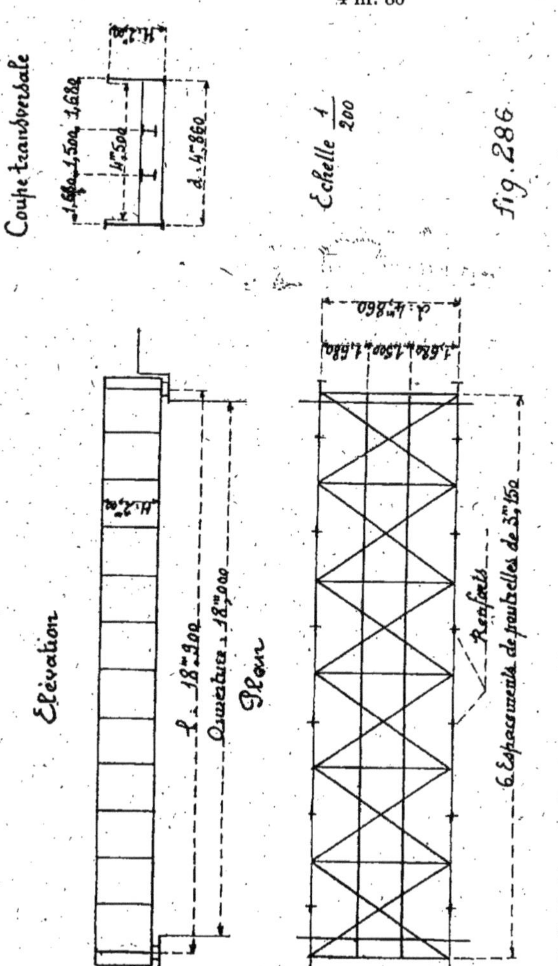

est donc très élevé, et il n'est pas utile de serrer les poutrelles.

Mais, d'autre part, si on les écarte trop, la portée, et par suite, le poids des longerons augmente. L'espacement qui correspond à peu près au minimum de poids pour l'ensemble des longerons et des poutrelles est d'environ 3 mètres.

En divisant la portée l en six espacements égaux, on obtient six espacements de 3^m15 ;

4° POUTRES PRINCIPALES

Etant donnée la faible portée, il est évident que l'emploi de poutres à âme pleine s'impose.

Leur hauteur peut être prise *a priori* entre 1/8 et 1/10 de la portée, soit 2 mètres en chiffres ronds.

Un contreventement longitudinal sera placé à la partie inférieure de l'ouvrage à raison d'une croix pour chaque intervalle de poutrelle.

On a donc tous les éléments pour tracer le schéma de l'ouvrage (fig. 286) ainsi que pour calculer les efforts et les sections des divers éléments.

Exemple II. — **Pont-rail de moyenne portée**

Données. — Soit à étudier un pont de 55 mètres d'ouverture entre culées à une seule travée, destiné à donner passage à une voie normale de 1m50.

Le pont doit satisfaire aux prescriptions du 8 janvier 1915.

Le plancher du tablier est en bois et pèse en moyenne 80 kgs le mètre carré.

L'épaisseur maximum du tablier est de 1m25.

La voie est posée sur traverses.

Il résulte de ces données que le pont est à voie inférieure avec poutres latérales à treillis, poutrelles et longerons. Nous supposerons que les poutres sont à hauteur constante.

Si l'on admet 1/8 comme rapport moyen de la hauteur à la portée, on a, pour la hauteur H des poutres,

$$H = \frac{1}{8} \times 56 \text{ mètres} = 7 \text{ mètres},$$

en prenant la portée l un peu supérieure à l'ouverture.

L'épaisseur du tablier étant de 1m25, la hauteur entre les rails et la **partie** supérieure des poutres sera de

$$7 \text{ mètres} - 1 \text{ m. } 250 = 5 \text{ m. } 750,$$

hauteur supérieure à celle du gabarit de la voie normale, laquelle est de 4m80.

La hauteur H laisse donc une place suffisante pour établir un contreventement supérieur.

Ceci posé, avant de déterminer la portée des poutres, en étudiant les appareils d'appui, il est nécessaire de se rendre compte comment peut être réalisée la section des membrures et si, avec la hauteur $H = 7$ mètres, on peut adopter une membrure à simple paroi, ou s'il faut recourir à la membrure double.

Suivant le cas, en effet, les appareils d'appui n'ont pas les mêmes dimensions.

Etude de la section des poutres

Charge permanente:

Poids de la voie par mètre courant de pont		180 kgs
— du plancher	80 kgs × 4 m. 50 =	360
— de l'ossature métallique.		4.660
Charge permanente par mètre courant de pont . . .		5.200 kgs

Soit, par mètre courant de poutre

$$P_1 = \frac{5.200 \text{ kgs}}{2} = 2.600 \text{ kgs}.$$

Le moment de flexion maximum, au milieu de la portée, a pour valeur:

$$M_1 = 1/8 \times 2.600 \times \overline{56,00}^2 = 1.019.200 \text{ kgm.}$$

Surcharge:

Le moment de flexion maximum produit par le passage du train-type, dans chaque poutre, a pour valeur, pour une portée de 56 mètres:

$$M_2 = 1.507.670 \text{ kgm.}$$

Distance verticale approximative entre les centres de gravité des membrures: 6m80.

Les efforts maxima, dans les membrures, ont pour valeur:

Charge permanente:

$$F_1 = \frac{1.019.200 \text{ kgm.}}{6 \text{ m. } 800} = 149.882 \text{ kgs};$$

Surcharge: $\qquad F_2 = \dfrac{1.507.670 \text{ kgm}}{6 \text{ m. } 800} = 221.716 \text{ kgs,}$

soit Ω la section nette d'une membrure.

Le travail élastique maximum unitaire a pour valeur:

Charge permanente: $\qquad c = \dfrac{F_1}{\Omega}$:

Surcharge: $\qquad d = \dfrac{F_2}{\Omega}$.

D'après l'article 11 du Règlement du 8 janvier 1915, les valeurs de c et d doivent vérifier l'une ou l'autre des conditions:

$$(1) \quad 0,4\,c + d \leq S_1 = 8 \text{ kgs};$$

$$(2) \quad c + d \leq R_1 = 12 \text{ kgs.}$$

La règle (1) est applicable lorsque

$$\frac{d}{c} > \frac{S_1 - 0,4\,R_1}{R_1 - S_1} = \frac{8 \text{ kgs} - 0,4 \times 12 \text{ kgs}}{12 \text{ kgs} - 8 \text{ kgs}} = 0,8$$

Or, dans le cas présent, on a

$$\frac{d}{c} = \frac{F_2}{F_1} = \frac{221.716}{149.822} > 0,8,$$

C'est donc la règle (1) que nous devons appliquer.

Remplaçons, dans (1), c et d par leur valeur en fonction de F_1 et F_2:

$$0,4 \times \frac{F_1}{\Omega} + \frac{F_2}{\Omega} \leq 8 \text{ kgs,}$$

d'où

$$\Omega \geq \frac{0,4\,F_1 + F_2}{8 \text{ kgs}} = \frac{0,4 \times 149.882 + 221.716}{8,0} = 35.219 \text{ m/m}^2.$$

Cette condition détermine la section nette des membrures au milieu de la portée. En majorant la valeur trouvée de 14 0/0, pour tenir compte des trous de rivets, on obtient, pour la section brute Ω'.

$$\Omega' = 1,14 \times 35.219 = 40.150 \text{ m/m}^2$$

La section de la figure 287 donne

$$\Omega' = 41.608 \text{ m/m}^2$$

Or, dans le calcul approché qui précède, nous avons négligé certains facteurs qui peuvent obliger à adopter une section plus forte :

1° Le voilement de la membrure supérieure ;

2° L'effet de torsion dû à l'action du vent, qui charge la poutre opposée au vent et donne, dans la membrure inférieure, un effort de tension qui s'ajoute à l'effort principal ;

fig. 287

3° L'effort de flexion transversale dû au vent, qui donne également un effort de tension dans la membrure inférieure de la poutre opposée au vent.

En général, le travail supplémentaire dû à l'action du vent, pour les ponts-rails à une voie, de portée moyenne, dépasse le demi-kilogramme de majoration permis par le Règlement, et l'on est conduit à renforcer la membrure de ce fait.

Mais ce renforcement est assez faible et ne dépasse guère 5 à 10 0/0 de la valeur de Ω' trouvée précédemment.

Quant au renforcement nécessaire pour tenir compte du voilement, il dépend de l'écartement des nœuds de treillis que nous n'avons pas encore déterminé. Mais on admet couramment qu'on peut négliger le voilement d'un élément comprimé, quand la longueur libre ne dépasse pas 10 fois la plus faible dimension transversale de cet élément.

Cette plus faible dimension étant de 480 m/m, la longueur libre des membrures supérieures peut être de 4m80, sans qu'il soit nécessaire de renforcer leur section.

Or, l'écartement des nœuds de treillis, qui est aussi celui des poutrelles, sera soit inférieur à 4m80, soit peu supérieur.

En tout état de cause, le coefficient de majoration qui tient compte du voilement sera très faible.

La section de la figure 696 convient donc, car elle peut être facilement renforcée en augmentant l'épaisseur des éléments qui la composent et même la largeur des semelles.

La conclusion est que nous pouvons adopter des poutres à membrures simples ayant 7 mètres de hauteur hors cornières et des semelles de 480 à 500 m/m de largeur.

L'écartement des poutres d'axe en axe sera pris égal à la largeur du gabarit augmentée de la largeur des semelles, soit

$$d = 4 \text{ m. } 500 + 0 \text{ m. } 480 \text{ à } 0 \text{ m. } 500 = 4 \text{ m. } 980 \text{ à } 5 \text{ mètres.}$$

Nous prendrons

$$d = 5 \text{ mètres.}$$

ETUDE DES APPUIS

Le raisonnement est en tous points identique à celui qui a été suivi dans l'exemple précédent.

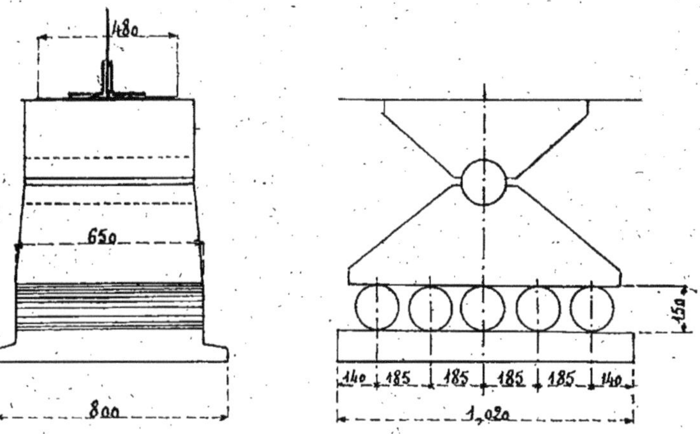

fig. 288

Réactions d'appui :
Charge permanente :

$$V_1 = p_1 \frac{1}{2} = 2.600 \text{ kgs} \times \frac{56 \text{ mètres}}{2} = 72.800 \text{ kgs};$$

Surcharge :

$$V_2 = 119.286 \text{ kgs}$$

Réaction totale :

$$V = V_1 + V_2 = 72.800 \text{ kgs} + 119.286 \text{ kgs} = 192.086 \text{ kgs}.$$

La surface de base d'un appui a donc, pour valeur :

$$S = \frac{192.086}{0,8 \times 30 \text{ kgs}} = 8.004 \text{ c/m}^2,$$

et la section diamétrale totale des rouleaux de dilatation:

$$S' = \frac{192.086 \text{ kgs}}{0,4 \text{ kgs}} = 480.215 \text{ m/m}^2.$$

Le schéma d'appareil d'appui de la fig. 288 répond à ces conditions. Il comprend cinq rouleaux de 150 m/m de diamètre et de 0,650 m/m de longueur, dont la section diamétrale est de

$$6 \times 150 \times 650 = 585.000 \text{ m/m}^2 > S'$$

La surface d'appui de la plaque inférieure est de

$$80 \times 102 = 8.160 \text{ c/m}^2 > S.$$

PORTÉE DES POUTRES

En comptant une revanche minimum de 0^m15 entre le bord des appuis et le parement des culées, la portée sera de

$$l = 55 \text{ mètres} + 1 \text{ m. } 020 + 2 \times 0 \text{ m. } 150 = 56 \text{ m. } 320.$$

Nous gardons provisoirement ce chiffre, quitte à le modifier pour le rendre multiple de l'écartement des poutrelles, exprimé en c/m.

DISTRIBUTION DES POUTRELLES

L'épaisseur du tablier est

$$e = 1 \text{ m. } 250. $$

Pour avoir la hauteur maximum des poutrelles, il faut retrancher de cette épaisseur les éléments suivants:

Têtes de rivets, semelles de la membrure inférieure des poutres et couvre-joints, épaisseur totale, environ.	100 m/m
Gousset horizontal d'attache des poutrelles sur la membrure inférieure (l'épaisseur des ailes des cornières des poutres.	14
Rail et traverse	300
Total	414 m/m

Soit 420 m/m.

Il reste donc, pour la hauteur des poutrelles:

$$h = 1 \text{ m. } 250 - 0 \text{ m. } 420 = 0 \text{ m. } 830$$

ce qui correspond environ au 1/6 de leur portée.

Les poutrelles peuvent donc être très espacées.

Il serait facile de se rendre compte, par un calcul simple de l'écartement maximum qu'on peut leur donner pour arriver à une section acceptable, mais il n'est même pas réellement utile d'effectuer ce calcul.

Il suffit, en effet, de remarquer que les longerons peuvent avoir même hauteur que les poutrelles. En admettant que cette hauteur des longerons corresponde au 1/8 de leur portée maximum, valeur normale pour les lourdes charges qu'ils ont à supporter, cette portée maximum est de

$$0 \text{ m. } 830 \times 8 = 6 \text{ m. } 64$$

ce qui correspond à un espacement des nœuds de treillis très important.

D'après la remarque faite dans le premier exemple donné, cet espacement dépasse considérablement celui qui correspond au minimum de poids pour les longerons et les poutrelles.

Profil des poutres

Nous avons supposé au début que les poutres étaient à hauteur constante. Il n'y aurait intérêt à adopter un profil à hauteur variable, par exemple une poutre semi-parabolique, que s'il entrait en ligne de compte une considération d'aspect, éventualité qui ne se présente que pour les ponts situés dans les agglomérations urbaines.

La poutre à hauteur constante présente en outre l'avantage que nous avons signalé, de permettre l'établissement du contreventement supérieur sur toute la longueur.

Il nous reste donc à choisir la disposition du treillis. Il est impossible de formuler une règle précise qui permette de décider, dans tous les cas, en faveur de tel ou tel système de treillis.

Les treillis simples donnent des poutres comportant le minimum de barres mais ces barres sont plus grosses qu'avec les treillis multiples.

Le treillis en V, qui comporte une série de diagonales tendues et une série de diagonales comprimées, est peu à recommander lorsque les poutres ont une grande hauteur, car la longueur de voilement des barres comprimées étant très grande, le coefficient de voilement devient très important.

Le treillis en N simple nous conduirait à des panneaux peu inférieurs à 7 mètres et donnerait aux longerons leur maximum de portée, solution peu économique en ce qui concerne le poids des pièces du tablier.

Les treillis multiples donnent des poutres comportant un plus grand nombre de barres, mais ces barres sont plus faibles qu'avec les treillis simples; en outre, la longueur de voilement des barres comprimées se trouve réduite.

Le treillis en croix de Saint-André conduirait encore ici à des panneaux voisins de 7 mètres et ne procurerait aucun avantage au point de vue du poids des pièces du tablier. Il semble donc, dans le cas présent, qu'il faille choisir entre le treillis double en N et le treillis quadruple en V avec montants. L'un et l'autre des deux systèmes donnent des panneaux voisins de 3ᵐ50.

Mais, dans le premier, les montants font partie du treillis et résistent à

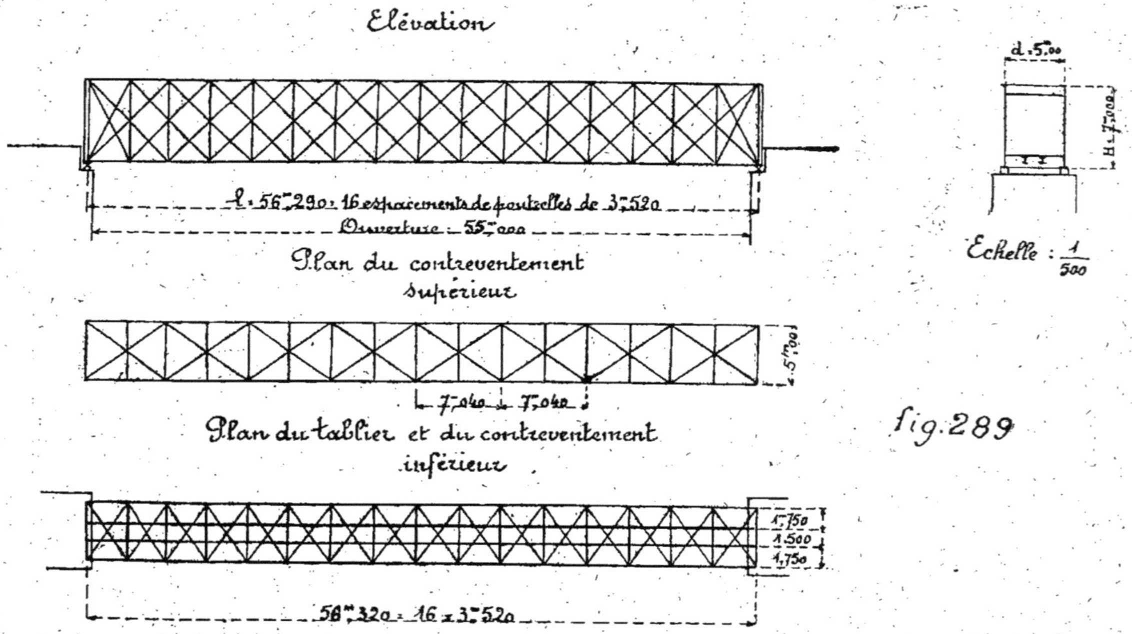
Elévation
l = 56m,290 = 16 espacements de pontrelles de 3m,520
Ouverture = 55m,000
Plan du contreventement supérieur
5m,00
7m,040 7m,040
Plan du tablier et du contreventement inférieur
1m,750
1,500
1,750
56m,320 = 16 x 3m,520
d = 5m,00
H = 7m,000
Echelle : 1/500

fig. 289

l'effort tranchant, au lieu que, dans le second cas, ce sont de simples répartiteurs de charge et ils peuvent être très réduits.

C'est à la seconde solution que nous nous arrêterons comme paraissant la plus économique, tant au point de vue du poids des poutres elles-mêmes qu'au point de vue du poids des pièces de tablier.

En divisant la portée l en 16 parties égales, l'espacement des nœuds de treillis et des poutrelles est de

$$\frac{56 \text{ m. } 320}{16} = 3 \text{ m. } 520.$$

Connaissant la portée, la hauteur, l'écartement des poutres et la disposition du treillis, on peut alors tracer un schéma du pont donnant les dimensions générales de l'ouvrage (fig. 289).

En ce qui concerne les contreventements, on a placé une croix par panneau de 7m04, pour le contreventement supérieur, et une croix par panneau de 3m52, pour le contreventement inférieur.

Il est logique, en effet, que ce dernier, sur lequel se reporte la plus grande partie de la pression du vent, ait des diagonales plus redressées, de façon à diminuer les efforts dans ces diagonales.

On voit, par les deux exemples qui précèdent, que les dimensions générales d'un pont peuvent être déterminées très rapidement.

Il reste ensuite à procéder au calcul des efforts et à la détermination des sections de tous les éléments.

Préalablement, il sera bon d'étudier, à l'échelle de 1/10 ou 1/20, la coupe transversale de l'ouvrage, ainsi que certains assemblages, s'il en est qui ne soient pas d'usage courant et qui présentent des sujétions particulières.

Ayant déterminé la section de tous les éléments, on fera l'étude de la rivure des assemblages et des joints, de manière à pouvoir arrêter les dimensions approximatives des goussets et des couvre-joints.

A l'aide des résultats obtenus, on établira les dessins d'ensemble du pont (élévation, coupe transversale et plans) avec les cotes des dimensions principales.

Ces dessins d'ensemble sont généralement exécutés à l'échelle de 0m001 ou 0m002 pour 1 mètre. On les complète par les dessins de détail à l'échelle de 1/20, montrant les dispositions de détail de la construction. On n'y fait pas figurer les rivets.

Ces dessins permettent d'établir l'avant-métré du pont.

AVANT-MÉTRÉ

L'avant-métré sert à l'évaluation du poids des pièces de l'ossature métallique.

Nous donnons ci-après la disposition couramment employée pour les avant-métrés d'ouvrages métalliques.

Désignation des pièces	Nombre de pièces	Long.	Larg.	Epaiss.	Poids par mètre courant	Poids par pièce	Poids		Observ.	Nos des Dessins
							Partiels	Totaux		

Dans la colonne 1, on porte la nomenclature des pièces composant les différents éléments.

On commence habituellement par les poutres principales pour continuer par les pièces du tablier, les contreventements et les pièces du plancher.

Un pont comportant toujours plusieurs éléments semblables, le détail est établi pour un seul élément, le poids total de cet élément est ensuite multiplié par le nombre d'éléments semblables.

On inscrit, dans la colonne 2, le nombre de pièces semblables que comprend chaque élément; dans les colonnes 3, 4 et 5, les dimensions de ces pièces et, dans la colonne 6, leur poids par mètre linéaire.

Le poids à indiquer dans la colonne 7 est le poids de chaque pièce (évalué au 1/10 de kilogramme).

Dans la colonne 8, on portera le poids de chaque pièce multiplié par le nombre des pièces (colonne 2), et, dans la colonne 9, les poids totaux résultant du produit du poids de chaque élément par le nombre d'éléments semblables.

Le poids des têtes de rivets se compte à part. On l'ajoute au poids de chaque élément ou bien au poids total de l'avant-métré.

On compte habituellement de 3 à 5 0/0 pour les têtes de rivets et de boulons.

L'avant-métré est divisé en autant de parties qu'il entre de métaux de nature différente dans la construction: fer ou acier laminé, fer ou acier forgé, acier moulé, fonte, plomb, etc...

Le poids du pont, d'après l'avant-métré, permet de se rendre compte si le poids compté dans les calculs relatifs aux efforts dus à la charge permanente est suffisamment exact.

Si l'écart est notable, il faut procéder à une rectification qui pourra conduire à modifier certaines sections et, par suite, l'avant-métré.

On peut considérer qu'il n'y a pas lieu à rectification lorsque le poids propre du pont a été évalué à moins de 10 0/0 près.

Les dessins d'ensemble et de détail sans rivets, la note des calculs justificatifs et l'avant-métré constituent le dossier de projet du pont.

Il reste à établir le dossier d'exécution, c'est-à-dire les dessins complets de tous les éléments, de tous les assemblages avec indications des dimensions exactes et des rivures. Ces dessins sont ceux qui servent pour l'usinage.

Ces dessins d'exécution sont à l'échelle de 1/10. On peut y joindre des détails grandeur pour certains assemblages difficiles.

On établit ensuite, d'après les dessins d'exécution, un nouvel avant-métré où figurent les dimensions d'ajustage de toutes les pièces, leur nombre et leur poids.

Cet avant-métré d'exécution sert à établir les commandes de matières en forges.

A cet effet, on groupe ensemble les échantillons de même nature par longueur de barres décroissantes. Les longueurs d'ajustage sont majorées de la tolérance habituelle demandée par les forges, et qui varient de 1 à 6 c/m en plus ou en moins.

Poids des ponts

Des considérations qui précèdent sur l'établissement d'un projet de pont, il résulte qu'il est nécessaire, pour déterminer les sections des divers éléments de l'ossature métallique, d'introduire dans les calculs le poids propre de ces éléments, qui ne peut être déterminé exactement qu'une fois les sections connues.

Pour les pièces du tablier, on peut, dans une première approximation, négliger le poids propre et refaire le calcul en l'y introduisant après avoir déterminé la section; le calcul d'un longeron ou d'une poutrelle est, en effet, toujours très simple et demande peu de temps. En outre, le poids propre est toujours très faible comparativement aux surcharges.

Il n'en va pas de même pour les poutres principales, pour lesquelles il y a lieu d'établir une série d'épures et qui comportent un grand nombre d'éléments dont les sections diffèrent.

Il est donc intéressant d'avoir d'avance une idée approchée du poids de l'ouvrage.

Nous donnons, sur la figure 290 une courbe représentative du poids au mètre courant des ponts-rails pour une voie normale, en fonction de la portée variant de 10 à 60 mètres.

Cette courbe a été tracée d'après un certain nombre d'ouvrages exécutés et calculés conformément aux prescriptions du Règlement du 8 janvier 1915.

Ces poids ne sont donc valables que pour la surcharge du train-type de ce Règlement.

Ils ne comprennent ni le poids du platelage ni celui du garde-corps.

Cette courbe permettra d'obtenir la valeur du poids propre de l'ossa-

ture métallique à introduire dans les calculs de première approximation.
Pour les ponts à deux voies, on aura une exactitude suffisante en dou-

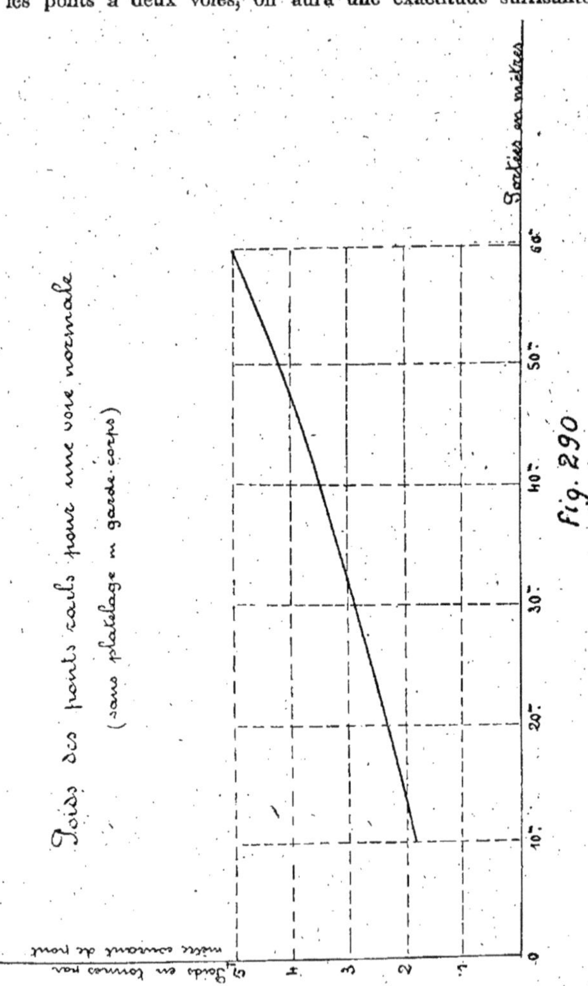

blant la valeur correspondante pour un pont à une voie.
On ne peut donner une semblable indication pour les ponts-routes dont
les dispositions sont très variables.

On procède par comparaison avec les ponts-rails en évaluant le poids mort du tablier: chaussée, platelage ou voûtes en briques, poutrelles, longerons, etc.

On obtient ainsi la charge portée par les poutres.

Il reste à évaluer le poids des poutres qu'on peut obtenir par comparaison avec les poutres d'un pont-rail de portée à peu près égale.

Les poids des poutres sont à peu près proportionnels aux charges et surcharges qu'elles supportent (en admettant que le travail admissible soit le même). Faute de mieux, ce procédé fournira une évaluation approchée dont on se servira pour les calculs de première approximation quitte à la rectifier conformément au poids résultant de l'avant-métré.

TABLE DES MATIÈRES